湛庐 CHEERS

与最聪明的人共同进化

HERE COMES EVERYBODY

设计大师的商业课

[美] 戴维·舍温 著
David Sherwin

王冬佳 译

The Essential Business Reference For Designers

SUCCESS BY DESIGN

浙江人民出版社
ZHEJIANG PEOPLE'S PUBLISHING HOUSE

如何从商业角度经营设计企业

创新加速中心 Aura Marker Studio 创始人 &CEO
《深泽直人》中文版译者
路意

感谢湛庐文化引进戴维·舍温撰写的这本《设计大师的商业课》。因为很长一段时间以来，中国就极度缺乏从商业角度去思考设计和经营设计的图书。设计工作者们要么靠自己在工作中去探索和积累，要么就需要购买英文版图书进行学习。

在中国，大学开设设计专业已经有三四十年的历史了，最早的设计专业主要是建筑设计和工业设计，后来扩展到了平面设计、广告设计、包装设计、服装设计、城市设计、景观设计、室内设计，以及新晋出现的很多UI 设计、交互设计、声音设计、动画设计、游戏设计、用户体验设计和服务设计等，设计的种类和分工开始越来越细分，也越来越专业。但是，在中国的图书市场上却很难找到谈论如何实施设计管理和设计项目的图书。

为什么说设计管理和设计项目的实施非常重要呢？这一点其实作者在中文版序中就提到了，他说："不要追求完美，要找到正确的方向。"设计，归根结底是要去解决一个现实问题的，那么，它必然会受制于各种约束，比如时间、资金、维护成本、环保要求和产品的生命周期等；如果考虑到商业应用，就需要考虑竞争态势及自身优势、消费者需求、行业趋势、技术趋势、市场准入要求、国际风俗习惯，甚至还要考虑商业生态，等等。这就要求我们最好在设计之初就先找准方向。如果方向错了，即便再努力也无济于事，设计的作品再精细完美，对客户而言也是鸡肋。

"设计"这个专业并不应该成为很多人所理解的艺术类专业，而更应该成为工程类专业（国内的很多设计专业都开设在美术院校里，这一现状值得我们反思，它可能是中国设计的水平始终提升缓慢的原因之一）。设计师除了要有一手好画工和天马行空的想象力之外，更重要的是具备对项目需求、客户期望、消费者行为的洞察力，以及对项目风险和关键问题的识别与管理的能力，最终要能帮助客户取得商业上的成功。

《设计大师的商业课》一书恰恰阐释了这些内容，比如，如何拓展客户、如何向客户了解需求、如何向客户展示自己的能力并提交提案、如何管理客户期望、如何报价、如何起草合同，以及如何管理项目进度和风险，等等。书中也提到了一些只有设计公司和设计师才会遇到的特有问题，以"比稿"为例，其实，如果你看懂了戴维·舍温这本书，就不会再对"是否要参与比稿"有什么困惑了。

比稿，对处于职业早期的设计师来说是个不错的机会，由于既没有名气，又没有太多好的机会，所以，如果可以在比稿的过程中脱颖而出，就可能获得不错的发展（当然，设计师需要保护好自己的知识产权，在客户没有支付承诺的报酬之前，作品的所有权是归设计师本人所有的）。而对于已经具备丰富的设计经验和一定品牌形象的设计师和设计公司而言，就不会再参与比稿了。如果一家设计公司还会参与比稿，那么作为甲方来说，完全可以怀疑其设计能力。

最后，这虽然是一本着重写给独立经营设计公司的 CEO、项目经理和创意总监的书，但是我认为，那些设计公司里的中高级设计师，甚至就职于大公司设计部的设计师们也应该认真阅读。因为一个公司的产品部，其实就相当于设计部的客户，当一名设计师能够以合作伙伴，而非上下级或者从属支配关系的姿态与客户协作的时候，他才能为客户创造出最大的价值。当然，这对设计师本人的挑战也非常大，需要学习很多设计技能之外的知识与能力，它们包括洞察力、沟通力、理解力、系统思考力和领导力。

克服挑战之后，你就会发现一番新的天地。那些世界著名的设计师们无一不是如此，才由此获得了设计上的自由。这种自由，不是因为他们有了名气可以为所欲为，而是这些能准确地理解客户需求并超越客户期望的能力为他们赢得了自由，这项能力是需要在日常工作中不断积累的。

为什么要向设计大师学习商业课

这是一本为设计师和想要创办工作室的设计从业者而写的书。对于那些在设计公司工作，想更深入地了解如何获得更多成功的人来说，这本书同样是个不错的选择。本书是根据我的亲身经历所写的：我是一名美国设计师，曾就职于多家设计工作室，其中包括世界著名产品设计与战略咨询公司——青蛙设计公司；我合作过的客户遍布世界各地，其中包括美国的通用电气公司、摩根大通公司和韩国的三星集团。

在设计领域摸爬滚打的 20 年里，我明白了一个道理：永远不要认为文化适应性的形成是理所当然的。这是个不争的事实，即便你与合作的公司同在一个国家或者一座城市。你必须充分认识每个客户的企业文化，还要知道如何根据企业文化来引导自己创作出质量最高的设计作品。我写这本书的目的，就是想为初学者普及一些经营方面的基础知识，在美国，你需要用这些知识去打理一家设计工作室或者公司，还需要在与每个客户合作的过程中去践行、验证其中的规则。每个商业行为的背后都需要你密切关注其中的文化元素。

在撰写并出版这本书的过程中，我学到了很多东西，希望这本书能够囊括我所有的心得。针对在任何企业背景或企业文化中工作的设计师，我总结了以下几项内容。

通过一个小型项目建立起新的客户关系

赢得新客户信任的最快捷的方法就是让对方相信你能做得很好。正因如此，我才建议你通过一个小项目去建立一段新的客户关系。

从小项目开始合作能为双方带来诸多益处，比如：

- 观察一下你与客户之间的文化适应性如何，看看双方是否都有意愿建立长期的合作关系；
- 在开始工作之前，你可能见不到某些项目的利益相关人，但你要试着去了解他们；
- 找到一种最好的方式向利益相关人说明、展示你的工作成果；
- 了解清楚你的设计成果是如何影响决策制定的，以及你的观点是如何转化成决策的；
- 向客户证明你有向他承诺的技巧与能力。

在某些市场，设计师想通过一个大项目就建立起新的客户关系，但在中国，这种例子很罕见。青蛙设计公司创意总监彼得·金（Peter Kim）说，抱着建立伙伴关系的想法开始一段客户关系“着实有些冒进，要想成为客户的伙伴，这种信任感需要许多年才能建立起来”。为了维持这种角色，一定要尽你所能抓住客户，一点一滴地巩固关系。在项目上马之前，务必针对客户的主要问题和你方解决问题的潜在机会有理有据地进行说明。当你与潜在客户建立起私人关系和业务关系的时候，他们会理解你能够为业务的安排带来有价值且独特的益处。

在完成任务的过程中，开诚布公地探讨工作内容和客户关心的问题

无论你手中是否有已经拟好的正式合同，是否正在项目推进过程中与对方协商可交付成果与工作内容的事情，都须明确每个阶段要交付哪些产品，并认真倾听，弄清楚哪些产品是客户所重视的。

在“签署合同”这一节中我提到，在美国，合同一经签署，就意味着确定了设计师与客户之间的合法关系。合同规定了在一定时间内设计师要交付给客户的成果，以及在这个过程中，为协助设计师顺利完成任务所应提供的一系列条件，包括费用。为了按照合同规定顺利进行，双方都应倾尽全力达到既定目标。因此，在开始合作之前双方就要签好合同。

不过，虽然我写下这些内容，但在参与的多个项目中，却并没有在项目开始时就写清楚什么样的可交付成果对客户是最重要的。所以在项目开始时，我还需要重新研究项目，目的就是给合适的可交付成果下定义，然后，还要对接下来所要提供的产品进行适当的调整。

如果你是在工作过程中定义可交付成果的，就要在这个过程中提交可见的项目成果。这听起来比较简单，但对于某些设计师来说却很难办到，尤其是那些向客户展示成果之前力求做到完美的设计师。不过，要想确保你的设计成果能够达到质量标准，这一点极为重要。记得在符合常规的条件下，通过这个成果来向利益相关人申请投资。在与客户的每一次交流中，都不要浪费太多时间聊无关的事，这将有助于你在项目推进的过程中掌控话语权。

适时针对成果搜集反馈意见

在本书的“管理客户反馈”一节中，我提到：如果没能处理好客户反馈，就会导致设计成果失败。这是事实。不过，有关客户反馈，还要考虑

另一方面的问题：在与客户分享成果信息的时候，如何才能更好地搜集到反馈意见？

每个与你合作的客户都有不同的反馈方式。有些客户可能一看到成果就立刻发来所有的反馈。不过，对于一些大型客户，你需要额外花费时间从主要决策制定者那里搜集相应的反馈。针对客户反馈，我通常都是在行动之前等一段时间，为的是确保自己已经掌握了主要决策制定者意图的所有信息。在快速行动与等待信息之间取得平衡并不容易。“有关成果最主要的反馈信息往往是通过另一个渠道传递过来的，”青蛙设计公司上海工作室执行创意总监雷纳·韦斯勒（Rainer Wessler）说，“那些拿到会上谈论的信息都是经过几番考虑之后筛选出来的，往往跟你所展示的成果没有关系。设计师不仅要把注意力放在客户说的事情上，还要注意他们没有提及的那些信息。”一旦接收到这样的反馈信息，你就需要辨识出哪些反馈需要被执行，以及何时被执行。

为了缓解利益相关人反馈信息所带来的负面影响，你可以先通过清晰、合理的思路向他们表明自己为什么要做这样的设计决策。在阐述你的决策的时候，使用太多设计术语很可能会使你丢掉客户。所以，首先要尽量用简单、直白的语言进行陈述，然后再逐渐引入复杂的词汇及相关事宜。这样，他们就能了解有关设计成果的更多信息，就能更好地理解你做这一设计决策的动机，以后再向你反馈意见的时候也可以将这些信息考虑进去。

如果你觉得自己做得有所欠缺，可以咨询一下客户的意见

征求客户的反馈意见是十分重要的。这些反馈不仅针对项目成果，还要针对你的表现。如果你觉得在项目进行过程中错失了某些更好的表现机会，就应该通过恰当的方式去征求客户的意见。这样做的好处是显而易见的：你不但可以帮助客户解决眼前的困难，还能学到一些可以运用到未来长期项目中的知识。

想做到这一点是有技巧可循的。伊恩·李（Ian Lee）曾担任指南设计（S. Point）和青蛙设计公司上海工作室的创新战略与设计部负责人，他建议向合适的客户方对接人询问下面这个问题（你应该经常当面询问这个问题，而不是通过电子邮件、电话或者聊天的方式）：

> 我真想让这个项目取得成功，不过在这个过程中，我总觉得自己在某些方面理解得不够全面，所以想听听你的建议和想法。你能为我提供一两条可以进一步改进的建议吗？

李说：“你也可以不亲自去问这个问题，而是让年轻人或项目经理将这个信息传递给客户。”通过这种方法，你将避免很多问题，因为你已经向客户表明自己改进的决心，并针对自己过去的表现，向对方表达出愿意倾听、总结反馈意见的态度。

如果客户使用了你的成果，就应该支付报酬

在你的职业生涯中，肯定遇到过客户拖欠项目款的情况，即便你已经提交了大部分项目成果。客户可能告诉你，他们已经审核通过了所有成果，但就是不支付报酬。在这个问题上，我的观点是：如果客户的确用了你提交的成果，并从某种形式上受益了，你就应该向他们索取报酬。

这件事说起来简单，做起来却很难。作为设计师，我们既想让客户满意，又必须考虑自己的业务需求。为了保持企业的良性运转，你要尽可能做到收益最大化，所以你需要决定如何应对。坚持自己的立场很重要，还应该清楚地阐明自己期望得到回报的诉求。

如果一个客户要求你提交更多的成果，就要问清楚对方提出这一要求的原因。从客户的角度考虑，他们可能认为这个成果还没有解决某个问题。跟客户一起探讨，需要做出哪些努力才能让项目获得成功，还要再次强调

在整个过程中的报酬问题。

这对于双方来说可能都是个难题，不过，你仍须在谈判中加入你的个人意识：设计成果要达到什么样的质量要求，以及如何维护自己的业务并获得利润。

不要追求完美，要找到正确的方向

首次给客户提交方案的时候，要尝试表明：为了满足客户的需求，你已经朝着正确的方向努力了。李说："坦白地讲，客户总是想知道你在他们提出的问题上下了多少功夫。"这是你第一次有机会向客户展现你的专业与见解。逐渐地，你就形成了自己的工作风格，这会进一步帮助客户找到正确的方向。李在指南设计的前任上司是这样说的："50% 的人心里是有方向的，剩下的一半则沿着这个方向努力，并最终找到它。"

我之所以写这本书，是因为与我合作过的很多设计师都在摸索促进企业发展的基本知识。这让他们无法专注于自己喜欢的工作，找不到一种既能赚钱又能满足自己需求的方式。如果你也有相同的处境，我希望这本书能够帮助你在从事自己热爱的工作的同时，创建一个能够支撑你的事业。

Success By Design 设计师箴言

在本书中，但凡是以设计为主营业务的企业，我都会用"设计企业"（design business）一词来描述。而"设计工作室"（design studio）或"设计公司"（design firm）则是用来描述以时间为单位收取费用的设计企业。有时，它们之间是有差别的。

洞悉设计企业的运营本质

本书并没有针对设计业务提出面面俱到的建议，如果是那样的话就可能需要几千页的篇幅。

相反，我希望这本书能够作为重要的学习工具，提供相关的建议，对就职于设计公司或自营设计公司的你起到提点入门的作用。同时，这本书或许还会让你对熟知的话题有耳目一新的认识，或是在成功运营新兴企业方面，为你提供较大的帮助。你可以按章节顺序阅读，也可以挑章节阅读。总之，要如何使用这本书，请根据你的个人需求而定。

在你的设计生涯中，或许有着与我相似的经历：深入研究博客；努力维持项目的正常运行，以求令客户满意；为了经营设计业务，尝试着将碎片化的信息转变成有用的知识，等等。

但是我发现，最好的建议往往出自群组讨论。

当初，我还在西雅图的时候，每周三的晚上都会有一次“各界人士大聚会”。届时，来自普吉特海湾（Puget Sound）的各个设计工作室、设计公司以及其他公司设计部的朋友都会来参加，在这个工作日的晚上，大家聚集在本地的酒吧或烤肉店里大发牢骚。每次聚会，总会有那么一刻，大家通通摆脱行业规则，大口咀嚼洋葱圈、狂饮 IPA 啤酒，同时分享经营设计业务的成功、失败以及种种考验与磨难。这时，没有客户隐私，没有说不得的闲话，只有从沉重打击中得来的教训，当然，偶尔还会听到与神经质合作方之间发生的故事。

闲聊了几个月后，我们发现有一点非常明显：**绝大多数问题与设计工作本身没有什么关系，而是与经营者的为人息息相关。**

我敢打赌，在刚开始以设计师的身份涉足设计领域时，你会认为，即便没有整周的时间，也会有整天的时间让你投身于工作，轻松悠闲地等待下一个设计灵感的到来。

或许，你在一个很棒的地方工作，那里汇聚着精英们潮涌般的变革思想，这些思想都能在版面设计上轻松地体现出来，并用获奖的独角兽装饰你完美校准的显示器。或者，如果你在某家公司内部做设计工作，就要始终处于为客户服务的工作模式中，随时准备把大脑中闪现的信息变成创作灵感。

但是，包括那些追寻“自我”梦想、独立工作的设计师在内，大家都不能否认，我们与客户的联系正日益紧密，沟通需求也越发迫切，这些因素都极大程度地改变着我们在有偿工作日中对“宝贵时间”的分配方式。

如果你想保持优秀设计成果的整体质量，就该明白如何经营你的业务。我们必须想方设法让自己从高强度的工作中抽出时间，在看似简单的客户沟通中处理那些悄然而生的细节问题。我们没有必要向自己和客户证明我们把工作做得事无巨细，事必躬亲的冲动必须加以克制。

我们可以吃饭、睡觉，也可以偶尔做个美梦，而不是始终神经紧绷。我们可以学着从预算和企业战略的角度阐释。我们可以打开表格文件，不慌不忙地更新表单，而不用心急如焚，更不用有破釜沉舟的紧迫感。不仅如此，我们还可以放下戒备之心，坦诚地与客户谈谈在以往项目中形成的专业而可靠的看法、我们与生俱来的情商，以及我们对让设计工作更高效的理解。

当我们具体落实业务流程的时候，作为一名设计师，你想象中的任务内容（即设计）与实际情况中为追求成功而真正做的事情（即企业运营）之间，需要有更清晰的分界点。

布鲁斯·莫（Bruce Mau）说："设计是人类计划并创造出预期结果的能力。"创造部分是指什么？当然就是设计。那计划部分呢？其大部分仍旧是设计，但其余的都是经营。

当我们以设计领域商业人士的身份行事时，我们可以策划并创造出更好的成果。但是，当我们选择将自身的设计方话语权隐藏起来，没有与业务伙伴或客户进行有效的沟通时；当我们没能为客户解释清楚自己的设计与其需求之间的契合点时；当我们沉迷于网络，把创作工作拖延到凌晨时——这种做法只能分散我们的精力，使我们脱离初衷……以上种种做法并非设计师的本色，当出现这些表现时，只能说，你只是装出一副设计师的样子罢了。设计师应该是"完美的"，可事实却是我们只不过是尽量不让自己被困难击垮，我们只是想为自己的炫酷成果谋得回报，但这种带有商业性质的因素却让一切追求化为泡影。

当然，将一切阻碍伟大设计成果诞生的因素都搁置一边，这种做法我完全赞同。当采用低干涉经营管理模式的时候，风险会带来收益。此时，有些流程是可以撇到一边的。

但是，业务流程却是我们必须耗费精力的地方。无论是为了合作伙伴的利益，还是为了客户的利益，这个流程永远不能被省略。绝对不能！有些设计企业不愿意将自己的创意过程整合成稳定的业务流程，这意味着它们的客户、员工和潜在的利润都将很不稳定。

那么，为了成为一名更出色的设计领域的商业人士，我们需要到哪里寻找学习资源呢？

我希望，这本书可以成为这样的一种资源。

Contents by Topic 目录

项目中
DOING THE WORK

项目后
AFTER THE WORK

第 1 章

客户合作阶段该做什么

WORKING WITH CUSTOMERS

项目中
DOING THE WORK ▸

项目后
AFTER THE WORK ▸

如需服务，请按铃

提供优质的客户服务

只有享受过，你才会明白什么是优质的客户服务。想想四季酒店（Four Seasons Hotel）、美国西南航空公司（Southwest Airlines）、维珍美国航空公司（Virgin America）、星巴克咖啡，甚至是像华芙屋（Waffle House）那样的经济连锁餐厅，这些品牌企业的共同点就是，它们精心设计着自己的服务，在为顾客提供相应的产品之余,还力图满足顾客的需求及期望。它们提供的不仅仅是从亚特兰大到圣弗朗西斯科的航班，也不只是一杯咖啡、一间摆着床铺（带有枕垫）的精致房间。它们还想方设法地让自己的工作人员与顾客进行交流，包括顾客享受产品（服务）之前、之中及之后的所有环节。

如果说帮助企业加强对产品、服务及品牌的打造是我们的专长，那我们为什么不把同样精妙的设计理念运用到自己的业务运营中呢?

很多设计师把精力放在了为客户提供可交付成果的质量上，他们认为这样可以充分满足客户的需求。然而，客户服务方面的专业人士认为，在可交付成果诞生的过程中，还应注重与客户交流的质量。如果设计师对这一环节进行适当的管理，并尝试去了解经常接触的客户，就可以提升设计成果的价值。也就是说，在与客户第一次碰面时，你就要开始建立交流与长期合作的关系，而不要等到客户付清款项以后才开始。

一名具有客户服务责任感的雇员，可以在项目的整个生命周期内与客户保持良好的沟通交流，保证实现设计作品的最优质量，久而久之就能提高企业总体的收入水平。这样的雇员可以是工作室的负责人、设计师、项目经理，也可以是客户或合作伙伴。

提供优质的客户服务不是一种选择性做法，而应贯穿于与客户交流的整个过程。

Success By Design 设计师箴言

提示一下，我尽量避免使用“客户管理”（account management）这样的词汇。正如菲奥娜·罗伯逊·雷姆林（Fiona Robertson Remley）所说：“和我们打交道的不是客户，而是人。我们追求的不是一次性的买卖，而是长期的合作关系。”

应该努力培养长期客户吗

与新客户合作是十分耗费精力的事情，而保持着长期且持久的合作关系的老客户才是利润的主要来源，这与一向追寻新机遇的做法完全不同，如图 1-1 所示。原因如下：

- **老客户创造了获取稳定收益的可能。**追寻新客户与新机遇的过程占用了太多你原本应该用来争取有偿工作的宝贵时间。
- **熟知客户是业务运营的润滑剂。**一旦学会了用客户的语言与其交流，你做事时就越发游刃有余，同时，你也会成为客户真正的战略伙伴。当客户提供一个新项目时，你的团队已经对他们的整体运营和品牌理念了如指掌。也许，那些重要的理念就是由你们协助塑造的。
- **你的员工可以自由支配时间发展其他业务活动。**与其对那些转瞬即逝的机遇穷追不舍，费力支撑企业运营的空架子，还不如在稳住老客户的同时，腾出时间有针对性地寻找目标客户。

即便对方不是新客户，也不应该用陈旧的作品去应付。每个项目都有机会创造辉煌。

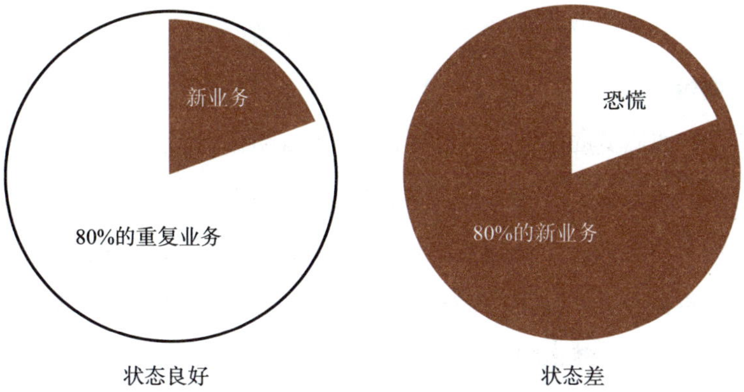

图 1-1　新客户群体的二八定律

注：发展新客户的成本要远远高于保持并发展老客户的成本。

如何提供优质的客户服务

说到美剧《广告狂人》（*Mad Men*），你可能对皮特·坎贝尔（Pete Campbell）这一角色印象深刻，为了拿到大笔客户订单，只要是谈判之夜，一定少不了威士忌与香烟的轮番轰炸。但是，优质的客户服务可不是建立在烟酒之上的，而是建立在信任之上的。信任感的塑造包括下面介绍的几个方面（与客户的交流方式可以参考图 1-2）。

设计作品的质量

零缺陷、简洁而具有艺术气息的设计作品是与客户建立合作关系的重要纽带。但是，如果你在其他方面没能处理好与客户的关系，再优秀的设计作品也只是徒劳（学校里可不会教你这些知识哦）。

沟通的频率

无论是面对面的谈话，还是视频聊天或发信息，与客户沟通交流的频率和渠道都会对客户满意度产生一定影响。如果客户的问题很棘手，你就需要迅速做出反馈，让客户知道你什么时候能够满足其需求（同时也不会分散你对原有工作的注意力）。

沟通的质量

衡量沟通质量的标准，可以通过你如何最优化利用客户的时间来判断。每次与客户碰面时，你是否按照时间安排来组织谈话？在与客户共同分享项目的细节信息时，你是否对要谈的内容了如指掌，而不用推到下次碰面或谈话时再去补充？这里有一条判断沟通质量的金牌原则：**如果客户表示要调整沟通时间，就说明这次的沟通质量存在问题。**

保持私交

你需要审视一下，你的哪些性格特质会为你在客户那里加分。客户雇用的是活生生的人，而非设计机器，所以做好你自己，学会在恰当的时机与客户分享恰当的信息。换句话说，你的客户也是人，而不是做事的机器，明白这一点很重要。你也要为他们创造做回自己的空间。

正确处理开放性问题

当客户给出反馈时，你要如何处理？如果出现差错，你如何在烦扰客户之前就处理好因此造成的影响？如果问题处理得不好，就会给你的设计成果减分，降低你们的沟通质量，也会降低你提供的服务的价值。

选择恰当的工作风格

你的客户在工作时是比较随性，还是比较严肃？是亲和友好还是公事至上？是整装以待还是随便处之？不要把你个人的工作风格强加到一个与你风格迥异的组织身上，否则可能会导致局势的紧张。就维护客户关系的本质来说，请跟着客户的工作风格走。

将日常沟通个性化

一旦建立了客户关系，你就要将其个性化，并找到合适的时机展现你的创造力，给客户以惊喜。避免让客户觉得你们之间的沟通太刻板或千篇一律，即便这种沟通方式很适用于其他客户。

让客户觉得物有所值

如何给你的服务定价？这个价格可以让客户享受到怎样的服务？这些问题都会影响客户对服务价值的感知程度与期望值。如果你提供的竞标价格较低，就意味着你提供的服务价值也比较低吗？如果你提供的竞标价格较高，那么，你能一直很好地应对客户提出的种种问题和质疑吗？

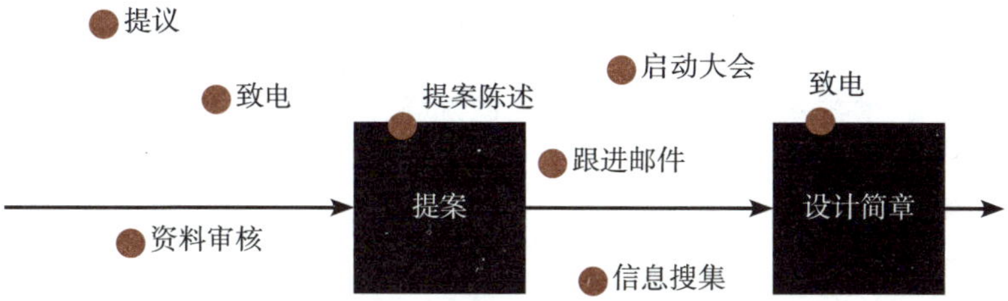

图 1-2　定义接触点

注：在项目或产品的整个生命周期中，将所有可能用来与客户沟通的潜在方式都一一列举出来。然后，与客户共同完成每一步的沟通过程。这样，彼此就会对将要提供的产品和服务的质量有一个清晰的预判。

客户对我有哪些期望

不管你要与客户建立什么样的关系，每个客户都期望从设计方那里得到一些东西。看看那些表面上对你欣赏有加的客户，实际上对你有什么要求吧。

客户的权利

1. 守时

作为你的客户，我应该知道在我收到可交付产品之后，还需要花多长时间对其进行测试，什么时候交付酬金。从签订协议的那一刻开始，这些就都应该说清楚。

另外，我与同事们会按照你安排的会面时间准时与你碰面。所以，即便我们没有提醒你，你也不应该迟到。当然，如果你稍微迟到了一会儿，我不会因此而责备你，因为我的目的是让你的工作成果得到认可与理解。如果因为我的拖延而产生一定的成本费用，那么，请及时告知我。

进度一旦确定，你就不该有任何拖延的理由，除非其中有不可预知的因素。如果真的发生了这种状况，请在截止期限之前提前与我联系。否则，你的拖延会被认为是不敬业的表现。

如果我们的项目范围有所变化，我希望能与你一起调整时间安排。这样可以使你在不影响能力发挥的情况下顺利完成任务，不损害其完整性。

2. 知情

我需要随时了解项目的进展情况，因为我无法每天跟进所有项目细节。

在公司或组织里，我是你忠实的支持者，每当与老板、总裁、同事及公众交流的时候，我需要理解并能够阐述你的一些观点。你别指望能够一场不落地参加我们公司的内部会议，并在会上汇报你的工作。即便我希望你每次都能参加，但于情于理这都是不可能的。因此，我得弄清楚你提交给我的成果蕴含着怎样的想法，其中包括我赞同的，以及某些时候出于某种原因我不赞同的。

我想知道这个项目对我的消费者、公司，甚至整个行业有怎样的影响，更想知道它对公司稳定性及伦理观念的影响，因为这些影响很可能会超越设计成果本身，损害我们公司的名誉。

举个例子，我不想知道香肠制作的具体流程，但你可以给我讲讲相关的细节，让我了解为什么吃了香肠以后会出现轻微打嗝的现象。

3. 价值

在设计企业与设计师的费用方面，要尽量遵循公平的原则。如果导致项目范围变化的责任在我方，那么，因此而增加的成本，我方将责无旁贷地承担。

公司可能需要我经常到其他公司询价，所以，你方提出的报价将对双方关系产生潜在影响。我不会总是选择最低的报价，而是根据项目情况选择最匹配的价格。

不要有隐形成本，不要让我方因为疏于对投标方案的预见性分析或对双方协商的战略性方案的理解而吃罚单。无论在经济上还是在工作上，都请把我方当作伙伴，让我弄清楚我们双方的共赢点在哪里。这样，我们才能共同获益。

如果你发现自己不能按照你方的报价完成合约中的工作任务，就请你对此承担责任。在这种情况下，在老板解雇我之前，让我自由地寻找其他设计师，或者，你可以想办法替我解围，这样我们都能明哲保身。

4. 尊重

我们不是朋友，我们是同事。我希望你能够一直珍视并尊重我们这段平等的伙伴关系，双方同心协力，通过设计成果为我方塑造良好的形象，这正是我们双方建立关系的基础。你的穿着和谈吐，你向我们老板汇报的工作，以及工作之余的沟通交流，还有彼此对双方角色（即设计方与客户）的尊重，都会影响我们日常接触的各个方面。

如果我察觉到你过分自我，或者你说我没能理解你提出的一系列建议，那么，我们之间平等的伙伴关系就不可能再维持下去。我要对我的业务负责，要对你方提议采纳与实施的项目负最终责任。

从我们携手开展项目的那一刻起，我们就对彼此的行为有着同样的期许。在你收到我的邮件后，如果不能在两小时以内回复，就请告知我。如果因为工作室的任务量过重，你在项目的重要事项上需要些弹性空间，也请告知我。在合作过程中，请不要做出乎我意料的事。如果事先没能讲清楚这些尊重礼节，或这些礼节没能被遵守或遭到无视，那么，我们之间的信任度将大打折扣，合作成功的概率也将大大降低。

Success By Design 设计师箴言

提供优质的客户服务是你的职责所在，所以，请确保你在项目预算和工作室的成本费用中包含了这项内容。

我应该对客户有哪些期望

“客户权利”让我们更好地理解了客户对设计方的期望。但是，当开展工作的时候，客户的需求也应该是你对他们的要求。如果你没有对他们的行为和做法提出明确的要求，那么，即便你责备了他们，他们也不知道是因为什么。

以上问题最好的解决方法就是，设计方制定一份明确的合作规则。最终，这份规则应形成书面的形式，其包含的内容如下：

- 针对每个可交付成果，客户应告知设计方其反馈方式和执行时间；
- 客户所在的组织中，主要决策者有哪些，针对不同阶段的可交付成果，他们需何时提供补充信息；
- 由谁负责收集反馈信息（这并非设计方的分内工作）；
- 设计方与客户沟通的频率和连续性：对接人员、沟通时间及沟通方式；
- 出现失误时可能导致的结果。

这份文件将是设计方与客户交流的行为准则，在项目的整个生命周期中，针对任何潜在的问题，你都可以以它为指导标准。

我应该选择什么样的客户

根据我的个人体会，我所尊重、敬仰并一直保持联系的客户，都能在个人与职业礼仪之间保持完美的平衡。当我向他们展示创造性成果时，他们知道，虽然它并不完美，但我正在一步一步向伟大的创意迈进。或者，他们自己也曾是一名设计师，能通过我的视角洞悉整个过程。

这些客户不会雇用我的理由通常与设计完全无关。虽然我可能已经创作出许多标志，工作流程也无懈可击，但我最中意的客户也是行家，他们足够明智，也能理解我从来不会两次踏入同一条河流的信念。在设计流程中，他们都对我的做法予以尊重，愿意与我同舟共济。

这些客户需要一定的关注度和尊重，这不是因为他们源源不断地给予我酬金，也不是因为他们给我的笑话捧场，而是我发自内心地想帮他们实现甚至超越其最大的愿望。

几年前，在一次大型营销活动上，我听到有人说：“客户应该与设计师一条心。”

我们的职责就是以亲身实践来证明这句话的正确性。

<3

最大化地拓展业务

我曾经在一家小工作室上班，当时，我对他们规定的新业务流程感到非常震惊。其内容大致如下：

1. 打造巨作；
2. 把巨作上传到工作室网站上；
3. 希望你的客户能够为你介绍新业务；
4. 等待未来有实力的客户登录网站并给你致电；
5. 重复 1～4 的流程。

坐等电话铃响听起来不错，因为这样你就有更多的时间浏览设计方面的博客，但从维持生计的角度看，这种做法并不可靠。你必须摸索出一套更为缜密的方案来开拓新的客户关系。

对于大多数工作室来说，寻找新项目是运营中最耗时费力，也是最有收益价值的环节之一。如果开发不出一条发展潜在客户和目标客户的稳定流程，工作室的员工就很有可能在几周，甚至几个月内都无所事事，白白浪费掉宝贵的时间。这会对业务经营的稳定性造成影响，说得更严重一些，这可能会让企业走向衰亡。

我的行事原则大体是这样的：如果你没有通过既定的成熟流程招揽新业务，那么，在 100 家潜在客户中就可能只有 10 次新业务的交流机会，最终只发展出一家新客户。你没有听错：有时，为了一个项目，你可能得与 100 家客户开展交流与对话。

这里提到的潜在客户和目标客户是什么意思呢？

潜在客户是指那些你接触过，并有可能成为实际客户的人。他们可能无法马上为你提供业务，但未来，事情也许会向着对你有利的方向发展。

你也许和这些人喝过咖啡；也许是从同事那里得知他们的名字。总之，他们就是那些你偶尔会接触到并可以介绍你的服务的人。他们可能是你个人或职业交际圈中的某个人，也可能是与你初次谋面的人。

Success By Design 设计师箴言

你可能会想，我能花钱雇人找客户、拉项目吗？好吧，如果你是负责人且这样做了，就应该随时做好准备陪你新雇来的业务伙伴一起卷铺盖走人。用特德·伦哈特（Ted Leonhardt）的话说就是：“一个公司永远都不能舍弃的专业领域就是销售。”

目标客户代表另一种潜在的客户群体，他们已经对你明确表示过有成为客户的意愿。不过，这种人通常有两个极端。热情的客户会立刻采取行动与你进行项目协商，理想情况下，他们会等待你伸出的橄榄枝。冷漠的客户可能口头上表明希望与你合作，但接下来就不再回电话或邮件了。不过，长时间的营销周期过后，这些客户可以被再次拉回来。要时刻关注这类客户，但并非对他们死缠烂打。尊重他们的立场，待时机成熟，他们会示意你与之取得联系。

另外，目标客户还可以是你现有客户群上的回头客。理想情况下，对于任何一家设计企业来讲，80% 的在建项目都是由回头客带来的。与最有品质的客户合作能够减少你的精神压力，尤其是，有了他们你就可以不必为了一个项目与其他设计企业拼个你死我活了。

然而，有一点你要清楚，如果你的企业中绝大多数回头客业务都是由少数几家客户提供的，就很可能会导致账户漏洞。（请阅读“什么是账户漏洞”部分）

如何找到新的业务前景和潜在客户

有很多种方式可以让你与潜在的新客户建立联系。你可以直截了当地与他们进行面对面的沟通，也可以通过间接方式让他们主动来找你。

直接方式：确认并主动联系潜在客户

- 通过已有的客户关系与圈内好友的信息转达，取得与之接触的机会；
- 跳过转达的步骤，直接让客户或同事把你介绍给他们认识的人，接下来，你就可以与之直接沟通了；
- 通过小型业务组建立一个关系网，这样就可以与一系列不相关行业的人分享观点；
- 成为某些非营利性组织的会员，这个身份会让你有机会接触目标客户；
- 将会面安排在大型公共场合，比如会议或商业展览上；
- 偶尔给目标企业的员工打个电话、写封信或发个邮件。

间接方式：潜在客户主动与你取得联系

- 向地区或国家级媒体寻求帮助，为你的作品做宣传；
- 通过博客或文章，在你擅长的领域发表见解；
- 以潜在客户的兴趣点为主题，制作并播放视频图像；
- 出席地区或全国大型活动（或网络会议），发表前瞻性见解；
- 在潜在客户可能会注意到的地方，运用网络或排版印刷方式做广告；
- 在网络上投放定向广告。

很多设计企业都有用来寻找潜在客户的内部数据库。有些企业还会运用如塞尔福斯（www.salesforce.com）网站等第三方工具来管理这些信息。

什么是账户漏洞

对于设计工作室而言，同一家客户的业务量不应超过工作室业务总量的25%。如果发生了这种情况，请立刻与其他潜在客户取得联系，争取新业务。这就是所谓的客源多样化原则，作为企业所有者，这一原则可以帮你加强企业运营的稳定性。

客源多样化能够让你在损失一家客户的情况下，维持工作室的正常运营。如果你雇用两名以上员工为一家客户服务，同时，你们企业的相当一部分收益源于此客户，那么，一旦这家客户弃你而去，这两名员工将无事可做。对于小企业来说，这是一种高风险的运营模式，可能会给整个企业带来毁灭性的打击。

客源多样化可以在客户拖延付款的情况下，让现金流保持一定的稳定性。任何一个客户拖延付款都会对现金流造成潜在的损害。企业服务的客户越少，承担的风险就越大，即便付款时间只晚了几周。如果你因为客户的信誉而不要求其付预付金，就很可能会引火烧身。

客源多样化还可以让企业在费用方面免受讨价还价的困扰。那些专注于一家客户的设计企业可能会惨遭以下几种命运：当客户发现原来设计方手中大部分都是自己提供的业务时，就会以追加业务量为条件与你讨价还价，提出折扣要求。这时设计方几乎没有回旋的余地，因为在这一过程中，他们手中几乎没有谈判的筹码。

客源多样化还可以让企业背景更为殷实。如果一家设计企业的工作业绩都来自同一类或同一行业的业务，那么，它对新客户的吸引力就会大打折扣。

多样化业务意味着企业的涉猎范围广泛，而且在多方设计领域都可以驾轻就熟，同时具有强烈的服务意识。

即便你已经为一个项目忙得不可开交，也要继续寻找潜在客户和新商机。如果把所有精力倾注在一家客户身上，力求令其满意，那么，虽然你在短期内可能会获益，但从长远来看，企业受损的可能性会更高。

与潜在客户沟通时应该有怎样的言行

好了，你现在有了一名潜在客户并安排好了与之谈话的时间。在协商之前你该做哪些准备工作呢？沟通开始后又该如何推进下去呢？

第一次沟通，言行要机敏

以下是来自两名潜在客户的开场白，请体会一下其中的区别：

- 电话 1：“你好，我想了解一下，你们公司是否有兴趣参加 Big Fancy 科技公司网页设计的项目竞标？”
- 电话 2：“你好，我从朋友洛丽那儿听说了你，她说你的网页设计得很棒。我们正想把网页改进一下，我想我得给你打个电话。”

以上两通电话，虽然预算额与时间要求可能完全相同，但从第一通打电话的人的语气来看，你可能只是众多设计企业名单中的一个，任何一家设计企业都有可能是他们项目的潜在候选人。但是在第二通电话中，在正式谈业务之前，对方以一段私人关系为开场白。这些线索能够提示你针对可能达成的合作项目，要运用合适的谈话语气和沟通方式。

尽量面对面沟通

在递交最终的项目预算或项目启动之前，至少应该与客户有一次面对面的沟通。通常，地理位置会有一定的阻隔，但是，与潜在客户的面对面交流还是十分必要的，哪怕是一次短暂的视频通话。

在正式开展业务之前，沟通要有人情味

如果你正想与某家新客户建立一段牢固的合作关系，就要与其在人际和职业两个方面都建立起联系。在正式开展业务之前，你需要对他们的基本需求考虑周全，包括是用咖啡还是用茶进行招待，以及他们是否要用停车卡，还要记得时常送上几句简单的寒暄。

了解你在客户心目中的印象

我喜欢在谈话开始或结束的时候，打探一下对方从中间人口中了解到的我是什么样子的，以此判断这段间接的关系是否牢固可靠。同时，这也提醒我向介绍人致谢。

了解客户主动联系你的真正原因

给客户些空间，让他尽快进入沟通状态。别急着谈你自己或你的职业经历，等完全摸清他们的兴趣点之后再说吧！

“现在，总裁先生，请告诉我你的价值主张……”

在开发新客户时，倾听能力将是你使用到的最重要的技能之一。在与客户的第一次会面后，即使一切听起来都很熟悉，也不要以为自己已经完全理解了客户的需求。试着找出一切潜在问题的根本原因。在这个过程中，你可能会发现一些有用的信息，再以此制定一种满足客户需求的方法。

注意你的穿着

如果你是一名设计师，你想让作品给人留下什么样的印象，你的穿着样式就应该与之相匹配。

提供会议的日程安排

如果你已经安排了与客户见面，就请确定客户需要的沟通时长。在见面的过程中，你可以随意而简明地告诉他们时间安排，即便客户是设计领域的行家，你也要引导他找到谈话的重点。这是你的职责所在。

积极地倾听与反馈

请控制好谈话的方向，比如你可以说："在探讨相关工作经历之前，我想知道你们重新设计网页的初衷是什么，以及其中的一些细节。"然后，你就可以和客户一起分享相关的研究案例或实例了。

询问竞争对手的相关情况

"那么，你还和其他设计师或公司谈及这个项目了吗？"大胆地进一步谈谈此事。"我能问问是哪几家公司吗？我正想了解一下，你目前考虑的其他几家公司的情况。"这些细节可以帮你摸清竞标对手的底细，评估你是否占有优势。

讨论预算额度

在这种深度沟通中，一定要打探出客户的预算信息，为你的报价做准备。当你向客户搜集此类信息时，态度一定要坚决。如果客户称自己还没有预算（这种情况经常发生），你还是要锲而不舍地追问出一个大致的数目。我的前同事卡拉·科斯塔（Kara Costa）就习惯在与客户见面时谈及此事："你们能为这个项目投入 5 美元还是 100 万美元？"听了跨度如此之大的成本预算之后，有些客户就会说："没有，大概 1.2 万美元吧。"也有一些客户可能会感到不自在，你可以视情况而定，不要逼得太紧。

Success By Design 设计师箴言

请将新业务的运营成本计入管理费用中。如果你不以这种方式考虑时间的话，那么，为争取新客户而付出的时间和成本就得不到补偿，或者你与客户在项目预算的结果上就会出现分歧。

建立初步的可交付成果的时间框架

你并不需要知道交付成果的最后期限，你只需要弄明白项目范围（即工作内容）与项目进度（即你拥有的工作时间）。在将来的沟通中，你可以根据上述两项内容，基于客户的预算和项目范围，得出一个合适的进度安排表。

初步判断客户的诚信度

每段成功的客户关系都是建立在互相尊重与信任的基础上的。如果你在第一次接触中没有感受到客户的诚实——对他们试图解决的业务挑战的诚实描述，那么接下来，你可能很难为他们的业务提供有效服务。

勇于面对现实

如果客户一直在犹豫你是否是合适的合作对象，在沟通中他们就会表现得小心谨慎。如果你感到对方是在配合你做表演，就说明他们已经对你的实力有了判断，此时可以坦诚地询问你的服务是否真的适合对方，以此请他们直接表达看法。如果除了你以外，客户同时还在考虑其他工作室（或个人），你就不必急于向对方表明自己适合这个项目，否则会适得其反。你可能会漏掉对方话语中暗含的一些关键信息，而这恰恰是客户给你差评的初次警示。

不要过分推销自己的能力

当然，客户想听你说："没错，我们很擅长使用 HTML5 设计网页以及适用于移动设备或平板电脑的应用程序，看来，我们的业务能力完全能满足你的需求。"不过，别自夸说："是的，这些我们都能做！我肯定能在规定时间内交付。"如果做不到，就不要把话说满。否则，挂掉电话后你就会汗如雨下，发愁怎么才能在短时间内，达到别人用几年时间才能打造出来的设计效果或产品。如果你还在学习如何创作作品，那么你就是在浪费时间，因为这段时间你本可以用来踏实做事。

别怕提及你的合作伙伴

随着业务量的上涨，你可以建立一个一呼即应的外部合作团队。如果在工作过程中你请了外援，哪怕只是偶尔会用到的摄影师，你也需要告知客户可能会有外援加入。

别让客户决定你的价值

第一次谈判通常会预示着客户关系的走向，以及客户对你服务价值的判断。时间进度的安排也是如此。所以，如果客户说："我的网站设计成本也就 1.5 万美元，三周时间应该足够设计并完善好。"这时你应该说："这我可不能保证。先让我预估一下费用和时间吧，11 号之前给你答复。你看这样是否妥当？"

见面之后做个总结

初次见面之后，你需要问自己几个尖锐的问题，这样有助于你把握这段关系的走向。为了拿出强有力的提案并开展项目，你需要去哪些领域探索？（请阅读"准备提案"中所提出的问题）在与新客户接触的前 15 分钟，你就应该有所体会，因为这段谈话暗含着未来业务关系的发展趋势。

如果你做好了撰写提案的准备，就需要对进度安排及成本有个大致的估算。（请阅读"制作项目估算"部分）

? 是否应该参与竞标

当客户决定雇用专业设计师，他们也许会发投标申请书（request for proposal, RFP）和信息邀请书（request for information, RFI），因为这会帮他们选出最优的合作伙伴来完成项目。对于中意的合作伙伴，客户有哪些具体要求，这些都会体现在 RFP 和 RFI 中，设计方也会根据 RFP 和 RFI 的要求，给予相应的文件反馈。

如果你是设计工作室或设计公司的所有者，就应该设置一套填写 RFP 和 RFI 的规定。

很多设计公司选择拒绝填写 RFP，因为为了赢得项目而付出的时间与经济成本可能要高于对方所付的报酬。同时，还要考虑其他风险，比如可能还有 6 ~ 12 家公司与你竞争此项目，这对你大为不利。另外，为了竞争参选资格，客户会要求设计公司免费为其提供设计服务（例如比稿），这种做法是极不专业的。（请阅读“不参与比稿”部分）

其他设计公司为赢得项目则只提交 RFP，因为此项工作花费的精力有限（包括时间与金钱），还因为它们可能有着很大的胜算。如果你获胜的概率不足 50%（无论是否已经提交 RFP），就应该重新审视你的投标流程，看看申请的到底是什么业务。

不是所有新业务都来自陌生人

你需要建立与前客户、前同事保持联系的机制。一种方法就是关注细节，比如对方的生日、重大商业胜利、节日、感兴趣的事件预告等，并且通过这些信息与他们取得联系。有时候，甚至发送一条简单的感谢信息也有助于保持良好的工作关系。

（注意：不要使用花体字）

如何在拒绝客户的同时为未来赢得商机

在设计业务中，我们最常遇到的失误就是对本该拒绝的项目认识不清。拒绝其实是一门精妙的艺术，尤其是在关键的协商过程中。战略规划师兼客户关系经理菲奥娜·罗伯逊·雷姆林曾说：“拒绝客户的秘诀在于让客户记住你积极向上的一面，未来他们还会想与你合作。”

句点公司（Full Stop Interactive）联合创始人内森·佩雷迪克（Nathan Peretic）说：“深思熟虑后的拒绝比直截了当的拒绝更能让你获益。其实，因为某种（或多种）不利因素的存在，你很快就能意识到自己不适合某个项目，也很容易一时冲动就直截了当地拒绝。然而，通过恰当的拒绝方式可能会给你带来更多益处，比如更多的报酬、更小范围的项目，以及阶段性的工作等。”

如果你想拒绝一个项目，一定要谨言慎行（如图 1-3 所示）。

以谦卑的姿态拒绝对方

拒绝意味着在这段客户和设计方的关系中你更占据优势，但永远不要让客户觉得他遭到拒绝是因为你的高不可攀。

为拒绝留出空间

在早期协商期间，你就应该明确表示这个项目可能不适合你，以便为后来的拒绝留出一定的空间，不给客户利诱的机会。

请在新业务流程的早期提出拒绝

如果你将业务流程已经推进到了后期，甚至到了销售层面，比如已经推进到了提案制作环节，这个时候拒绝就太不专业了。

把机会留给未来，不要一走了之

在所有沟通过程中，你给客户留下的最后印象永远都不该是“不可以”。

拒绝一次机会并不代表没有能力。在你拒绝的同时，找准时机告诉客户他们适合哪种合作伙伴并积极主动地为他们推荐候选人，这个人须能满足客户的需求，并在短期内将他介绍给客户。这种对话应通过电话或双方见面时，按如下方式进行：

> 很抱歉，这次探讨的项目似乎不太适合我们做，我可以给你推荐另外 1～2 名设计师，他们可以为你提供帮助。在未来的一个月内，我希望我们可以再安排一次见面，能够与你共同探讨我们热爱的网络分析话题，感觉真的非常棒。

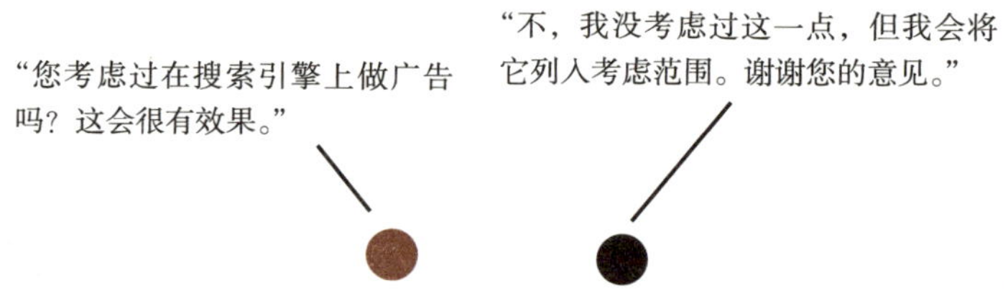

图 1-3　拒绝的策略

注：在提供帮助时要讲究策略，不要为潜在客户提供免费的设计服务。相反，你可以适当地给他们提供指导。

如何识别不合适的合作机会

在你辗转于 100 家客户之间，最后敲定一个项目的过程中，客户可能对你形成如下几种印象：

客户认为，无论他们提出什么业务你都愿意做

第一次见面就建立起牢固的客户关系，这便是其奥妙所在。如果最初的几次沟通你与客户很合拍，就会积累起他们对你的强烈信任，你的首批项目就可以畅通无阻。在这种情况下，这位客户就会认为，与你合作也可

以像与你谈话那样酣畅淋漓。他会真心实意地认为你可以与他分享成功，只是他没有意识到，其实你并非最佳人选。这就是“合适的客户，不合适的项目”。

客户认为自己独占你的注意力

客户之所以会有这种想法，是因为他意识到你方寻求合作的意愿与关切度越来越高，只要有机会你就会向他示好。但是，把太多的精力倾注在他身上，就等于在鼓动他提出更多的要求。但凡内行的客户都懂得，这是为自己争取利益最大化的最佳时机。

客户并不了解你在某方面的弱项

客户对你为图标和商用单据所做的设计工作很满意。所以现在，他们又想让你为网站设计一个数据库。设计师通常不愿承认自己在某方面的弱项，尤其是当他迫切地想留住眼前这位客户的时候。有时，你可以找战略合作伙伴来帮你解围。但是，当任务大大超出了你的能力范围，同时你也没有能力与外界团队建立起复杂合作关系的时候，你就需要向客户坦白自己的不足。

客户想让你承担他们分内的部分工作

客户经常雇用设计师做一些非专业性的工作，不过有时候，本该是客户分内的部分工作也要由你代劳，并且直到项目启动后，你才意识到原来自己是在替他们干活。比如一直以来，客户都因为企业内部的规章制度而完不成项目内容的审批，于是寻求你的帮助，很明显，这是对方的职责，也根本不在合同规定的业务范围内。或许，你能比客户干得更得心应手，但毕竟还需按相同的企业规范行事才能拿到审批结果。过不了多久你就会发现，客户的这种要求使得整个项目无利可图。为避免这种情况的发生，你要学会拒绝，以此进一步巩固合同中对业务范围的规定。

Success By Design 设计师箴言

如何把一场关于新业务的会议变成“大屠杀”？在这种场合使用设计领域的专业术语就会导致这种场面（如图 1-4 所示）。在你的谈话内容中，需要避免使用这些专业术语，而要使用客户能听得懂的语言，比如日常用语。否则你说的话很有可能是白费口舌。

客户认为自己有权利得到你的帮助

或许你的客户正在想：“如果你不同意，还有好几家公司等着拿这个项目呢。”这种威胁半真半假。如果客户威胁你要把业务给其他公司，就说明他可能是想从你这里得到某些东西，比如你的参与和你的投资，或者仅仅是你的关注。他知道你比其他企业更优秀。在这种情况下，你手中的筹码其实比想象中要多。

你的赚钱需求较为迫切

没错，你需要付房租，而且对你来说，这项工作有望带来更好的结果。你需要保持业务量来养活手下员工。事情很快就会过去，然后你就可以着手更棒的工作。没错，工作室做的某些项目纯粹只是为了赚钱，它们永远不会出现在你的履历里，也无须为人称道。

然而，如果你是动态设计的行家，就不要做 PPT 设计师的工作。如果你只想做 LOGO 设计，就不要接手搜索引擎优化的项目。如果你总是在做不想投身其中的项目，久而久之，名声在外的你就会一直做不喜欢的项目。原本是一个领域的专家，却把时间和精力用在另一个领域上，这是得不偿失的。

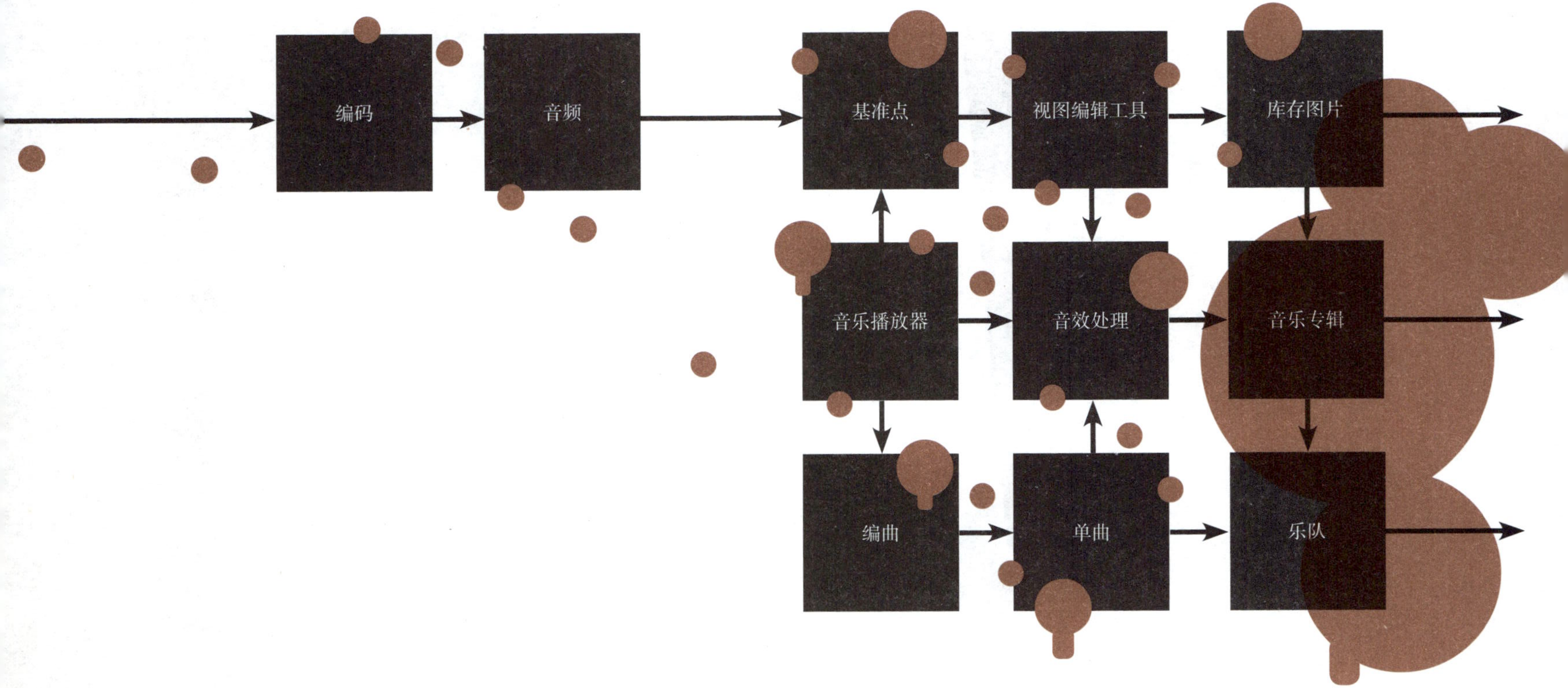

图 1-4　专业术语引发的“灾难”

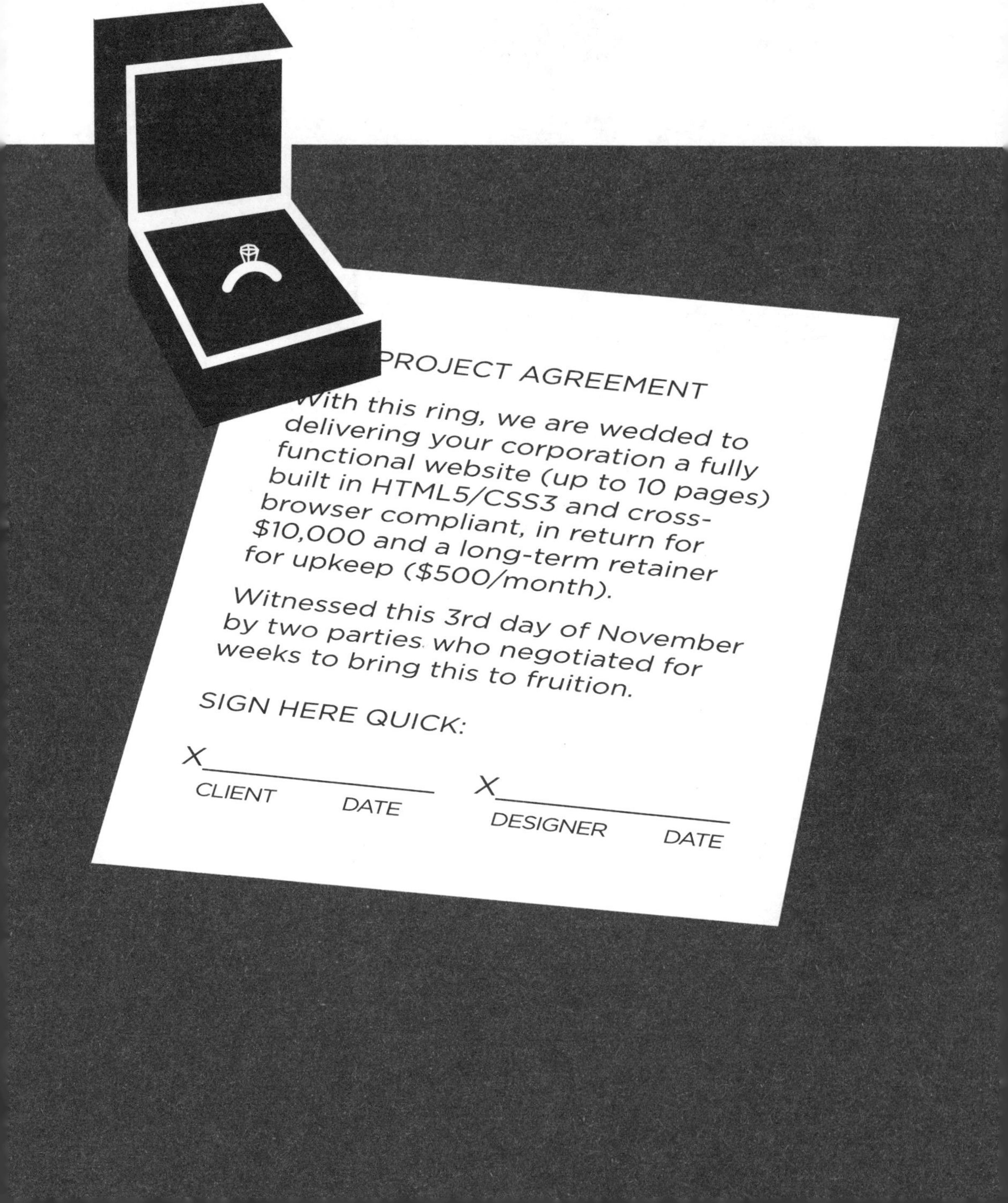
PROJECT AGREEMENT
With this ring, we are wedded to delivering your corporation a fully functional website (up to 10 pages) built in HTML5/CSS3 and cross-browser compliant, in return for $10,000 and a long-term retainer for upkeep ($500/month).
Witnessed this 3rd day of November by two parties who negotiated for weeks to bring this to fruition.
SIGN HERE QUICK:
X
CLIENT
DATE
X
DESIGNER
DATE

准备提案

现在，你已经和一个优质客户见过面，你们非常谈得来，并且有着共同的喜好，比如卷毛狗或波本威士忌。同时，你意识到可以接下这个潜在的设计项目。那接下来该怎么办呢？当然是拿出一份出色的提案。

所谓提案，就是针对如何帮助满足潜在或当前客户的业务需求而草拟的文件。我喜欢写提案，因为这有助于项目的顺利完成。在你与客户建立起来的关系中，这个环节常常被看作是“第一枪”：你想如何帮助客户解决问题，提案便是客户能见到的切切实实的力证。

下面介绍几个写提案时需要注意的问题。

优质提案应该包括哪些内容

无论是针对老客户还是新客户，任何一份提案都应包括如下内容：

- 对客户业务问题的清晰、准确的理解；
- 通过一系列可交付成果及技术 / 媒体手段来诠释你的工作内容（即工作范围的确定）；
- 你的职业经历及其对客户的帮助；
- 为实现既定成果的交付，你将采用的稳定而成功的业务流程；
- 经双方协商同意的进度安排表，以及呈现项目重要节点（可能会有变化）的工作反推时间表；
- 可交付成果的成本估价；
- 为完成可交付成果而产生的大致总预算，至于其计算方法，可以根据你所选定的收费模式及协议中的相关支付条款而定；
- 一系列工作条件的设定及保障项目成果得以顺利交付的应急方案。

如果你的提案中漏掉了上述内容中的某一项，那么，客户就极有可能搞不清楚你究竟能提供什么样的服务。另外，提案中可以考虑加入一些常规信息，比如：

* 客户姓名、地址及主要联系方式等信息；
* 双方协商约定好见面及签署文件的地点；
* 对超出预算部分费用的合同条款和处理过程，对业务范围之外的工作的澄清，比如向图片库申请使用许可。

待双方签订后，提案才开始生效，其中的条款才具有法律效力。自此，双方必须按照提案中的条款行事，除非双方共同制定出更为周密的合同或更改原合同中的条款，甚至解除合同关系。

有些公司用提案的附本作为合约，这种情况适用于较大的项目或力求建立长期的合作关系。与提案一样，提案附本同样需要双方签字同意。提案附本还有可能再附加其他具有法律效力的文件，比如保密协议和主要服务协议。

如在既定期限内提案未经签署，其条款内容应自动失效。切记，一定要写清楚你方提供的报价及提案的有效期为 30 天。如果过了有效期，但客户仍有意签署时，就应重新查阅文件条款，确保此行为的可行性。公司的运营情况瞬息万变，规定提案的有效期可以起到自我保护的作用。

如何制定优质提案

以下是我与客服专家和创意总监合作后学到的一些经验和技巧。

优质提案能够洞察企业问题并预测其后果

当你为新项目撰写提案时，文件的开头要简明扼要地介绍一下客户的业务情况及相关战略。这样做可以让客户觉得你理解了他的立场。接下来，提案应解释清楚，客户需要什么来解决他的问题，以及你的公司将如何满足这些需求。由谁来做？做什么？何时做？在哪里做？为何这样做？时刻都要谨记这些问题，并找出答案。

在提案中，仅仅重述你与客户商讨过的问题是不够的。对于客户所面临的竞争环境与条件，你要表示理解，并通过一些简单的调研稍作分析，以此展现你的过人之处。

草拟以上内容时，要明确潜在受众的身份，尽量让这些内容通俗易懂，但不至于肤浅。公司 CEO 看过我的提案后会有什么反应呢，我喜欢猜测这样的情景。我写的东西能派上用场吗，我也喜欢这样自问。

提案的制作不包括比稿

向客户表明你对其业务的熟知与理解，准备好翔实的项目策划，但请不要为客户而参与比稿。如果想展示你的创造力和专业水平，可以通过其他方式。（请阅读“不参与比稿”部分）

优质提案应阐明在整个项目周期中，客户将会遇到的问题

当谈到时间安排与可交付成果的问题时，提案的体裁可以采用陈述式，用通俗的语言解释清楚在项目的整个生命周期中，每周会发生的事情。尤其是当你将要开展一段长期的客户关系，或当你想搞定所有持不同观点的利益相关人时，这种体裁会产生很好的效果。你可以把“故事”讲得足够抽象，这样大家就不容易产生疑问，直到提案签署完毕。另外，不用照着日历把每天的活动内容都交代清楚。

优质提案应该反映出客户与设计方之前的协商情况

一份具有说服力的提案能反映出你与客户在最初的业务对话中的契合程度。提案中要提及你们的一些共识，这不仅可以向客户表明你对他们的

需求的掌握，还可以为创建创意简报做好铺垫。

优质提案能促进合作的达成

首先要重新撰写所有文件，其次要进行严格的修改和编辑。不要重复做某件事情，抓住时机展示你那些前瞻性的思想。不过要记住：只是说得好听是赚不来钱的。

优质提案要明确规定项目范围

针对可交付成果及各轮评审，提案中应有清晰的定义与描述。需明确的内容如下：

你能产生多少设计理念、创造出多少设计模板或其他可交付成果

比如一个运用 HTML 制作的 10 页的网站项目，它的可交付成果就包括一级页面与二级页面的模板。

整个过程将经历几轮评审

我方将为网站一级页面及二级页面的模板提供一整套线框图，为通过审批，我方将对其进行两轮评审修改。线框图审批通过后，我方将为一级页面的视觉设计方向提供两套方案，选出其一。在此过程中将再进行两轮评审。

指定运用的技术平台

所有网页模板都将在 WordPress 博客平台上建立，主页中将包括一个 JavaScript 幻灯片。

为实现计划成果的交付，客户必须提供的内容

客户须提供所有的网页内容。如果一级和二级页面模板的开发通过了评审，但客户方未能提供全部网页内容，那么开发工作就会被迫延后，重启工作将会产生 1 000 美元的额外费用。

优质提案只会给出成本估算，不会给出详细的报价

为了摸清你方所提供服务的具体价值，客户会四处搜集线索。对此你一定要小心行事。如果你的项目估算方式完全透明化，就意味着潜在客户会想方设法缩减你的总费用。（请阅读“制作项目估算”部分）

优质提案对非服务项内容有着明确说明

提案中没有提及某些重要条款，无疑会令客户不高兴，尤其是对事后还需追加的条款信息。如果你做的是阶段性工作，就一定要在提案中明确每个阶段的工作内容。

优质提案只需做得恰到好处

不要对每项提案都追求完美。你的提案并不会被请进博物馆参展。提案的撰写成本不应超过既定项目预算的 1% ~ 2%。设计委员会（Design Commission）的设计师戴维·康拉德（David Conrad）建议，项目被认定后，撰写提案的时间应控制在 3 ~ 5 小时。

Success By Design 设计师箴言

有时，你只有经历过项目的调查阶段，才能清晰地界定项目范围。这时，你可以在提案中加入一项条款，说明提案内容将以你了解到的信息为依据，从而对可交付成果的交付条件进行界定，或者你还可以对自身的能力范围设定上限。额外产生的工作内容或可交付成果则另需申请变更。

优质提案能够感动客户

看完你的提案后，客户应备感激动。他们应该知道，你做了充分的准备并对这次合作充满期待。

写提案之前应该向客户提出什么问题

写提案之前，你应该弄清楚自己所提的内容是什么。为了做好估算，实现获利目标，同时实现客户对其项目的期望，你应该在写提案之前向客户提出恰当的问题。因此，在调查过程中就要针对以下话题进行探讨，话题的进行按照普通沟通的顺序展开即可。（如何进行有关新业务的沟通，请参考“最大化地拓展业务”部分）

预算和时间安排

如果你在首次谈话中没有提及预算，就犯了大忌！不必故意迎合对方的预算，因为一段良好的客户关系是从“物有所值的产品与公平的预算额度”开始的。“公平”就是在可行的进度内，设计方得到的相应利润，但除非已有把握，否则不要轻易谈及此事。

在得出具体的项目预算和所需的时间之前，请不要随便拟定估价。客户通常会规定项目费用。在与设计方联系之前，他们已经有了审批过的预算额。除非你主动询问，否则他们不会轻易说出手中握着多少钱。

需求

所谓需求，就是完成项目后客户想要得到的东西，是那些你为他们创造出来的实实在在的成果。

项目需求大致如下：

- 功能需求：“我们想在网站上建立博客，还想要一份电子邮件注册表（email newsletter sign-up form）。”
- 技术需求：“我们必须用 SharePoint[1]为公司重新设计内部网站。”
- 预算需求：“出于预算上的考虑，我们的商务名片用两种颜色就可以了。”

---

[1] 一款软件，可以通过一个中心位置来链接人、过程及信息。——译者注

经客户之口阐明的需求将被列到一张冗长的清单上，体现在估算项目中，同时，这也是项目范围界定问题中双方讨价还价最为激烈的部分。在讨论客户需求的时候，要懂得如何从众多细碎小事中辨别出必要的内容。为了保证时间进度，维持预算额度，有些小事可以不纳入考虑范畴。

公司的指导方针

客户通常都有自己的指导方针，无论是正式的还是非正式的，这关系到企业的外在形象，对此，你可以通过如下问题进行了解：

- 法律方面："法律不会允许你做出格的事。从一开始，我们就应该在合法的前提下谈论事情。"
- 品牌及设计风格方针：这可能会体现在组织行事的某个方面。
- 设计样品及设计案例：据此可以看出目前客户品牌的演进过程，还可以看出它与客户当下描述的风格之间的矛盾之处。
- 非正式的最佳实践和一系列同步产生的项目：这些会给工作的顺利进行造成影响吗？

对客户来说，品牌设计方针的重要程度可能是最低的，尤其是当他们正致力于开展新项目的时候。所以，类似的事情要尽早询问，甚至在签署提案之前就应该问好。

第三方合作伙伴和竞争对手的影响

在与客户直接合作的同时，项目还有可能受到第三方人员的影响，比如其他设计公司、资源提供方、印刷厂和托管服务商等。

针对这一点，你应该考虑问客户一些问题，比如：

- 与我们合作的还有第三方合作伙伴吗？
- 目前，你与第三方合作伙伴的关系如何（比如，这个第三方是不是多方竞标的结果，它是否会造成预算超标，或者是否可以让渡第三方 10% 的折扣）？

- 我要如何与第三方合作伙伴沟通交流？
- 这些第三方合作伙伴对项目最终成果的交付有何影响？

如果在这个过程中，你晚一步才觉察到这些限制因素，那么，项目的范围界定、日程安排及成本问题就会受到很多不良影响。其他人会认为是因为你的工作失职，没弄清状况，才导致了这些问题。

主观臆断

所有客户都会对你的能力和即将交付的成果进行臆断（即便他们意识不到自己的这些心理状态），他们可能会这么说：

- 绩效方面的期望："产品一旦投入使用，就会立刻奏效，对吧？"
- 对某些需求缺乏沟通："我还以为这已经包含在项目预算里了，应该是这样的呀。"
- 把责任推给设计方："我还以为你在 ××（比如技术与营销）方面是行家呢。"

对于这些臆断，应给予积极的回应。向客户讲清楚，你能做什么，不能做什么；预算中包括什么，不包括什么；以及你尽最大努力后能获得的实际结果。否则，这些无以言状的期许可能会对项目的顺利完成造成毁灭性的打击。

承诺

最初，在你与客户进行的谈话中会发现，他可能已经向某些人做了承诺，比如重要的利益相关人、他的老板、第三方合作伙伴或合伙人，你有责任判断这些承诺是否具有法律效力，是否属于非常规期望或是否违背了合约条款。客户可能会这样说：

- 在进度上对设计方强加要求："4 周的时间能完成，对吗？我告诉老板你能做到，因为我们马上要参加一次商业展览，这个项目是要参展的。"

- 项目的可能收益被过早定位："我们 CEO 觉得这个项目可以在 6 周之内将销售额提升 2%，请你保证能做到。"
- 被期待中的荣耀蒙蔽双眼："之所以请你加入，是因为我们想通过这个项目夺得 Big Fancy 创意公司的销售大奖。"

你不必应允这些承诺。进度问题是有待商榷的；成果投入使用是否能大获全胜，无法现在就做出保证；而获奖的问题，永远都不该是设计工作所要实现的首要目标。

企业目标

客户可能已经为自身企业设定了总的战略规划，而这个设计项目应该对其起到支持或推进的作用。与客户交流的过程中，记得问问他们的相关目标。这对摸清他们对优质网站的期许很重要。

- 提升品牌影响力与价值方面："我们想通过这个新网站赶超两大主要竞争对手。"
- 提升市场排名方面："截至 2014 年，我们想在主要产品线上提高 3% 的销售额。"
- 融资方面："我们想在未来的 6～12 个月内实现公司上市。"

签署提案之前，你需要搞清楚客户的这些目标，项目目标应与其保持一致，或者能够大力推进这一目标的实现。以下问题可以帮助设计方明确客户的目标：

- 您是想巩固并扩大现有的生产规模（服务范围）吗？
- 您是想用更具竞争力的新产品（服务）来代替原有的产品（服务）吗？
- 您是想让公司上市吗？
- 您是想创造出一款全新的产品（服务）吗？

想让公司上市的目标与打造获得性高、防御性强、畅销的产品或服务的目标是不同的，因此你给出的建议与帮助也应有所区别。选择恰当的战略，有助于你集中精力通过设计工作来解决能力范围内的问题。得到以上问题答案的同时，你也学会并找到了一系列完成项目的必备技巧与工具。

有时客户会回答，“我们只想提升关注度”或“我们想实现以上所有目标并取得共赢”。提升新品牌的知名度或发布大规模的产品与服务可能会涉及多种战略。不过，设计师的首要任务是帮助客户集中精力做最值得做的事，并为即将启动的项目制定可行性目标。否则，无论共赢的创意多么受欢迎，你所提出的任何解决建议都是不切实际的。

消费者需求

客户的企业目标与消费者显性或隐性的需求并不总是一致的。在对这款有偿项目进行调查时，你一定想摸清客户的这些目标，不过，有时为了确保工作的顺利进行，你需要在提案中添加些假设条件。

在与客户交流时，弄清他们是否研究过消费者的需求，有助于你决定项目的立足点。如果他们没有做过这方面的研究，你就需要把这部分研究内容划分到项目范围内。如果你正在做研究，就把这一项作为条款加入项目策划中，以便后续根据研究发现，改变项目范围。

Success By Design 设计师箴言

针对客户要求的处理项目的复杂程度，你可以向客户提出要求，为你有关项目调查和项目定义的工作付费。从项目调查中得到的信息可以被用来指导并完成项目既定范围内的工作任务。

对项目重要性的感知

虽然有时候项目预算已经确定，项目也通过了审批，但你的直接客户或他们的业务团队手中没有钱。对你来说，这是一个挑战，因为对方对项目重要性的认识，以及项目对企业（从更高层面来说是对于整个行业）的潜在影响力，直接决定了他们对这段合作关系的关切程度。

你可以通过以下问题来判断他们在此项目上的关注度和投资水平：

- 公司内部如何看待这个项目？
- 从公司运营的角度看，这个项目很重要吗？
- 这个项目是公司成功的必要因素吗？
- 这个项目很急吗？或者，他们只想找些事做？

客户及企业政策

直接询问客户，项目生命周期（如图 1-5 所示）中可能会出现哪些政策性问题，这样不是很好吗？如果问得恰当，你就可以从中察觉到必要的信息，对项目运作过程中可能遇到的政策性阻碍有所了解。你可以提出如下几组问题：

了解一下客户的直接对接人（以及他们的老板）

- 客户的直接对接人对自己有着怎样的评价，团队或组织中的其他人又是怎样评价他？
- 直接对接人的老板对他的评价如何？
- 与市场需求相比，老板的直接参与是项目成功的必要之举吗？
- 与你对接的人在组织中的地位如何，是否有能力开展他们正在追求的变革？
- 你的客户有能力解决摆在眼前的问题吗？
- 你的客户在设计方面是行家吗？
- 你填补了整个组织的技术空缺吗？
- 谁才是真正的决策者？（可能决策者并不是老板）

探询一下，你的客户如何看待他的公司

- ⋆ 你的客户认为，他们公司最擅长做什么？
- ⋆ 客户所在公司的言行是否一致？公司员工对此怎么看？消费者又怎么看？
- ⋆ 团队或组织中的人对彼此有何印象？
- ⋆ 他们认为，与竞争对手相比，自己公司的独有优势在哪里？
- ⋆ 他们觉得自己了解什么，不了解什么？公司员工是否普遍都这样认为？

针对项目待解决的问题，与客户要有一致的理解

在拿出既定的设计成果之前，设计方与客户要认同问题之所在，这些问题包括：

- ⋆ 对于大家要解决的问题，每名参与者是否都了解其症结所在？
- ⋆ 这个问题是静态的，还是变化的？其复杂程度如何？
- ⋆ 针对他们的问题，你提出了解决措施，那么，组织准备好应对其带来的影响了吗？
- ⋆ 在项目运作过程中可能遇到哪些阻碍？它们可以避免吗？
- ⋆ 最重要的是，针对问题的症结所在，客户是否对症下药？

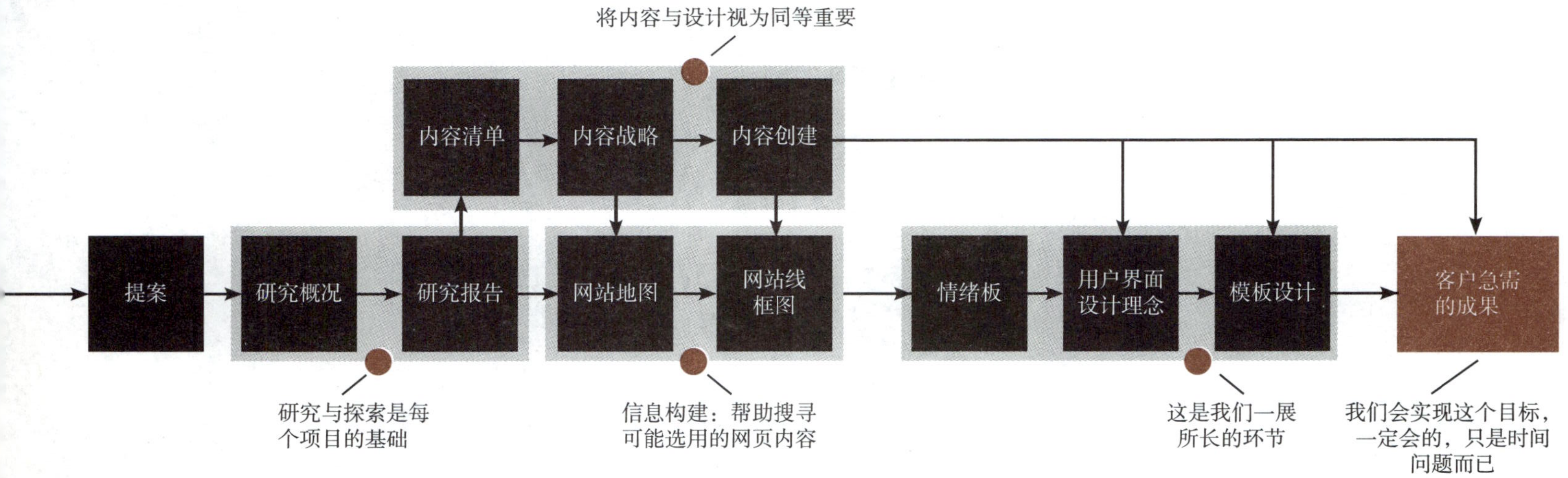

图 1-5　网站构建的简单流程

签署合同

合同相当于你为客户提供的具有法律效力的提案，它包含完整的客户关系的建立条件和维持条款。合同中还体现了具体的成本估算和工作范围。对项目完整的生命周期中所有的可交付成果均有清晰的要求与规定，除此之外，合同内容还包括一张简明的进度安排表，以及其他明确界定设计方与客户权利与义务的条款。

谨记，在签合同之前，请不要开展有关项目的工作。如果在未签合同的情况下，仅凭双方口头达成协议，你就贸然开展设计工作，那么，一旦出现问题，你就无处求援了。

❓ 合同是如何保护设计方利益的

谈到合同如何保护设计方的问题就让我想起攀岩。攀岩者会寻找岩石表面的缝隙作为固定点，当他们在演示攀岩时，会把绳索一头的金属锚抛到这些固定点上，以此寻求保护。

现在，把合同中的每项设计成果看作金属锚等保护性工具，把你自己（设计方）看作攀岩者。那条防止你坠地的绳子就是你与客户协商签订的合同，而那些保护绳固定点就是那些与你共事和在出现问题时会帮助你的人，比如另一家工作室的负责人、项目经理、客服专家或律师。

如果贪图省事而略过了其中的几处环节，结果就只能徒增风险。如果使用妥当，这些保护措施就会在你“失足”时救你一命。保险的支撑点就像是抛出的锚，只要下面有小伙伴托住你，你就不会掉下来。不过，如果保护措施做得不到位或不牢靠，那么，你一旦“失足”就会一直下落，直到下一个保护层把你接住。虽然下落了 2 ~ 3 米，直接到了下一个可交付成果的阶段，但是你仍然可以获得动力。但这样一来，下一层保护措施就会承受更大的压力，你当然可以想象，额外压力的产生会造成什么样的影响。在这个过程中最为惨烈的情况就是绳索断裂，你将变成自由落体，下坠时接触的东西都被一起冲下去，最终大家一起粉身碎骨。

如果前几轮的可交付成果没有得到客户的正式认可，就相当于一层甚至全部的保护层被撤掉了，结果只能导致客户关系的全面瓦解。这要比项目范围扩张（scope creep）的风险更大。我们暂且称之为“项目范围重置”（scope repeat），意思就是由于反馈不及时或新信息的投入，你要对相当一部分工作进行返工，这样便完全改变了项目的大致范围。每遇到范围重置的情况，就意味着要么承担超支的那部分预算，要么失去整个项目。这种风险你承担不起。

合同虽能起到保护作用，但不用心也是不行的

在项目的整个生命周期中，合同的效力程度与你工作成果的质量及客户关系的质量呈正相关。合同可以保障你的劳动所得，当然，前提是你要以专业化标准完成协议中规定的各项任务。

在每轮工作中，一定要拿到客户方对你所做工作的书面认可，捕捉并回应所有的客户反馈。在衡量客户满意度方面，合同并不总是能保护你，但如果对方签署了相关的认可文件，那么在协商的时候，你就有了坚实的保护盾牌。

哪种项目条款能保护自己

为了创建能够保护自己的合同条款，你需要向律师寻求帮助。同时，城市与城市之间，地区与地区之间规定的条款内容都可能是不一样的。律师最擅长帮助外行人解释合同法相关细节的条款，无论潜在客户如何解释，都需要律师帮你解读合同中的要点内容。

如今，在经历了无数坎坷之后，我终于摸索出了一些门道，于是在与客户的协议中加入了几条重要条款。如果你想在一段中长期的设计业务中，对知识产权归属问题有更专业和清晰的认识，就应该确保在标准合同中加入如下条款：

条款 #1：自付款时刻起，所有权才发生转移

"收到 合同中规定的可交付成果 最后一笔款项后，客户名 可获得合同中规定的对 知识产权或物质产权 的 所有权级别 权利。"

通俗地讲：完成合同规定的所有任务并获得全额付款之前，要保留对设计作品的所有权。

制定条款理由：此条款可在合同有效期内，避免随时可能发生的客户赖账现象，还能避免客户在未付款的情况下，随意使用你所提供的可交付成果。这在知识产权产生过程中显得尤为重要，比如产品命名、品牌定位、品牌识别系统和网站设计等。

条款 #2：如若你方决定终止合同，请按照工时付款

"雇用我方 提供设计服务 后，如若你方提出终止合同的要求，请按 我方规定的小时率 给予全额付款。"

通俗地讲：如果在项目进行过程中，客户提出暂停或终止合同的要求，那么，客户就应根据目前为止的全部工时付清款项。

制定条款理由：此条款有助于客户明确一点，就是雇用设计师提供专业服务后，冻结或终止项目的做法是要付出代价的。对于由客户首先提出的终止合同的要求，设计方不必承担因此而产生的额外费用。

条款 #3：不接受赊账，所以在开展下一阶段的工作之前，请先付款

> “设计方有权按如下时间收取 服务项目名称 的费用，首次付款时间应在 第一项可交付成果名称 工作开展之前……”

通俗地讲：任何情况下都不能接受任何顾客的赊账要求。你可以做一个款项支付时间表，要求客户在每个新阶段开始之前预付款项。

制定条款理由：对于那些没钱付账的客户，请不要轻易开展设计工作。如果项目伊始，他们就拿不出钱来，这就是鸣响着的警笛。针对你的客户做一个信用调查，确保他们能付得起 20 万美元总费用中剩下未支付的部分。对于任何一家设计公司来说，这种要求都完全在情理之中，尤其是当你想要尽力保全大项目的时候。对于那些有着良好支付记录的客户来说，这些可能根本算不上什么问题。

条款 #4：一旦产生纷争，首先应申请仲裁

> “设计方与客户之间产生的任何无法解决的纷争，首先应在 设计方管辖的地方 ，通过仲裁解决。”

通俗地讲：如果与客户之间的冲突无法通过双方协商解决，那么，为求自保，你最好寻求仲裁，而不是与之对簿公堂，以免给双方造成大笔的律师及诉讼费用。

制定条款理由：此条款可以帮助小型设计公司免受因合同纷争而产生的大笔法律费用的拖累。然而，如果经过仲裁，双方在达成协议后，客户方仍不付款（这种情况的确有可能发生），你就只能将他告上法庭了。

我想声明：我不是专业律师，所以用通俗易懂的语言撰写了这些条款，我不能确保这些条款会在法律纠纷或仲裁中保护你。在把这些内容搬进合同之前，请与你的律师共同浏览一遍，确保能满足你的业务需求。

有时合同纠纷是可以避免的

句点公司联合创始人内森·佩雷迪克用下面这张有趣的清单来时刻提醒自己，想要与客户建立良好的合作关系，并与之签订牢固的合同，那么，牢记以下几点是非常重要的：

1. 任何事情都可能引发分歧；
2. 但凡有缓和的可能，请尽量争取；
3. 行事正确，但不一定要占优势；
4. 人人都认为自己是对的；
5. 如果双方对簿公堂，结果只有两败俱伤。

清单的最后一条说得极对。“在满腹怨气的客户面前低头，要比固执地花钱去法庭上火并争面子更实惠。”内森这样说。

不参与比稿

你不应该为了赢取项目而做免费的设计工作。如果你在为客户免费工作，那么，无论是你本人还是业内同行，想在设计业务上赚钱就变得越来越难。探讨一下设计成果的价值是可以的，但不要真的为客户提供可交付的设计成果。

为什么不能参与比稿

多年以前，快乐齿轮设计公司（Happy Cog）创始人杰弗里·泽尔德曼（Jeffrey Zeldman）写过一篇有关创意性比稿的强有力的博客文章[1]，读来很有道理。文章中，他提到了值得我们铭记的三件事：

第一，这不只是无偿工作

比稿的费用的确可以通过一次真正的项目得到补偿，但前提是，客户欣赏你的作品，并在工作结束之后给予你酬劳。引用设计师冈纳·斯旺森（Gunnar Swanson）的一句话：这筹码太糟了。就相当于在赌桌上，你把优胜的筹码让给了虎视眈眈的对手。宝贵的时间与其用在比稿上，还不如用来寻找并完成那些有偿的工作，抑或用来为自己创造一些作品或服务。

你愿意把时间花费在哪里呢？

第二，在某种程度上，这让设计变成了一种装饰

根据多种设计原则，视觉设计成果是设计流程中最后一个展现给客户的元素。在开展有偿工作之前，就把设计好的作品拿给客户看，不管你爱不爱听，这都是一种虚假的掩饰。客户会认为，你没经过必要的研究分析，就想对还一知半解的问题指手画脚。

---

[1] 请登录 www.zeldman.com/daily/0104h.shtml 网站阅读。

Success By Design 设计师箴言

最近，谈及比稿这类话题时，比较流行的一种说法是：比稿也算有偿工作，或者类似“设计竞赛”等活动也具有有偿性。在这种情况下，设计公司拿到的酬劳要远远低于完成比稿作品所花费的成本。

第三，这对设计方和客户来说都是不安全的

在收到款项或放弃产权之前，你创建的一切产物的全部版权都归你所有。不过，潜在客户可能不懂这些。我在前公司工作的时候，我在客户还没有确定雇用我时就把比稿作品拿出来展示，结果大概一个月之后，我发现使用我们公司创意的作品居然面市了。对于所有参与者来说，这都不是一件光彩的事。

为什么还有那么多设计方参与比稿

美国平面设计协会（American Institute of Graphic Arts，AIGA）和美国图形艺术家协会（Graphic Artists Guild）等专业组织一直对创作比稿和众包设计持否定态度。不过，还是有很多人愿意参与创作比稿，愿意在业界推行改革战略，愿意为获取新商机而采取任何必要却问题百出的行动。那么，你同意参与比稿吗？

你所在的设计领域有比稿的需求

很多公司在小众媒体领域有所专长，比如为影片和视频作品做动态图形设计。这些公司为了在这些领域中赢得项目，就会参与比稿，他们对这种情况持较为开放的态度。有些客户认为，这是设计工作室赢得项目的一种方式，而工作室则把这笔费用算在了自己的项目成本中，即便是业内最受尊重的人士也不例外。我曾经看过电影片头设计师凯尔·库珀（Kyle

Cooper）的一次访谈节目，他说，在他离开想象的力量（Imaginary Forces）制作公司后，自己创立开场（Prologue）制作公司的时候，仍旧会为争取机会而参与比稿。

你就职于一家大型广告公司或营销机构，想要寻求参加评审的机会

俗话说得好，不成功便成仁。如果你想成为“狂人”，可能就要卷起袖子大干一场。为了争取与500强企业合作，可能就要先放弃赚大钱的想法。猎头顾问也会被雇来协助机构的评审工作，他们的加入为你获得机会增加了另一层障碍。

你通过提升材料价格而非小时率赚钱

在我所工作过的设计公司中，靠提高印刷费用赚得利润的不止一家。我们的产品遵循严密的生产规程，就是通过大量完成的设计作品展现优秀的设计理念，希望客户能够挑选其中一个方向，我们可以立即执行生产任务。

针对某种规模的项目，客户的政策要求比稿

面对客户抛出大项目的诱惑，大多数设计工作室都会栽在客户手里。大客户成果至上的观念会让设计公司变得像群众演员那样任人呼来喝去。

你想尽快创造利润收入，以防被裁员

我在一些设计公司做过兼职，他们一直都在大量创作，其中就包括比稿作品。这样做的原因很简单，如果保证不了财务收入额，就要把业绩排在后面的员工全部炒掉。绝望的情况需要决绝的措施。

为竞标同一项目，其他设计公司在提案中提供了比稿

如果竞争对手向客户展示了比稿，那么，在客户做出决策之前，你就要为争取机会与对手比拼。在这种情况下，我已经阐明了我的看法，但利弊还是要由你自己来衡量。

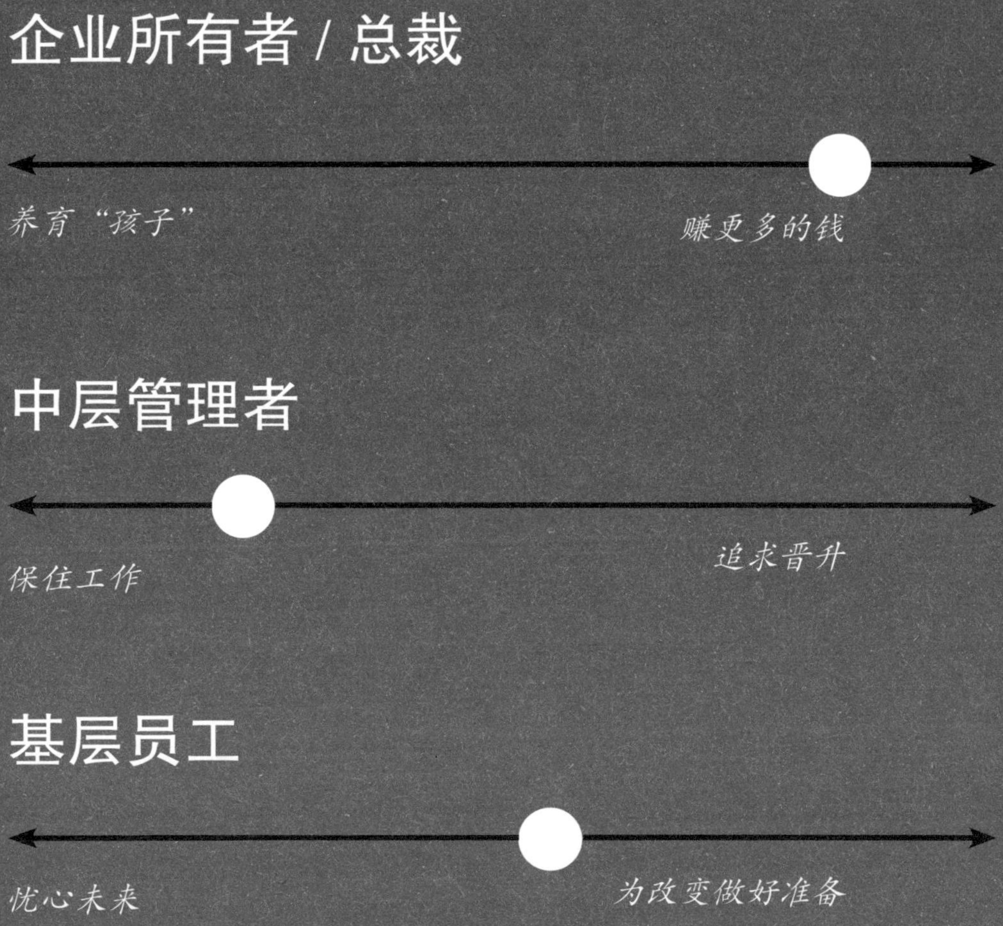
企业所有者 / 总裁
养育“孩子”
赚更多的钱
中层管理者
保住工作
追求晋升
基层员工
忧心未来
为改变做好准备

看清客户企业的内部关系

作为设计方，你创作的作品不但能引领客户组织的喜好和需求，而且还会对日常客户的地位及发展产生直接影响。所以，无论客户组织的规模是大还是小，在申请并开展设计项目的时候，你都要考虑一下他们的内部关系。

在你拓展新业务的流程中，在维护客户关系的过程中，在项目管理方式上，以及从客户战略伙伴的立场考虑，都要弄清对方内部的政治因素。接下来，我们就具体来探讨一下这个因素。

如何在争取新商机的同时看清对方的内部关系

在与客户面谈的过程中，以下几点可以帮你看清对方企业的内部关系：

项目成功的衡量标准

在客户评价你的工作业绩时，他们既会从定量的硬性指标出发，也会从较为缓和的定性角度考虑。面对追求“企业消费者的每用户全年收入（Annual Revenue Per User, ARPU）的提升”与“在移动设备的外观上，赶超直接竞争对手”这两种目标，其应对策略是不同的，采用哪种业绩的衡量标准就要看你怎样计划完成项目了。

CEO 可能想要你挽救他那个“丑孩子”[1]，而他手下的员工则想直接将其丢弃，客户联系人为了升职还想开展长期项目。虽然这些矛盾可能只有在工作中才能体现出来，但应尽量在客户项目开展之前予以解决。

一旦出现状况，由谁来救急

如果项目在开展过程中出现突发状况，由谁来处理呢？问题是否有进

[1] 这里指有缺陷的项目。——译者注

一步恶化的危险？并非所有客户都会全力支持你解决问题。客户组织中也不是所有人都信任你。此时，你的地位很可能被伺机而动的企业外部的竞争对手或第三方合作伙伴所取代。

客户是否能预见某些阻碍或问题

客户对涌动于组织内部的暗流是有所了解的，可以与其探讨一下，设法不让自己纠缠其中，如果可以的话，尽量采取安抚各方的策略。

对于即将启动的项目，如何在客户品牌与市场需求之间寻求平衡

据消费者称，组织内部的纷争常源于消费者对客户品牌的感知与客户对自身价值的感知之间的冲突。客户对自身价值的感知，通常源于其想保留自身的企业文化和原有的工作模式的想法。尽量争取让客户与消费者的需求保持一致。

你知道谁是关键人物吗

你需要弄清谁是掌控客户情绪与理智的人，这些人对哪些事情比较关注。在项目开展过程中，客户组织规模的大小和结构的不同，决定了你将面对什么样的内部纷争。内部纷争会造成一定的负面影响，为削弱这些影响，一种方法就是建立一份客户的 RACI 矩阵来描述客户组织的结构。（请阅读“明确利益相关人”部分）

? 怎样保护项目不受内部关系的影响

在项目进行过程中，企业战略的变更会迫使设计方做出相应调整，甚至可能发生项目变更。在此过程中，幕后的决策者姗姗来迟，你被这位从天而降的决策者弄得找不到方向。

这种情况纯属例外，不会经常发生。内部斗争并非总能为你所控，但你可以掌控以下事宜：

控制项目期限及协定的项目范围

因客户企业的内部斗争而需更改整个项目的工作流程时，不要因此调整现行合同中规定的项目范围，而是要根据变更需求另设一份新的进度安排表，并且考虑好在变更需求中，可能扩展的项目范围和因此产生的额外费用。为适应不可预见的因素而调整产品的生产过程是不明智的。

为那些落后进度的项目做一份后备计划，在这种情况下，可能还需要你的团队暂时离开去做另一部分有偿项目。项目期限将近，事先做好后备计划总比当客户着急时慌乱地寻求他人帮忙好得多。

控制反馈的影响

收到客户的反馈后，要听听这些具体要求的弦外之音，看看这些要求与项目简章的关系。如果不是针对简章，就可能是由内部纷争引起的。客户的需求并不是命令，因此，通常都有商讨回旋的余地。

当项目接近尾声时，你的目标就是让客户成为作品真正的所有者，就像是他们亲自设计的一样，因为在作品中投入自己感情的客户往往是最好的客户。良好的客户反馈可以提示你隐藏在反馈背后的真正需求，却不会告诉你具体的解决方法。（请阅读“管理客户反馈”部分）

要懂得在关键的可交付成果上为客户留出“附加值”的空间，这有助于揣度利益相关人的决定。所有人都在等那个人的最后决定吗？如果是这样的话，那个人就可能不是参与项目的 CEO 或老板，他可能是一位中层管理者或偶尔指挥项目的某位骨干，也有可能是任务的责任人，还有可能是一位外部的顾问。直到首次对客户汇报完工作，答案才会浮出水面，这时，即便有 RACI 矩阵也没有用。

然而，有些客户则完全不同，在他们那里，如果想决定一件事，就必须征得每一位参与者的同意。这种集体决策机制不利于高凝聚力作品的创作。必须保证有一名客户代表负责调解这些反馈，他应该处理好异议，并把团队的主要精力放在具体的行动事项上。否则，你可能会收到一堆针锋相对的意见和要求，这样只能导致作品质量的下降。

在前两次与客户沟通的时候，我会观察他们如何界定主要的行动事项。观察后得出的结论就是：在做下一轮工作汇报之前，应该与首要客户商定汇报策略。

尽量让多方利益相关人关注你的作品

客户不是总能识别出优秀的设计作品，因此，你应竭尽全力围绕可交付成果展开工作。我们通常从设计师的视角出发理解设计项目，所做的事情不能立刻得到他人的理解，因此，如果不能充分阐明理由，你的项目就会接连受挫。

让客户了解可交付成果的信息

根据客户对成果信息的接受能力，你或许要对信息进行修改与删减。给 CEO 做的可行性报告在普通客户联系人眼中可能就像天书一样。

时刻遵从战略规划

你的信息应该阐明可交付成果与企业宗旨之间的联系。

可交付成果应让人一目了然

自问一下："如果我不在场做说明，客户能理解作品的含义吗？可交付成果是否将一切（目标、结果和下一步的发展趋势）都体现得淋漓尽致了？"可以考虑找一个完全不了解此项目的人，向他展示作品，看他是否能毫不费力地重述其中的内涵。

积极地与客户沟通

你应该学会积极地倾听客户的烦恼，并适当地与之交流，并不是鼓励你过度频繁地与客户进行非正常交流，而是让你与客户建立起良好的对话机制，以便了解客户可能对项目产生的某种忧虑。客户无须拐弯抹角地告诉你工作难做的具体原因，你可以提高谈话效率，在项目进程中标记出他们担心的某些节点，并时常关注一下。

做一个负责任的顾问

如果客户的目的并非是提高最终产品的质量，而是为了在内部纷争中获利才提出更改作品的要求，那么，他就不是一个负责任的客户。如果遇到这种情况，无论如何你都要坚持做一个负责任的顾问。

什么是负责任的顾问？

1. 我们不应该把自身的立场与客户的任务纠缠在一起。
2. 如果双方的观点相差不大，我们会尽量做到与客户保持一致。
3. 坦诚是我方的行事原则，也就是说，我们会一直尊重客户的需求。

请小心行事，不要越俎代庖。如果客户让你为公司制定战略规划，那就按他说的做。如果客户让你遵从既定的战略规划，请同样照做，除非你感觉到事态不妙。你所提供的作品可能会造成公司内部的变动，不过，一般情况下，你的作品不会有这么大的影响力，也不要认为你比客户更了解其公司内部的情况。

在大多数情况下，客户比你更了解他们在市场上执行的企业战略规划。即便你对其有更多的了解，也不该狂妄自大到第一次与客户见面就说："你不用再告诉我什么了，你还是辞职回学校去吧。顺便说一句，你男朋友出轨了，赶紧回去分手吧。"

恼人的政治纷争会让最具创新性的设计作品黯然失色，就像落满灰尘的钻石。如果你能在项目开展的整个过程中帮助客户摆脱纷争的困扰，那么，你的作品就一定会绽放出原有的光彩。

YES

NOT YET

与客户谈判

当凭借自身努力而初露锋芒时，很多设计师不懂得如何讨价还价，不知道如何谈交易。下面是创意咨询师特德·伦哈特讲的一段亲身经历，他是伦哈特集团（The Leonhardt Group）联合创始人兼企业设计顾问。如果是你，会怎么做呢？

我的好朋友蒂姆曾经得到过一次为某美国知名企业重新设计品牌的机会。多年来，这个品牌一直未更新，公司要求在即将举办的大型活动上举行揭牌仪式。

蒂姆所在公司之所以入选，是因为他的公司虽然并不以品牌设计而出名，但在包装方面有着极其宝贵的经验。他极为迫切地想拿下这个项目，因为品牌设计要比包装设计更高端。这次机会可以让他的公司顺利进军高利润的先锋领域。

蒂姆手中握着很重要的筹码，他的公司是唯一一家入选企业，技术更是无可挑剔。在客户眼中，他是业界专家，或许比这个评价还高。距离新品牌的揭牌时间只有 3 个月了，客户已经没有时间再去物色新的设计公司了。

这时，出现了一位采购员。他从车里打来电话，他因不能到场参会向大家表示歉意。同时他还表示，为了维持公司的正常运转，他在调度各部门及合作商方面一直扮演着极其重要的角色（典型的高压攻势）。

“我们急需你的帮助，你能加入团队，我们感到很激动。如果这个项目做得漂亮，你们公司可就一举成名了。不过，在签采购单之前，我们得把有些事情谈清楚……”（又一个典型的高压攻势）

你应该能猜到接下来发生的事情了吧。客户的采购政策要求设计费打八折，数额差在 30 万美元以上，而且还要在项目结束后的 180 天内付款。还没有弄清是怎么回事，蒂姆就贸然同意了客户的需求。

到底是哪里出了错？是蒂姆太主动了。他迫切地想得到这个项目，整个团队都全力以赴，他被突如其来的状况冲昏了头，害怕丢掉机会。不过，他忽略了他有“业界专家”这个筹码，在时间上也占有主动权，没有他的帮助，公司不可能在有限的时间内达成目标。蒂姆没有利用好自身的优势，反而被客户占了先机。

每当与新客户或当前客户谈判的时候，要对类似情况进行分析。无论是在未来项目的付款细则方面，还是收到客户反馈后，要对项目进行修改，在与客户交流时，协商技巧都是至关重要的。

以下几点建议可以让你在接下来的客户谈判中有所收获。当然，这些建议也可以用在公司内部的协商活动中。

如何与客户谈判

判断之前要弄清自身立场

在谈话中，目标明确、积极争取才是一场高效率的谈判。这需要做大量的准备工作，在调查过程中，把该弄清的问题弄清楚，不要偶尔打一次电话或发一封邮件。当你做好了充分的准备后再去讨价还价，加上你的专业水平，对方与你协商起来也会觉得轻松自如。

知道自己手中有多少筹码

设计公司手中握有很多技术，在应对客户问题方面也有着丰富的经验，但客户却很少有这样的筹码。特德说：“任何一家设计公司手中最重要的筹码就是专业知识。我们每个人都有自己的背景、技术和经验。客户只能从你手中得到那独一无二的技术。”

除了专业知识以外，在项目进程、项目范围和其他可变因素方面，你都可以找到筹码。

找到合理可信的理由

如果你一开口就要加200万美元，还要一辆镀铂的劳斯莱斯汽车，谈判过程就很难进行下去了。不过，如果你说的是一个设计项目的估价，并且有合理的依据作为支撑，或向对方解释清楚，为什么人们更喜欢绿色的图标，而不是蓝色，这样的理由绝对能得到对方的认可。

常见的“自伤锐气”的谈判行为

律师兼谈判专家查尔斯·威金斯（Charles Wiggins）与特德在《美国平面设计》（*Graphic Design USA*）上共同发表的一篇文章中建议，设计方应注意以下与客户协商过程中容易暴露出来的问题：

露怯：实力雄厚的公司派出的谈判代表气场很强，你会感受到他的一身锐气——敞亮的办公室、6米长的会议桌、身旁的行政助理，还有繁忙的工作。不过，要知道，既然你坐在了那张会议桌旁，就必然有它的原因。你手中有他们想要的东西，这东西并非寻常普遍之物，所以，要懂得利用自身优势。

多言：紧张就会多言，这是一种不安与急迫的表现，一个训练有素的谈判者是不会多言的。在谈判桌上，多言百害而无一利，你要坦诚，但不能毫无保留。

不自信：我们的设计产品是独一无二的，对于我们自身和所做的工作而言，都需要别人的表扬与认可。不过，在情况紧急的时刻，很多聪明人往往会把注意力放在自己的弱项上，而忽视了自己的长处。这样一来，他们在心理层面就看低了自己，为自己的名誉是否会受损而焦虑。

转移话题：设计方总是急于把尴尬的谈判阶段草草略过，进入他们认为可控的阶段（即设计工作），其结果注定会失败。

削减可交付成果：创意公司一开始会组建最优秀的设计团队，运用最完美的方法设计出最好的作品，以此来充分满足客户的需求。当你在设计后期发现超出预算时，在汇报工作之前不得不删掉几项流程。当形势危急之时，我们为什么不展示出最好的一面，运用最有创造力的方法，解释清楚利益的所在呢？

与客户谈判应该注意什么

妥协须视共同利益而定

符合双方共同利益，并能帮助设计公司创造优质产品，只要满足这两个条件，就请不要放弃协商。在项目预算、项目进度及创作思路等方面，努力争取到最佳方案，尽量坚持自己的原有计划。看看你手里的“牌”，能打哪张又能收回哪张，实在不行，再考虑妥协。

掌控大局

要弄清楚，哪些事情需要摆到桌面上来正式商谈，哪些是鸡毛蒜皮的小事。改标题、换图片都非儿戏。为求自保而舍弃高风险的创意则另当别论。如果你的创意简直无懈可击，合同也坚不可摧，那就不应该放弃创意。不要把客户的每项商谈内容及反馈都当作潜在的矛盾来处理。

团队意见一致才能签订协议

当与客户谈到执行方案时，不是在必要的情况下，不能轻易签订协议。但凡涉及项目进度安排、项目范围管理和其他须在合同中规定的执行方案，在与内部团队反复商议之后再做决定，以确保团队目标与客户需求的一致性。这里引用罗伯特·所罗门（Robert Solomon）的著作《客户服务的艺术》

（*The Art of Client Service*）中的一句话：“凡未经团队协商的事，均不予允诺。”

注意文化差异

我曾经与一位外籍客户合作，这位客户的协商方式是这样的：等到可交付成果进入验收环节时，他总会提出种种可以改进的想法，每个项目都是如此。后来我们发现，为了弥补他所认为的质量缺陷，项目范围被拓宽了，可交付成果的数量也随之上升。在他们国家这种谈判方式很常见，但对于我们团队来说则不然。我们夜以继日地大干了几周之后意识到可以借客户这次“升级要求”设定明确的成果评审标准，以此来对我们设计工作的成果给予界定。在终期汇报会上，客户组织的所有参与者将共同见证我们项目的成功。

不要急于答应客户的需求

如果项目风险过高，就要花点时间研究细节问题。在谈判桌上，讨论的时间越长、内容越多，就越要重视，不要轻易“一锤定音”。你可以腾出些时间与空间来考虑，不要想着立刻抓起电话答应客户的请求。否则，无论对象是谁，都会认为他们可以再次逼近，这种情况对设计方很不利，我们需要的是尽快解决问题！

谈话过程要尽显亲切、礼貌与真诚

在和客户或老板谈判时，注意不要过于针锋相对。客户与同事对于人性的需求与我们是一样的，与之开展人性化的交流有利于巩固日后的合作关系。同时，这样做还将强化双方对“合作不成情义在”的期望。

随时做好放弃的准备

如果你觉得可选择的几种做法都会损害自己的长远利益，那么，就可以随时放弃这次谈判。在对合同内容进行协商时要勇于说“不”。这一点很重要，一般情况下，人们都有趋避冲突的本能，正是这种本能容易被潜在的客户大肆利用。其实，你是可以说“不”的。

如果谈判失败，请不要故步自封

事后总结相当重要，如果因为不合适或客户个人喜好而强行干涉你完美的色彩方案，结果与项目失之交臂，记得从中汲取经验，然后继续前行，切勿故步自封。对这些失败经历进行研究分析，有利于未来谈判工作的开展。

眼前的失败引领未来的成功

即便在首次协商中失败了，你与同事和客户的关系也依旧存在。如果你尽职尽责，拥有一腔热情，在整个协商过程中收获了实实在在的经验，你就能得到他人的尊重。互相尊重源于对各自职责的清晰界定与贯穿始终的坚持。这就是未来开展工作的资本，待时机来临，你会得到大力支持。[1]

[1] 有关谈判的艺术，推荐阅读罗伯特·西奥迪尼（Robert B. Cialdini）的著作《影响力（经典版）》（*Influence*），其中文简体字版已由湛庐文化策划、北京联合出版公司出版。——编者注

WINNING

谨慎处理客户提出的优惠请求

所谓“优惠”，是走投无路的销售员最后的庇护伞，除非迫不得已，这个词不应出现在设计方的词典中。

为什么客户会提出优惠请求

我已经记不清上一次是什么时候给律师打电话，让他对法律服务费打些折扣，为自己争取点儿预算了。如果设计方为客户制定了不错的战略发展规划，并创造了商业价值，那么，客户就应该像对待顾问一样给予设计方应有的尊重。设计方承担了顾问的职责，他们竭诚与客户合作，帮助客户解决问题，客户得到了专业服务的附加价值。

不过，我们还是要现实一些，在这些客户中难免会有人提出优惠请求。这种请求可以通过下面几种形式体现出来：

- 我只有这些钱：“我付不起 2 000 美元，只能付 1 500 美元。”
- 我们这么熟了，所以给打个折吧：“给个‘友情价’吧。”
- 我不知道你的费用是多少：“你这价格太贵了，能帮忙减少点开支吗？”
- 花这么多钱，我该得到更多：“你能另外赠点东西吗？”

不要被这些请求困扰，扮演好顾问的角色。由于客户对设计方缺乏了解，除了估价中标明的有偿用时和统一的收费项目以外，不知道设计方从哪里赚钱，以至于他们总是想方设法在合同规定的范围内最大限度地榨取设计方的利益。

设计方应该如何处理优惠请求

不过，利益的榨取多数都是幻想。从合同中缩减出来的时间，要通过工作量来弥补，目的就是在最初的合同估时内，圆满地完成你承诺的任务。

所以，在如下几种情况下，你可以给客户优惠：

- 你想争取新客户；
- 你想赢取客户的信任，以此争取更大更好的项目；
- 由于之前的不良表现，一度失去客户的信任，如今，想重拾对方的信任。

这样做的先决条件是：你有绝对的把握，在规定时间内，按照预算要求，成功地创造出强有力的可交付成果，并有所收益。在这种情况下，你可以考虑为客户打折。但是，如果你不能保证利益的实现或可交付成果的顺利交付，那么，在为客户提供优惠的同时，就必须对以下项目相关成果进行更改：

- **缩减可交付成果：**“网页我们可以做，但是相关的网页模板就做不了了。”
- **缩小可交付成果的范围：**“我们拿不出三个理念，只能做两个。或者网站只能在博客平台上搭建，而不能专门定制内容管理系统。”
- **使用由对方支付的第三方合作伙伴：**“我们可以用你推荐的第三方合作伙伴，然后由你直接向他付款。”
- **分割可交付产品：**“我们现在就可以制定品牌方针和网页，如果你同意接手后期的印制工作，我们会针对具体产品，尽量维持原来的审批估价。”

等你向客户递交提案后，他们就会不断地提出优惠请求。其实，修改提案中的成本估算也不算什么，比如，提供的优惠，这在设计合作中很常见。但是，如果你只是一味地削减项目成本费用，而不降低可交付成果的要求，那么，项目的成本就与原来的估算并没有区别了。最后，客户该支付多少费用还得支付多少，你该赚多少钱还是赚多少。

在项目用时或项目范围方面妥协不失为一种更好的选择。千万不能变更对于小时率的共识，除非你对服务的报价高出市场价格，或客户延长合作时间。即便这样，还是会对未来的项目合作造成一定风险，因为，如此一来，客户会使出浑身解数让你降低小时率。

请注意，项目的小时率一旦被降低，那么对于任何一家设计公司而言，其获利的可能性将微乎其微，原因如下：

- 对任何人来说，做项目时偷工减料都将意味着项目整体价值的降低；
- 一旦给了客户折扣，将来就很难再更改这一既定事实；
- 你可以给客户打折，但还是要保证合同具体执行者的小时率，你也需要花大力气降低他们的小时率；
- 这很容易带来愤怒和不满，你可能会抱怨："这个客户真是太过分了！"

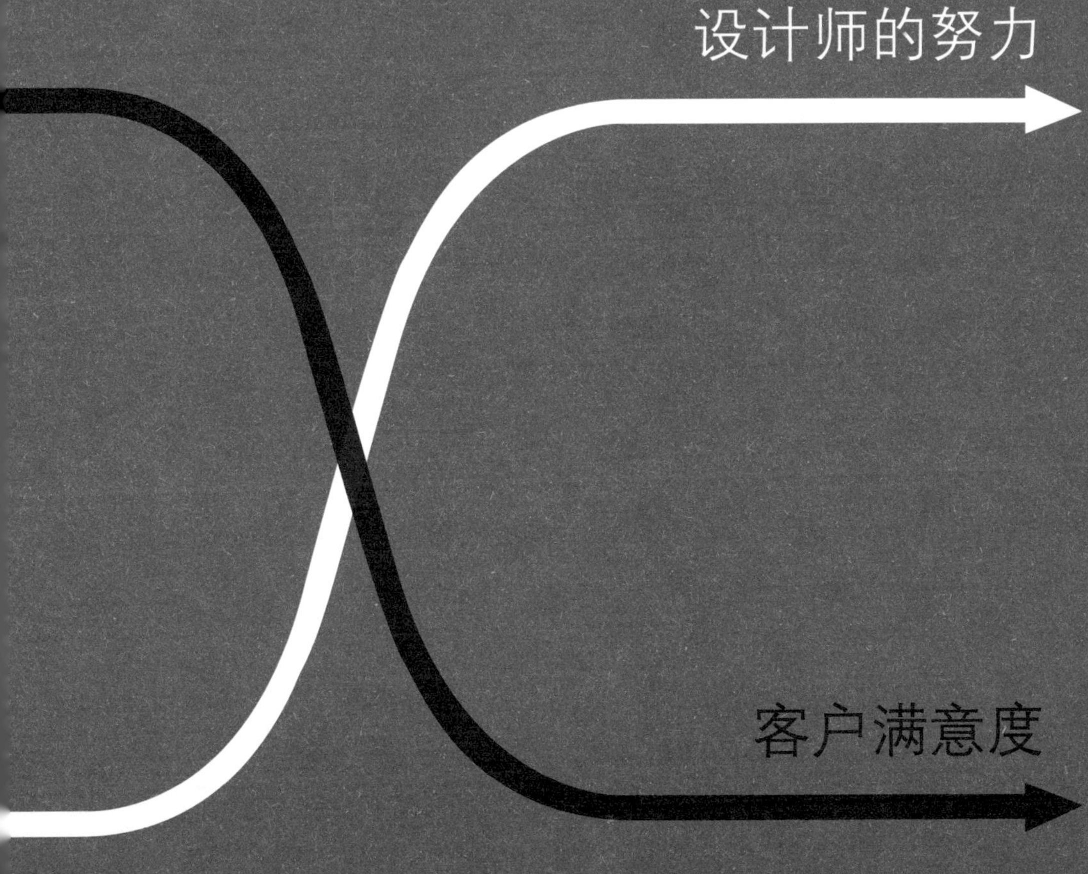
设计师的努力
客户满意度

为客户设定期望

对于设计来说，项目可谓十分复杂，但如果客户对项目没有设定期望值，那么结果就将导致一场悲剧。

通过以下几种方式，你可以帮助客户在与设计方合作的过程中了解他们的期望。

如何为新客户设定期望值

几年前，我接到了一个潜在客户打来的电话。他说，两天后他们公司会开启一个标识设计项目，他将全权负责这项工作，他和他的同事会全力以赴为设计方提供重要的反馈信息，并为设计选择一个方向。

用客户服务的专业用语来说，这番话意味着“重塑期望值”或“全面说明项目流程”的机会的来临，也就是说，应该认真利用好与客户交流的15分钟，但不要过分谦卑。如果对方以前完全没有和设计方接触的经历，就大致地给他描述一系列工作内容。通常情况下，直到他亲眼见到项目成果，心里才会真正设定期望值。

所以，如果你想为自己节省时间，在短时间内设定客户期望值，就根据自己的具体情况，对照图1-6所示内容进行调整，开展项目工作。

从左边的调查阶段到中间的形成理念阶段，再到右边最后的执行设计工作阶段，在这个过程中，你可以向客户解释清楚，你们目前的阶段性成果将如何运用到最终可交付成果的设计中去。

如果在项目之初，你没有针对这些内容为客户设定期望值，那么，将来无论你说什么、做什么，客户的期望值都很有可能如图1-7所示。

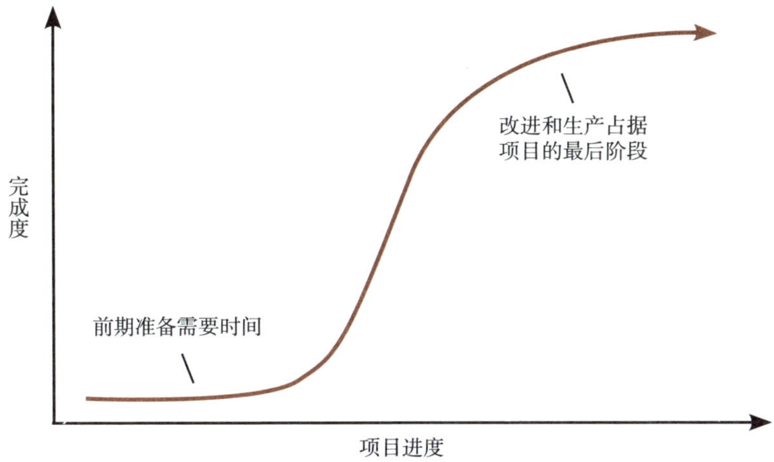

图 1-6　设计投入曲线

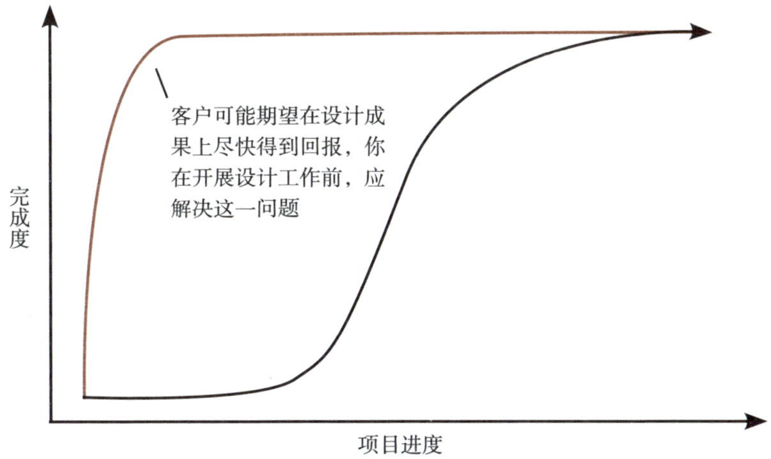

图 1-7　设计投入与客户期望值对比

在项目开展过程中如何引领客户

工作过程中要学会循序渐进，帮助客户度过他们可能感到陌生的关键时期，并用通俗易懂的语言向他们解释清楚这个过程。在项目的生命周期中，客户应对即将到来的关键时期有所了解，知道这些关键时期应该具体做些什么。在首份提案中，你就应该开展这项工作，尤其是当你发现或感觉到客户不理解你的某些做法时。

例如，我为很多客户做过设计调研，那些客户不懂产品和服务的设计与发展，他们觉得我的一些方法太复杂了。比如，做情境调研或使用卡片分类法[1]的时候，客户完全摸不着头脑。结果，我只好准备了一张小纸条，上面写着解释调研活动的通俗用语。在项目的生命周期中，要在合适的时机对活动背景、价值及其对现行设计工作的指导作用加以解释。以下便是“简易原型”（Paper Prototyping）的运用实例。

简易原型

通俗含义：网页印在纸张上的一种简单形式。客户可以通过这种方式对你的设计提案给出反馈。

生活实例：根据美国银行预测，其网站访问者应该不会注册美国运通卡，事实也的确如此。反复浏览网络度量指标之后，他们才明白，原来访问者一看到要填写注册表格就放弃了。这时，你把几张具有不同设计样式的网页草图画到纸上，拿到用户面前，问问他们，怎样才愿意注册信用卡。以这些用户提供的信息为依据，你就可以在运通卡注册表的设计上得到更好的启示。

商业价值：亲眼目睹客户拿到简易原型时的反应，不但能够让这种重要的沟通方式真实有效，还可以帮你维持网站投资额，省去网页代码编写的过程。当你想与客户建立无缝连接时，这种方法尤为重要。

---

[1] 情境调研（contextual inquiry）和卡片分类法（card sort）都是既简单又高效的用户研究方式。——译者注

为以下可交付成果提供用户信息：导航方案、线框图、用户流、交互故事板、用户界面设计、内容地图、内容策略，以及站点导航。

这种程度的细节服务并不总是必要的，所以不要认为你应该一直对工作相关流程做解释说明。有些客户并不想知道这些，不过有时候，客户可能会要求你对最优表现及工作流程进行说明。这种情况下，记得要将提供纸质文件的时间点加到项目估时中去。

如何帮助客户做好迎接挑战的准备

在大型项目的客户期望值管理方面，尤其是当你的工作会给公司的战略计划带来一定的影响时，客户经理埃丽卡·戈德史密斯（Erica Goldsmith）教给了我一些重要的经验。

客户已经习惯于以某种方式看到他们的业务功能，他们早就建立起了评估管理客户期望的模式，客户熟悉的产品线及一如既往的营销方式都仅仅是个开始。关于客户和客户的产品或服务之间的假设，能帮你直视业务经营的本质。

当你拿出主要的可交付成果时（如新的品牌战略、公司级别的网站信息架构或炫酷的宣传方案），客户可能会欣喜若狂，其中的部分原因就在于，你拿出的可交付成果可能会为客户带来意想不到的灵感或机会，可能会为客户的世界观、品牌的定义或原本理所当然的产品体验注入新的元素。

如果你打算采纳以上建议，就请在会面前提前告知客户。你要让他们知道你想用什么样的方法，而且所谈的内容是值得商榷的，而不是让他们发表质疑和评论的。

除此之外，在一次激烈的讨论中，你还可以趁机进一步捕捉到重要信息，比如可能出现的关键人物或内部矛盾。你还可以借此机会向客户阐明，今后反馈信息搜集过程中的重要事项，这可以作为会议的部分议程。

如何满足客户对质量的期望

可交付成果是否能被接受取决于客户对产品的期望值。对此，如果你没能让客户设定恰当的期望值，他们就会主观判断产品的质量。你可以通过与客户简单商讨或在项目进展过程中建立衡量标准，以便从创意到执行阶段，让客户对你所采取的措施的演变与改进有所了解。

然而，无论如何，既定的标准不能适用于所有情况。比如，在设计项目的某段生命周期中，每项成果都通过了客户审核，你原本认为万事大吉了，可是，当你向客户提交最终成果时，他们却说不满意。在这种情况下，以下任意一种选择都会对你的业务造成损失。选项 2 可能会给你带来时间和经济成本，而选项 1 可能有损公司的声誉。

选项 1：对于客户的不满，你可以致歉，但要解释清楚不肯承担费用的原因

如果你选择了这种做法，就要面临一场谈判，内容是客户按时给你的工作成果付款，或者客户同意签署变更单，为工作中出现的额外变动承担费用。即便有合同的全力保护，设计方也会承担一定的风险：客户不履行合同条款，或不愿缓和气氛付款给你，反而选择仲裁或闹上法庭。

在项目开展过程中，如果客户的直接对接人没能尽好职责，导致你的工作不被理解，那么，上面的情况就很有可能发生。

选项 2：你可以为客户的不满致歉，并寻求解决问题的方法

如果选择了这种途径，你可以根据对方要求的标准与他协商，以此来维持限期内工作的稳定进行。这样一来，为满足对方的变更需求而产生

的时间和经济成本都要由你来承担，你只能要求客户承担很小一部分的费用。

如何确保项目的质量

如果在项目进展过程中时而发生出乎意料的大错误，比如网站无法运行或潜藏于成果中的拼写错误，那么，你该为工作室设定一套质量检测流程，包括成果检测方法及其详细说明，而不是对可交付成果性能设定具体要求或衡量标准。

在任何交互性产品上线之前，都要进行质量检测。给自己留出充足的时间弥补失误并再次检测，因为在这个过程中，你肯定不想再有错误发生。

例如，你已经为客户设计了一款 App，人们可以以信息的形式彼此发送音频文件。作为可交付成果的部分内容，为了确保其每项功能在多种运行环境和运行状态下（比如手机无信号或在程序运行中退出等）都能顺利进行，你需要开展严密的质检工作。

第一步

第二步

制定设计简章

每个设计项目都是以设计简章为基础的，而非设计作品。所谓设计简章，即在设计项目的整个生命周期中，用于让客户明确、聚焦设计成果的指导性工具。如果你在阅读设计简章时头脑中已经开始涌现设计创意了，那么，这就是一份了不起的简章，客户在阅读时，也会和你有同样的感觉。

草拟一份令人满意的、精准的简章需要付出很多精力，不要想着几小时就能突击出一份，它需要的是几天的时间。不过，一份逻辑严谨、形式完整的简章可以帮助设计团队实现与客户期望的完美对接，可以避免再在这方面浪费时间。

如果客户书面否决了你的简章，设计工作就不宜展开，经过签字认定的简章才应该是指导你行动的指南。否则，你就要承担这样的风险：每一款可交付成果只能遵循客户的商业思路，而起不到为最终的设计成果增加质量保障的作用。如果你手中握有一份精密的简章，其中蕴含独到的见解，但凡战略上有些许改动，无疑会给客户带来时间和金钱上的损失。

每次工作汇报也都应以设计简章为依据。一份令人满意的简章会面临严苛的检验。当你为设计作品润色时，请将简章贴到白板上作为准则；当你在会议室与客户碰面时，用一两句简洁的话向客户介绍你的工作，概括项目的总体战略方向。做到了这些，客户在听你解释如何巧妙地满足他们的需求时，肯定会满意地点头。

❓ 严谨的简章应该具备哪些特点

设计简章，没有统一的模板可供广大设计方使用，不过，标准的简章都有共同的特点。

简章应该简单明了

简章就是对一件事情的高度概括，是对某一想法的凝练与总结，其中包括对战略方向的简洁概括，以及你努力完成这个致力于打造优质设计作品的项目的原因，这部分内容可以占 1 ~ 2 页的篇幅。基础性研究等辅助性材料，篇幅不应从 25 页的 PPT 压缩成 3 ~ 6 页的简章。

最好的设计简章的可变空间很小，这种简章很少见。它会让客户感到强烈的紧迫感，因为它为客户设定了极为具体的经营战略，并只从一种角度出发，没有自由发挥的空间。关键的创意需要专注力，你所要瞄准的是目标范围内极小的靶心，而非大目标。

设计简章的篇幅与其中蕴含的创意质量之间存在着一种负相关性。我有一个至今难以释怀的经历：有人把设计简章交给我，我发现作者要求在一个作品上传达三四个创意。如果将客户的市场和品牌战略集中在作品本身，创意过程就很容易被协调。对于客户和设计方来说，这样既浪费时间，又浪费金钱，不可能获取利润。简章的目的是解释说明，而非创造矛盾。

如果一个客户不愿意在业务需求上专注于某种独到的理念，而且这种理念是有研究做支撑的，那么，一开始你要如何判断工作的有效性呢？

阐明有关设计工作的业务环境

你是否参加过这样的客户会议：客户拿着简章，问的第一个问题是“你对我们的目标了解吗？从简章上看好像不太了解。让我们先谈谈企业所面临的问题吧”。由此看来，你必须简明扼要且准确地说明客户的业务问题。你可以根据工作以来的所学所感，将提案中涉及的类似信息进行提炼。简章要简单明了，以便大家理解它的必要性。如果众人都不知其所云，简章就解决不了它所要解决的问题。

能体现出尖锐且独到的见解

“见解”的定义是：对一个人或一件事准确且深入的理解。在设计领域，见解是连接商业挑战与既存设计机会的桥梁。对于任何一个大项目而言，没有见解就相当于完全没有投资。尤其是当你周旋在那些明确（或不明确）共同目标的多方利益相关人之间时。

Success By Design 设计师箴言

这里有几个我见过的有关互联网的创意简章模板：“英国航空，让伦敦的精彩近在咫尺”（Big events in London are closer than you think with British Airway）、“英国 Pot Noodle，你那些糗事”（Pot Noodle: Your dirty secret）以及“美泰玩具，无穷无尽的创意”（Mattel: Endless expression）。

然而，见解并非来自单一的调查结果，而是对多方调查信息的汇总。同时，表述清晰的见解应该是简洁精巧的。如果你花了很长时间才厘清简章中的主要见解是不合理的。好的见解只需 2 ~ 5 秒钟的平实表达便能表现出来。“因为有 X、Y、Z 等特性，所以我们的产品是最棒的。”不，这算不上是一种见解。在重要的利益报告书中，如果在阐述见解时有太多的逗号、破折号、冒号或其他标点符号，就说明冗余的信息太多，而见解只通过一个简单的祈使句就可以表达清楚。

在设计简章中表达见解只需要抓住一个方向，充分理解它，然后简单明了地加以阐释。

在见解背后应该有多种可信的理由做支撑

从本质上讲，可信的理由可以既理性又感性，并且是基于研究发现的。这往往涉及简章中最烦琐、细节最多的部分，通常需要大刀阔斧地处理。

然而，与项目目标相比，这些细节是次要的，它会进一步解释清楚，为什么客户会接受你的见解。另外，别把所有时间都用在谈论竞争对手上，这种做法是不合适的。

应该阐明设计成果所能激发的灵感

当目标受众接触到设计方推出的某项作品时，会产生什么感觉，这种反馈不但可以帮助团队成员开展调节工作，也有助于让他们在创意灵感的产生及执行方面达成共识。反馈信息不应是“喜欢”或“快乐”这种模糊不清的描述，深入挖掘你内心的情感词典，用细致的词汇描绘出那种感觉，以此彻底激发出团队的灵感。

看看英国速食品牌 Pot Noodle 所运用的独特创意吧：“你那些糗事。”受众感受到的某种情感可能会让人羞于表达，让人感觉窃喜或者害羞。对于速溶汤的销售而言，这种情感诱因可能听起来很荒谬，但却根植于受众的理解。

要对受众的感知加以定位与描述

是的，了解到你的受众由年龄在 55 ~ 70 岁之间的退休人员（婴儿潮世代）组成，他们喜欢乘航班回家探望老伙计们，每年可以享受 7.5 万美元的退休金，这样定义受众是种不错的方法。

但是，让我们通过波莉的例子来加深对她的了解吧。

> 波莉住在佛罗里达州博卡拉顿（Boca Raton）的一个退休社区，每周去俱乐部打两次网球，是个电视购物狂。她经常在脸谱网上与大学时女生联谊会中的姐妹们互动，每隔一段时间就看看有没有打折的旅行团，好顺路去看看刚出生的孙子。她还是个技术专家，在 59 岁退休前，创立并出售过 14 家公司。

波莉算是你的目标受众还是个局外人？后者的见解往往最有价值，尤其是当你深陷迷途时。不要理会客户想要触及的那些大规模受众，探索、甄选一批消费者群体，这样有助于设计师发挥创造力，还能把与客户谈话的重点放到真正的受众群体身上。“居住在加拿大的人”，这种描述算不上是有效的受众群体，“想买优质开罐器的人”也不算。如果这些都可以算作受众的话，那么，当年斯马特设计公司（Smart Design）为 OXO 公司改良蔬菜去皮机而做设计调研的时候，就永远都碰不到关节炎患者和小孩子们了，也不可能创造出一条了不起的生产线。

你对一项设计成果的要求有多详细，那么，在描述受众范围时就应该有多具体，这一描述或者体现在简章里，或者是出现在经客户批准的辅助文件里。你得对受众的行为有所了解，除此之外，还要弄清楚这些人与目标范围外的其他人之间可能存在的不同之处（我们马上就会触及到研究简报部分）。

如果你在展示理念的同时还分享了对受众的想法，那就太迟了。这就相当于在让客户评价创意作品的同时，又向他抛出了另一个待评价的问题。请在研究总结中与客户就目标受众达成一致，并在简章中引用研究总结。

应该大致总结改变受众行为的方法

传达一个理念是件很棒的事情，但除非人们按照你提供的新信息采取行动，否则客户的业务将不会有任何改变。

应该体现客户的品牌形象及理念

无论客户有没有建立品牌指导方针，你都应弄清楚设计方在品牌形象方面会受到哪些限制、是否必须体现某种独特的图像元素，因为在最终的视觉呈现中很可能会用到它们。这并不是要你列出一张冗长的清单，罗列出每个元素。可以让设计师，即便这个人就是你自己，到指定的文档或信息源搜寻信息。

应该将工作内容高度具体化

你是想设计一个线上广告活动，创建一个新的身份识别系统，还是给公共汽车做内部设计？简章应把这些交代清楚，以便让团队对自己将要输出什么样的产品有所了解。如果你要带领团队生产 27 项不同的产品，就应该另外准备一份可交付成果的简介。（请参见下一节）

语言应该通俗易懂

在做市场营销概要与调研报告时，请尽量使用通俗易懂的语言，以便你的创意团队可以对关键信息一目了然。如果你想在客户面前展现自己对市场的理解和市场研究方面的专长，就不得不在简章中保留部分术语，此时，请附上词汇表，对你所用的术语加以解释说明。即便有些长期客户与你的客户管理及创意团队建立起了共同语言，这样的工作也还是要做。否则，一旦你手下的设计师因病缺席一周，急需引进新人来帮忙时，你就得花上几小时为他解读简章了。

Success By Design 设计师箴言

还有一句话必须要说：即使设计简章再出色，也不可能挽救一个劣质产品或差劲的企业战略。

项目的不同阶段要制定不同的简章

设计简章经常被设计师用来当作指引性工具，因为他们要对自己所要设计的东西有所了解。不过，还有其他类型的简章，这些简章可能被用于项目流程中的不同阶段。如果项目规模比较小，你可能就用不上这些简章，但如果项目规模庞大的话，下面列举的几种简章就必不可少了。

调研简章

手握获批的调研简章（research brief）或计划，设计方就可以提前准备调研活动，以此来规范、指导设计工作。从调研活动中得到的信息可能涉及受众细分、受众角色以及项目创意简章。一份调研简章应该包括：

- 根据目前所掌握的情况阐明客户方的业务问题；
- 辨别有待填补的知识漏洞；
- 罗列出具体的调研活动，以便将来开展设计工作；
- 定位目标受众。

体验简章

所谓体验简章（experience brief），就是一种基础的可交付成果，设计方在描述大规模交互式体验的时候可能会用到它。在做网络地图和线框图之前，体验简章的获批有助于网站的信息构建。当然，这些应该是在制定、创建设计简章及视觉设计指南之前做的事情。一份体验简章应包括：

- 根据调研结果得出的新数据与见解，重新定义客户方的业务问题；
- 创建一个“目标对象”，也就是一个中心思想或一种比喻，用来作为交互系统的结构基础，就像作为简章核心的主要见解一样；
- 阐释清楚你的团队要为网站访问者或设备使用者创造怎样的体验；
- 传达设计理念的内涵及主题，它们将被体现在可视化成果之中；
- 介绍一下网站访问者将要参与的活动，以及活动想要触及受众怎样的情感。

产品简章

当一个熟知设计简章和一系列设计指南的团队打算继续设计其他衍生的辅助性元素时，产品简章是最有用的。一份产品简章应包括：

- 阐明已协定的战略（源自设计简章）；
- 重述主要见解及其可信的理由（源自设计简章）；
- 阐明已经完结项目的成果与必要的新产品之间的联系；
- 为每项产品提供细致深入的具体说明，以及为保证每项产品的交付所需的所有信息。

提供优质的可交付成果

在整个设计项目的运作过程中，设计简章只是设计方为客户提供的众多成果中的一项而已。优质的可交付成果就像完整故事中的各个章节，而这个故事就相当于整个项目。如果在为受众塑造产品的过程中，你工作得很到位，那么，他们就会全盘接受你的整个故事，并为你广泛宣传。

当你在项目中完全找不到方向时，就应该与客户沟通，了解他们的需求，在适当的时候，还可以对产品进行调整，以便向客户传递这样的信息：你设计的产品既有质量保证，又符合客户要求。

不过，应该避免让客户对你的设计成果发号施令，或改变必要的设计流程，因为这样不利于项目的进行。

在与客户签订的提案中已经对项目可交付成果做了清晰的界定，而且应该与项目完结后的付款时限挂钩。比如，一家网站的设计与开发项目可能包括如下成果，视觉设计及相关代码一经提交，即可收到付款。

* **设计简章（1~2 页）：**介绍协定好的项目战略。须经两轮编辑、审核。
* **内容战略文件（2~4 页）：**在网站开发工作开始之前，明确规定将由客户方提供的重要网页内容。须经两轮编辑、审核。
* **网站地图以及低真度线框图（最多 3 张网页模板）：**体现网站的信息架构及重要内容的布局，包括简单的注释。须经两轮编辑、审核。
* **情绪板（2 页）：**为网站的视觉设计指南奠定基础。须经一轮编辑、审核。
* **网页视觉设计模板（2 页）：**两张网页模板的视觉设计，采用 PSD 格式。须经两轮编辑、审核。
* **HTML 和 CSS[1]模板（不超过 5 页）：**针对网站关键内容区域编码的网页模板。须经两轮编辑、审核。

---

[1] 它是一种用来表现 HTML（标准通用标记语言的一个应用）或 XML（标准通用标记语言的一个子集）等文件样式的计算机语言。——译者注

DOING

策划并召集会议

以“提供优质客户服务”的名义，你可以尽量多与项目相关人士开展面对面的交流。不过，开会是需要花钱的。针对急需解决的客户问题，把27名自愿参会的重要人士请到会议室，接下来，为了让所有与会者都加入到这个过程中，你要特意强调：为了安排这次会议，你花了很多宝贵的时间。

下一次，你可以考虑让其他人主持召开会议，既可以是同事，也可以是潜在客户，原因会在以下内容中说明，大家都会因此而对你表示感谢。

❓ 策划并召集会议应该注意些什么

判断是否有开会的必要

在尽全力策划会议之前，请确定召开这次正式会议的必要性。大多数情况下，会议的内容都可以通过一次简单的面对面谈话、一次电话或视频交流、一封简单的邮件或一条即时通信信息等方式来传达。

不要把会议时间拖到30分钟

如果确实有开会的必要，那么，在4分钟以内可以进展到哪一步？2分钟以内呢？有些事情可以拿到其他场合去谈。

掌握关键与会者的信息

在会议邀请发出之前，要弄清楚哪些是与会的关键人物。当然，你不想漏掉项目团队中的任何人，但老实说，他们没有更值得去做的事吗？弄清这些人的想法，看看他们是否愿意参会；权衡一下，参会是否会降低他们日常工作的效率。如果要参会的话，就给他们发一份会议议程表。

时刻备好会议议程表及参会规则

任何会议都需要事先策划，无论与会者是客户还是你的团队成员。在制定会议议程时，都要明确会议类型：这次会议是每日例会还是项目启动会，或是成果展示会。会议中确保人手一份议程表，并按照议程安排召开会议。除了会议的中心议题以外，一份人人都要遵守的明确的参会规则也将有助于会议的顺利召开。例如，信息架构师布拉姆·韦塞尔（Bram Wessel）就提到了他所使用的会议规则："不准携带电子设备；严格按照议程表的进度；不要花哨的内容；将其称为研讨会，而不是会议；限制与会者数量，保证发言率。"

适当地提供零食或饮品

无论是客户会议还是公司的内部会议，咖啡、茶、水以及其他点心的供应都能让人更有活力。在一场紧张的会议的中场休息时间，我喜欢在桌子上放一条纯巧克力。这样做总是能让谈话气氛变得轻松愉快，帮助与会者放松心情。

严格控制讨论节奏

根据每位与会者在具体话题上的规定用时，把控其发言的时间。如果与会者较多，可选出一位专门把控时间。如果对一个话题争论不休，那就看看能否把它暂且搁置一边，可以在白板上找个地方记下来，会议后再做进一步讨论。

安排好会议的间歇时间并督促与会者守时

掌控好会议议程中的所有休息时间，5 分钟的休息时间很容易被拖到 15 分钟，这样会挤占原计划活动或话题讨论的时间。

指派专人做会议纪要

应指派一名与会者记录反馈的关键信息，简明地概括行动项目，并在

会议结束前大声宣读一系列会后有待说明和跟进的内容。（请阅读“管理客户反馈”部分）

不要让另一场会议的内容掺杂到本场会议中

如果某位与会者要求另外安排一场会议，以便继续讨论今天的主题，那么，那场会议的与会者极有可能不是今天在场的人员。你可以先退出会议，向相关人士咨询接下来该做什么，以便保证会议的顺利进行。

会议准时开始，并提前 5 分钟结束

了解一下与会者在会前、会后采用的交通方式，是要赶几小时的路程，还是只需步行，请设身处地地为他们考虑。会议的议程应在结束前为他们留出余地，以便他们能准时赶到下一个目的地。没有人愿意匆匆忙忙地赶路，尤其是当他们要赶赴另一场会议时。

目标实践

DOING

向客户做工作汇报

设计师有很多需要操心的事情：糟糕的排版、为客户设计的色调像是出自一个生气的孩子。不过别担心，为公司赢得荣誉与产品的展示都需要技巧，而这技巧是可以习得的，就像学习如何用绘图软件创建剪切路径一样。

怎样才能成为更好的汇报人

我的妻子玛丽·佩因特·舍温（Mary Paynter Sherwin）是一位职业演说教练，于是，她就“如何成为一位更好的设计工作汇报人”这个问题发表了自己的看法：

团队中的每个人都应该知道如何汇报工作

每个人都应该知道如何自然地手扶白板；在放映幻灯片时，如何更恰当地使用辅助手段，而不是只知道翻页；怎样才能做到不在一个问题上纠缠，就像恐怖电影中被困在地下室里的人一样出不去。不过，你能学的只有一种方法，那就是把自己将要陈述的内容熟记在心。

每个人都可以成为高效汇报人

成为一名高效汇报人需要逾越的第一道障碍就是，不要再对自己说“这样我会觉得不自在”，这与“自在”完全没有关系。第一次设计 LOGO 的时候，你有十足的信心吗？有了这么多年的经验之后，你现在有十足的信心了吗？汇报工作与这有什么不一样呢？不自在并不妨碍你成为一名很好的汇报人。即便不喜欢，你照样可以信心十足、高效且专业。这是一种技巧，跟制作线框图没有什么区别。

做一名优秀的演讲者，从找到自己的演讲风格开始

在做汇报时有许多不同的演讲风格和技巧，多数人可能还不知道它们的存在。你可以学会所有的风格与技巧，但是要记住，演讲很像做设计。作为一名设计师，需要花费很长的时间摸索出一种自己的设计风格，找到运用自如的工具及其独特的使用方式。就像你在 After Effects 软件中可以学到很多快捷键一样，你也可以找到速成方法成为一名更好的汇报人。不过，缺少了真实性，你是不会真正进步的。这样总会让人觉得缺少些什么，观众会很快感受到这点。

然而，这并不意味着你只能用自己熟知的方式做设计，或只能使用自己擅长的工具。你肯定有自己的偏好和审美，这些都能展现出你的个人特质。你必须花些时间探索各种谈论工作的方式，并从中找到最适合你的那一种，它就像你的设计作品一样，是你所要展示的亮点。所以，即使你的特点是拿着提示卡坐着演讲，也是完全可以的。

不要让客户过于关注你的汇报风格

在汇报工作时，请不要将汇报风格变成附加的展示内容。你总不会想听客户说:“要不是他用的那支激光笔或要不是他一直都坐立不安……我其实还挺喜欢他做的东西的。”所以，汇报风格需要内化处理。

不断练习，直到可以即兴发挥

即便练习 100 遍也会紧张。紧张的状态绝对是好的，如果不紧张就该出问题了！汇报人之所以紧张，是因为担心会出现意外的情况。不要重复之前讲过的内容，要应对自如。

❓ 如何为工作汇报做准备

多年来，我总结了一些注意事项和技巧，有了这些，我把工作汇报做

得越来越好。

针对汇报内容做些便携式纸条

在纸上标注议程中的各项内容，以便在做汇报的时候，回顾自己想要说的重点内容。如果你已经做了充分的练习，就不需要这样做了（当然，当你因病需要其他成员替代汇报时，这样的纸条就能派上用场了）。

删除一切冗余的内容

不必告诉客户有关设计的具体过程，除非它能对设计简章中的战略规划有所体现，或者有助于你和客户建立彼此的信任。如果真的要这样做，无论出自何种目的，在一小时的工作汇报中，都要考虑在一定的时间内（不能占用 40 分钟），把这种信息传达得精细而准确。

录制演讲练习的视频，并反复观看

想要改掉口头语和用词不当的毛病，唯一的方法就是录下汇报过程的视频，然后观看。这样反复几次后，再在一名同事或非相关人士面前做演示，听听他们的反馈，你可能会惊奇地发现，在众多不足之处中，你从视频里看到的只是其中的一小部分而已。

控制与会者

汇报工作取得成功的部分原因来自与会者，选对了人，你所准备的内容就有可能被完全接受。所有与会者都应该有充分的参会理由，并积极参与到汇报中去。如果不是这样，就不应该来参会。

汇报过程中，应适当解释设计成果背后蕴含的理念

在展示视觉成果之前，把每个创意都简单介绍一下，此后，就不要再过多地谈论其中的细节，每个设计只谈 2～3 点即可。在汇报时，你可以稍带激情，但不要让过分的激情弥漫整个会场。待汇报结束后，客户向你提

问时，要自如地解答，不要在繁杂的细节上越陷越深。

别等到最后时刻才做练习

如果你正在赶往客户会议的路上，却还没有对汇报内容做过演讲练习，那就为时已晚了。

不要告诉客户你最喜欢哪个创意

当你为客户介绍一系列创意的时候，不要有具体的针对性。项目经理菲奥娜说：“当客户问你最喜欢哪个创意时，你只需笑一笑，不必回答。你可以说‘这个创意针对大家在健康方面的关注点，以及在简章中提到的例外情况’，尽量不要帮客户选择设计创意。因为，说到底这是他们的项目，而不是你的，所以设计创意的所有权理应由他们充分行使。”

需求 1：制作蓝色的 LOGO

MAKE THE LOGO BLUE

需求 2：不要出现红色

STOP SEEING RED

管理客户反馈

客户可以对我们展示的一切事物进行反馈：提案、设计成果、项目进度表、邮件沟通的方式，以及与客户方总裁会面时的穿着等。在合作过程中，设计方征求与接收客户的反馈是一个极为重要的环节。引用罗伯特·艾伦（Robert Allen）的话就是："没有失败，只有反馈。"[1]

缺乏管理客户反馈的能力会给你的设计工作造成麻烦。以下是处理反馈信息的几种方法，不仅可以帮助你顺利完成设计项目，还能帮助你减少因反馈信息处理不当而与客户产生的摩擦。

如何处理客户反馈

1. 将反馈信息形成书面文件，征求各方意见

在任何一个项目中，都应规定反馈信息传达的具体时间，以便客户履行职责，按时向你提供反馈信息。

通常，客户都想通过面对面交流或打电话的方式来传递反馈信息，你可以把所有讨论的内容做成一份文件，然后作为谈话记录发给客户。否则，你会忘了讨论过程中的细节及微小差别。

2. 在做出修改之前，弄清反馈信息的含义

当收到客户的书面反馈，或讨论众多观点之间的细小差别时，一定要将模糊的评论转变成直接的指示，而不仅仅是一个想法。在写邮件时，不要说："客户不喜欢绿色，想让我们尝试其他颜色。"在这句话的末尾，应

[1] 原文为"There is no failure. Only feed back"，意思是，在创意活动中，失败创意的最大价值是获得通往成功创意的反馈信息。——编者注

该想办法将评价的含义具体化。

所以，可以试着这样写邮件：“客户认为网页工具栏的绿色背景可能和竞争对手的绿色网页过于类似了。”在做出纠正行为之前，应征得客户对这种解释的认同。

3. 弄清反馈信息对项目范围可能造成的影响

客户可能不清楚他们提出的改动需求会对项目造成多大影响。每次重要的反馈及获准流程中，都要讲清楚此次变动可能对项目进度及范围造成怎样的影响。要清楚客户的反馈是如何推动终极目标实现的，或是如何引发变动的。

这样做能促使所有参与方的步调保持一致，避免意外的事情发生。

客户反馈中有哪些常见的问题

即便按照上述流程行事，当收到客户反馈时，可能也会发生如下类似的问题。

收到的反馈可能具有可行性，但带着消极的语气

> 我讨厌这个配色方案，你应该用黄色而不是紫色。还有，图片的选择是完全错误的。找一张看上去更成熟、更富有的吧。你到底在想什么？

暂且不理会客户的语气，以免因此扰乱了你的判断。仔细阅读客户的邮件，其实，对方真正的要求是：“再做一个新的配色方案，尤其要注意紫色的使用。如果可能的话，替换第二页的图片，看看能否找一个 40 岁左右、穿着时髦的人做模特。”

接下来，给客户回封邮件，说明你原来想法的初衷，以及他的反馈产生了什么行动项目，以及对他为什么用那样的语气质疑的想法。最后，根据人际交往的原则，给出你希望接下来的反馈邮件应以何种语气书写。

如果你是团队管理者，这就是你的职责所在。切记，对于那些客户需求之外的多余信息，不要让团队花费太多情感能量，他们很有可能因此而浪费很多时间和精力。

客户的改动要求有违创意简章、品牌风格指南等文件的主旨

> 对于这件事，我觉得可以忽略风格指南，引入新的视觉元素，与竞争对手形成鲜明的对比。对此，我真的很期待，所以，我觉得你不必费心做品牌回顾了。

有时候，客户可能会把他从其他利益相关人那里搜集到的看似具有可行性的反馈信息转发给你，这种情况时有发生。不过，一旦你真把这种反馈纳入考虑范畴，那么，你将彻底无所适从。

这时，你应该主持开展一次与客户的直接谈话，弄清楚对方打破既定标准的原因，并将其理由形成书面文件。如果你认为这种反馈会对他们的品牌或项目质量带来负面影响，就提出另一种可行的做法，以维持项目战略规划与客户品牌的统一性。

客户告诉你，到目前为止，他对你的所有设计都不满意

> 我觉得你搞不清方向了，或许你应该重新开始。

面对这种反馈，你不要立即执行，在回应之前先做个深呼吸。

你需要询问客户，你设计的产品为什么不合适，有什么具体的原因。

这些原因一定与协议简章、品牌战略、功能说明等规章中的具体条款有关。对方的反馈应该是量化且切实可见的，而不应该只从主观角度出发。这时，你需要设定明确的限制条件及界限，还要确认需要重新构思与修改的事项。否则你将毫无目标地浪费宝贵的时间。

随着经验的积累，得心应手地处理反馈

经过反复练习，你会耐心接收和整理客户反馈。

每次收到客户的反馈信息，我都会想起攀岩绳索的承受力检测——把重物系在绳索的一端，再把绳索的另一端固定好，然后将重物从高耸的建筑物上抛下来，以此判断重物下坠的高度及绳索的承受力。

攀岩绳索不会即刻断裂，因为这种绳子有一定的弹性，在被充分拉伸后，还会收缩回来。绳索展现的柔韧性（或伸缩性）就是其弹性的度量标准。没有人想要一条一拉就断的绳子。

一个经验丰富的设计师有着很强的韧性，这决定了他在面对变数与不确定因素时，有着更强的耐受力；在处理客户反馈的时候，也能表现出一定水平的专业素养。在这种技巧的背后蕴含着很深的学问，这在提高企业客户服务和项目管理质量方面是极为重要的。

建立社交网络

你在百忙之中记得要抽出时间联系那些可以帮助你完成项目的个人或企业。社交网络总是能反映出一个人的技术水平或更深层次的东西。

建立你的社交网络包括如下几种方式：

- ★ 与合作过的公司或设计工作室的工作人员保持联系；
- ★ 参加地区性或国际性的行业活动；
- ★ 主动帮助同事寻找资源，不要急功近利，总有一天对方会投桃报李；
- ★ 认真写邮件，实现与人沟通；
- ★ 通过 Facebook、Linkedin 等社交网络开展对话，并评估 Twitter 的知名度；
- ★ 跳出设计领域，广泛寻找创作灵感和志同道合的伙伴；
- ★ 通过即时通信和视频聊天促进沟通。

社交应该是工作室日常工作内容的一部分，这对新业务的开展、人员招聘、企业文化的确立，以及帮助你接收前沿理念等方面都具有积极的作用。

做心智成熟的竞争对手

在创造伟大作品的过程中，你与竞争对手都是彼此的激励者。在共同竞争项目时，如果对手拿下了项目，你应该为此感到高兴。

如果你 8 岁的孩子不愿意与对手球队的球员握手，因为对方在上一场比赛中踢进了 14 个球，这说明，你的孩子比较缺乏运动精神。那么，比起孩子，你总要强一些吧。如果你既不承认对手比你强，又不愿意从失败中学习，就不能算是一个心智成熟的竞争对手了。或许某一天，你还会与竞争对手合力打造项目呢。

这里，引用句点公司联合创始人内森·佩雷迪克的一句话：

> 或许你的竞争对手是个“糟糕的设计”，而不是另一个业内做网站的好手。如果你销售的不是实体产品，那么你的目标就不应该是争取市场占有率，而应该是为自己喜欢的事业寻找足够多的好客户。

所以，**别在竞争上花费太多的时间与精力**。如果为了追求工作室的更多成功，而改变自己独有的品质，那么，无论是你自己还是工作室，这些看似的强项都是禁不住时间考验的。而未来，能帮助你赢得理想业务的，正是那些独有的品质。

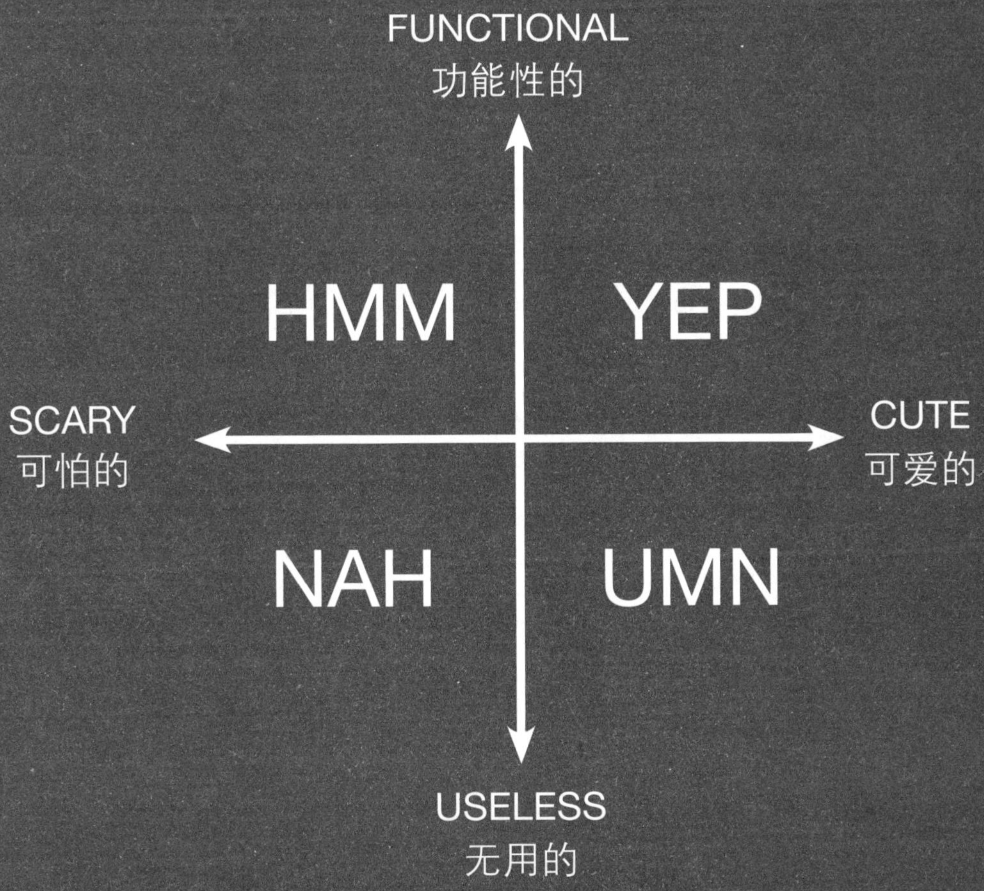

SEGMENTATION STRATEGY
市场细分战略

AFTER

助力客户项目战略

到目前为止，我们一直都在探寻设计方如何为客户提供优质服务的诀窍，在这个过程中，我们有可能会成为客户的战略合作伙伴。当客户在谈论战略（strategy）时，我们可以坐在会议桌旁，提供一系列战略性服务。这看起来似乎已经超越了设计师从事的专业范围。

这是一件好事。如今，随着设计领域业务范围的逐渐扩大，设计师能帮助客户解决的已经不是单纯的装饰、装修问题，而是关系到客户业务的经营。不过，短期内就扮演战略伙伴的角色，意味着要提供一系列超出设计方能力范围的新服务，对此，我们可能并不十分了解，比如设计战略、品牌战略、内容战略、互动战略、媒体战略、经营战略等，都已经超出了我们的业务范围。

如果你想开展以设计为主的业务，就免不了要与客户谈论战略的问题。所以，让我们静下心来研究一下，作为一个设计领域的商人，可能会制定哪些战略，以及这些战略将如何帮助我们的客户。我希望，随着业务的不断扩大，这些信息能够随时被取用。

什么是战略

字典中的“战略”就是“为实现主要或整体目标而设定的政策或行动计划”。目标指引行动，以期产生理想的结果。

不过，看到战略的定义中“设定”这个词后不要太激动。即便计划或政策可能是被“设定”的，也不意味着战略与设计有什么关系，更不能说它是由设计师设定出来的。

“想要制定战略的设计领域的商人，必须同时具备制定战略和实施战略的能力。”亨利·明茨伯格（Henry Mintzberg）[1]、约瑟夫·兰佩尔（Joseph Lampel）、布鲁斯·阿尔斯特兰德（Bruce Ahlstrand）在他们的合著《战略历程》（*Strategy Safari*）中这样说道。对于一些设计师来讲，很难做到“实施”战略，因为通常情况下，是由客户来负责实施我们的创作成果。青蛙设计公司战略副总裁蒂莫西·莫里（Timothy Morey）说：

> 公司到底应该如何制定战略，商务策划师们对此都持有不同的意见。一系列备受明茨伯格推崇的战略的诞生过程（同时也被我的经验所验证）说明，对于那些聪明的设计师来说，通过设计及设计调研来对客户的战略潜移默化地施加影响，这种可能性还是比较大的。

设计方在制定战略时，还会受到意外情况的影响。如今，竞争对手的行为、消费者行为，以及企业文化都在不断地发生变化，公司要如何应对？明茨伯格说：“战略既需要制定，也需要调整。”例如，一家饮料制造商想推出一批全新的、西瓜口味的粉色苏打饮料，不过，要想实现产品上市至少需要一年的时间。而据《华尔街日报》上的一篇文章报道，它的竞争对手正要上市一批水果口味的苏打饮料，并且在一个月之内便可实现首批产品的推出。两家公司可能有着相似的战略，不过，上市较晚的企业就不得不重新调整战略以获取优势。如果一份战略规划没能得到实施，它就毫无价值。

作为一名设计师，在工作过程中，客户可能会要求你从多角度考虑战略规划对他们的意义。在做调查与提建议的过程中，你可能会发现新的模式。对于另一家客户，你可以提出具体的建议或让他们转变视角。你还有

[1] 亨利·明茨伯格被誉为当今世界最优秀的战略思想家，其经典著作《管理工作的本质》《卓有成效的组织》中文简体字版已由湛庐文化策划，分别由浙江人民出版社、中国人民大学出版社出版。——编者注

可能意识到自己为了让客户在市场上占据更为有利的位置而提出具有针对性的策略。

通常来讲，无论你是否愿意，执行设计指令的过程都是战略规划得以实施的过程。不过，这并不意味着是你在实施战略规划。上文中讲到战略是一种计划，与此类似，查尔斯这样定义设计工作："设计，即为实现特定目标而将各元素进行最优配置的计划。"如果设计方的行为遵循特定的目标，那么，这些行为就可能具有战略性。不过，这并不意味着设计方是在制定这一战略，或有能力去实现这一目标。而这一切，正是设计战略师（design strategist）的职责所在。

设计师如何实施战略

阿比·戈迪（Abby Godee）是青蛙设计公司的一名战略执行总监，我问她如何定义设计战略，她说：

> 为实现更有意义的目标，设计战略师会帮助设计团队找到行事的理由和途径。
>
> 设计公司普遍都擅长提出"是什么"，却在解释"为什么"与"如何做"方面的能力参差不齐。很多设计师在设计训练中没有获得为客户解释为什么的能力，而设计公司又经常让客户对如何做一头雾水。

那么，阿比所说的"是什么""为什么""如何做"是什么意思呢？

为什么

> 我们需要了解客户业务中的问题，并弄清楚去哪里寻找解决这些问题的答案，涉及哪个部分、使用者的哪种需求、哪种类型的市场，以及哪些机会？

作为一名战略规划的执行者，你必须探究明白，为什么特定的情况会引发市场对新事物的需求，或引发清除既存事物的需求。这些情况可能与消费者的行为有关，也可能与市场竞争有关，还可能与文化潮流或其他因素有关。设计战略师必须能区分是哪一类诱因，还要识别出具有竞争力的市场位置，以便为客户塑造一个更美好的发展前途。

是什么

> 有了独特的见解作为支撑，知道要设计的内容，我们便有了机会。这些机会清晰地阐明了可能用到的设计方案，它将影响客户的业务，使其朝着积极的方向发展。

正如阿比注意到的，多数设计企业都把大部分时间花在了直觉上，猜测自己应该做些什么，不过，他们可能说不清楚，为什么他们做的事会对企业产生积极的影响。

作为一名设计战略师，他应该有能力与设计团队合作，通过新的（或改良过的）产品和服务策略，以及新品牌塑造、营销或广告定位等来为企业寻找未来的消费者。这些设计还应该帮助客户把注意力放在与竞争对手相关的具体问题上。

Success By Design 设计师箴言

加布里埃尔·波斯特（Gabriel Post），一位设计战略师，他建议设计战略师应了解客户在他们自己的发展过程中处于哪个阶段——已经做出了哪些决策，哪些是不可变的，这样才能确保投入的精力与需求相一致，根据自己能力迎接相应的挑战。

如何做

> 根据我们与客户协定的解决方法，我们来决定这些设计方案的制定、实施及营销。设计战略师还要摸索清楚，为保证那些方案的实施，客户应该做哪些准备，以及这样做之后将产生哪些潜在的影响。

设计战略师应该帮助客户弄清楚怎样才能实施他们设想和设计的高水准方案。这可能涉及所有相关工作：从设定实施步骤到设计、执行、产品与服务的交付、建立新品牌指南，以及进行广告宣传活动。设计战略师并非精通所有业务，但他就像是一个总统筹一样，在解决方案实施的过程中，把设计团队与相应的合作伙伴联系起来。从这个角度看，设计战略师的精心策划有助于加深对目标战略的理解。

? 设计战略如何与客户的业务目标相一致

现在，你已经对设计战略师扮演的角色有了一些了解，那么，就可以着手探索设计方应该扮演的角色了。他们要帮助客户调整、实施战略规划。在以下的客户业务经营领域中，设计方可能会影响到客户企业的战略规划，图 1-8 展示了设计战略与经营战略之间交叉重叠的内容。

企业战略

企业战略（corporate strategy）决定了企业如何维持长期的运营，并通过“我们要打造什么样的企业？”这样一个问题来得以体现。企业战略具体通过一个公司为自己设定的使命、价值、目标和愿景来彰显。除此之外，为实现利润的收益，从客户与其他企业的合作计划、与竞争企业的兼并计划，以及为获取利润而收购的公司或 IP 中，都可以看出它的企业战略。

蒂莫西说："这个领域过去都是由管理人员负责的，不过，设计师既思路清晰，又有能力，能把复杂的战略简化成通俗易懂的图像、线框和故事，这便让他们成功地接手了这项工作。"

经营战略

从程序优化到产品与服务组合管理，再到企业运营、融资和营销，经营战略（business strategy）就像一把大伞，企业先行的最重要的事项都在其涉及范围之内。不过，经营战略大致可以通过"如何从市场上赚钱？"这个问题来概括。

经营战略能够为企业需求提供支持，比如，实现财务目标、获得理想的市场地位、回报利益相关人、履行既定的企业战略规划等。设计企业提供的很多服务，比如产品 / 服务战略、品牌战略以及营销战略等都属于经营战略的范畴，都可以由一名具备专业素养的设计战略师来打造。

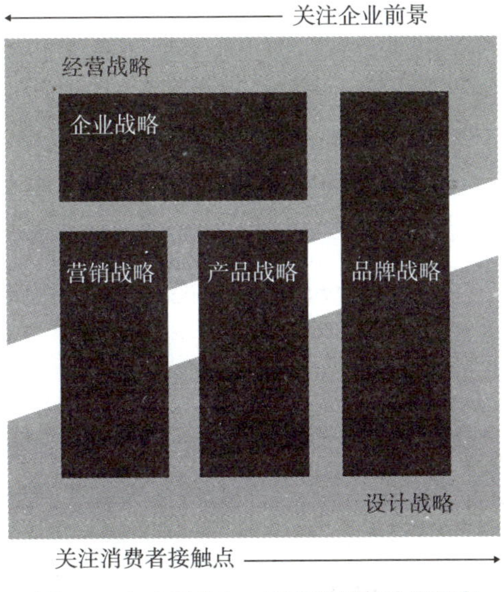

图 1-8　加布里埃尔·波斯特创建的构架表

品牌战略

品牌战略（brand strategy），即通过企业营销、宣传、产品与服务设计、交互设计及业务运营来塑造企业品牌形象的过程，而品牌就是企业通过各种方式与消费者进行互动交流，进而被感知的印象总和。那些致力于企业品牌塑造的设计师，通过塑造品牌使企业战略与经营战略得以实现。此后，设计师可能还会接触到企业的产品与服务战略及营销战略。

产品与服务战略

产品与服务战略（product and service strategy）有助于定义和塑造企业的畅销产品及服务组合的演变。我之所以用“组合”这个词是有特别的用意，因为企业经营战略的实现需要最优质产品与服务的相应投入。虽然，产品与服务战略常被描绘成为企业战略与经营战略的结果，但实际上，它正是那些高层战略的动力所在。有了好的产品战略，设计方就不用经常调整组织的经营战略或企业战略了。想想苹果公司凭借 ipod 首次尝试开展音乐业务，以及亚马逊凭借 kindle 颠覆出版界的例子。

营销战略

只有在销售人员研究客户方的经营战略和产品与服务战略之后，才能确定开展哪种营销活动，确保公司的产品和服务更受欢迎，以实现既定的商业目标。那么，这一领域的设计师便可能对产品与服务战略及经营战略产生影响。

设计战略师有哪些技能是设计师可能没有或无法获得的

- **设计战略师扮演着翻译的角色：**他们必须精通多领域的规则，比如业务领域、市场领域、技术领域、设计及文化领域。

- ⋆ **设计战略与设计调研的转换：**优秀的设计战略师懂得如何把调研中得到的信息转换成见解，然后将其与源自其他规章制度的观点相融合。
- ⋆ **设计战略师会更多地关注大局，而非具体的设计事务：**具体设计工作的实施可以不雇用设计战略师来做，但是，与团队协作、激发设计灵感等事宜却需要他们来做。

战略规划是设计师提供的一种服务

出自设计师之手的多种战略都能对客户的业务产生影响，比如传播战略、内容战略或媒体战略。其中的很多战略都需要得到具体的实施，不过，这并不是企业设计战略师的职责。

虽然，这些战略的确值得仔细推敲，但我认为，更需要注意的是，这些工作可以被视为一种服务，通过它们来得到设计战略这项“产品”。设计战略师必须能够把各种战略串联起来，形成一份所有参与者都认同并有信心去完成的计划。我们的很多设计成果都能引领新的行为方式，并通过经营战略掀起一股时尚风潮。可是，我们不能自称是企业设计战略师，却又拿不出媒体战略来；我们也不能把公司的经营战略彻底改变成内容战略。设计战略师能做的，就是运用适当的工具和可控的资源让客户明白，如何就某件事达成共识。

? 如何帮助客户的项目制定战略方向

说到经营战略，请艺术专业的学士给工商管理专业的硕士提建议，对于双方参与者来讲的确是不常发生的事情，但读到这里你会发现，在企业经营战略的实施途径上，设计师具有很大影响力。对于任何组织来说，履行战略伙伴的职责就是要针对待解决的问题达成共识，同时又留有足够的空间，以便在后续的项目开展过程中对此意见进行修正，以应对瞬息万变的市场。

不过，在通过设计解决业务问题的过程中，最重要的环节就是彻底了解客户的业务及企业的竞争空间。通常情况下，我们花费在设计流程方面的精力远比研究客户问题要多。随着时间的推移，设计师就成为客户的战略合作伙伴。其实，在提案或简章撰写过程中设计师向客户提问题时，这个过程就已经开始了。

维持长期对话的秘诀就是把问题看成一种发展空间。客户方的企业和员工迟早会将问题处理掉，设计方可以帮助他们在这一空间中找到位置，而非抓着问题不放。同时，设计方可以帮助企业的利益相关人运用术语阐明他们所面临的挑战及应对方法。这些问题包括：组织中各部门的问题、组织的长期目标、品牌风格指南。在一份缜密的战略规划背后，不要低估设计工作及叙事性手法对组织的整合能力。

为实现目标，设计方须做好充分的准备与战略规划师合作，引用加布里埃尔·波斯特的一段话：

> 即便设计师属于典型的视觉性群体或模式使用大师，但我仍强烈建议设计战略师与他们共同发展这种视觉模式……与所涉及的设计师们一起工作。常用的模式包括生态系统模式、价值链模式、“市场结构”模式……这些模式对于企业的发展起着不同的作用。
>
> 对产品的目标市场越了解，可交付成果就越有意义。我们既然已经将终极用户所感受到的产品的意义作为衡量设计工作价值的标准，那么，设计战略师的素养已然成了一名设计师应该具备的重要素养。

最后，作为一名设计战略师，不能一味地说“是”，因为在面对选择的时候，战略通常是用来做决策的。企业要想获得高强度的战略性影响，就需要坚定的承诺、信任以及长期形成的稳定关系。这些不是你能在合作的第一个项目中的某一天就可以突然得到的，也不是做个“老好人”就能换来的。你必须在项目早期就把问题问到点子上，记得问问题要掷地有声，要能收到反馈。每次协商都应该经过深思熟虑，要征得大家的同意。

如果不这样做会怎样呢？你可能会拿到一个报酬丰厚的客户项目，却不能再被看作设计战略师了。

基于信任，建立战略性的客户关系

在一段客户关系中，信任不是无缘无故的，而是争取来的。其间，如果你过早地渴望扮演设计战略师的角色，就会深陷逾越客户界限的窘境。在这种情况下，我们可以这样对客户说：“请信任我吧，要相信我们会成功！”可是，信任与相信并不完全相同。

关于这个问题，我问过《追逐创意之魔》（*Chasing the Idea Monster*）的作者、创意总监斯特凡·穆莫（Stefan Muma），他说：

信任与相信是两个相近的概念，不过我认为它们之间是有区别的。

就拿设计方与客户来讲，我认为可以这样定义“信任”：客户通过某种方式（比如，审视设计方为其他客户解决过的问题或者通过熟人了解）体验设计方设计作品的能力，并且相信设计方能够为其解决类似的问题，或者获得类似的业绩。这是一种自我体验，体验我们创造过的作品，并将其运用到他们所处的情境中。而“相信”则是盲目的，是指除了设计方的语言以外，不依据任何事物做判断的一种能力。客户认为我们会竭诚为其服务。

客户雇用我们解决我们之前遇到过的类似问题，这是信任；客户雇用我们解决我们之前从未解决过的问题，这是相信。

应该鼓励客户信任我们呢，还是相信我们的实力呢？我认为，这完全取决于他们希望解决什么样的问题。从情理上来讲，几乎没有人会雇用我们处理之前从未解决过的问题，但是，作为一名创意人士，这是成长过程中不可或缺的一部分。学会将这种过程和观念（而非具体的产品或服务）转变成收益，这是对于设计师自我定义的彻底转变。我们有着怎样的思路？如何将客户及其目标纳入我们的思路中？这所谓的思路才是我们最大的财富，是最有价值的东西。

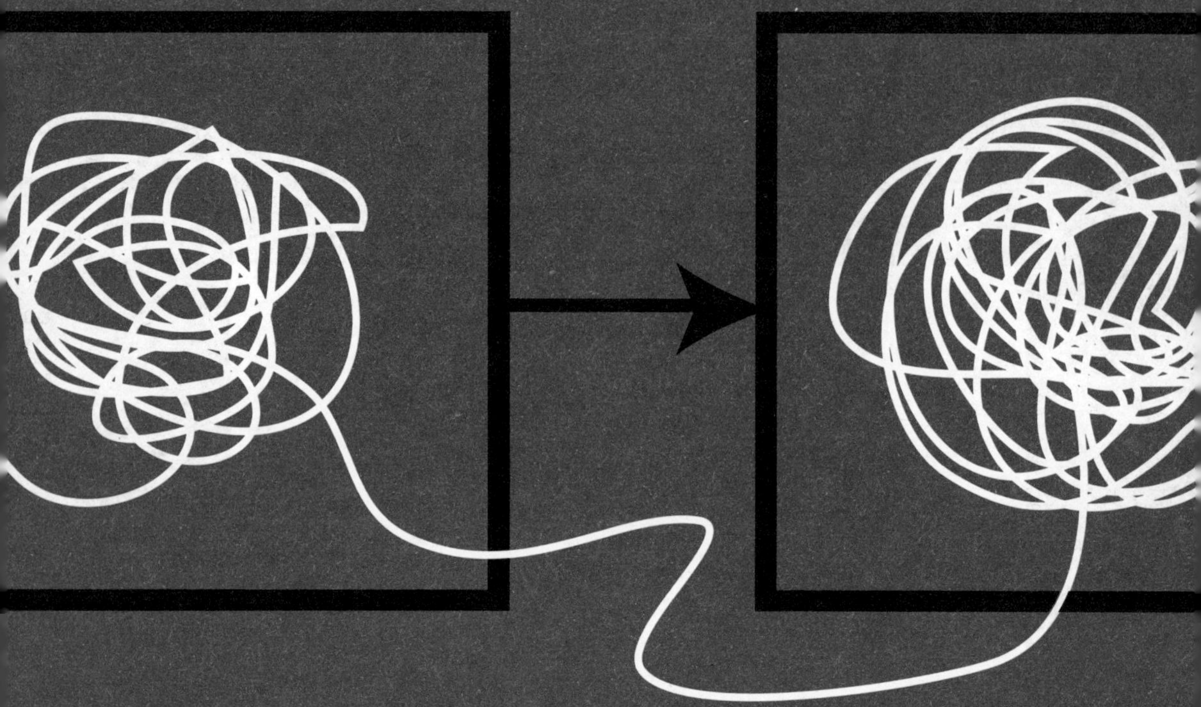

第 2 章

如何管理你的项目

MANAGING YOUR PROJECTS

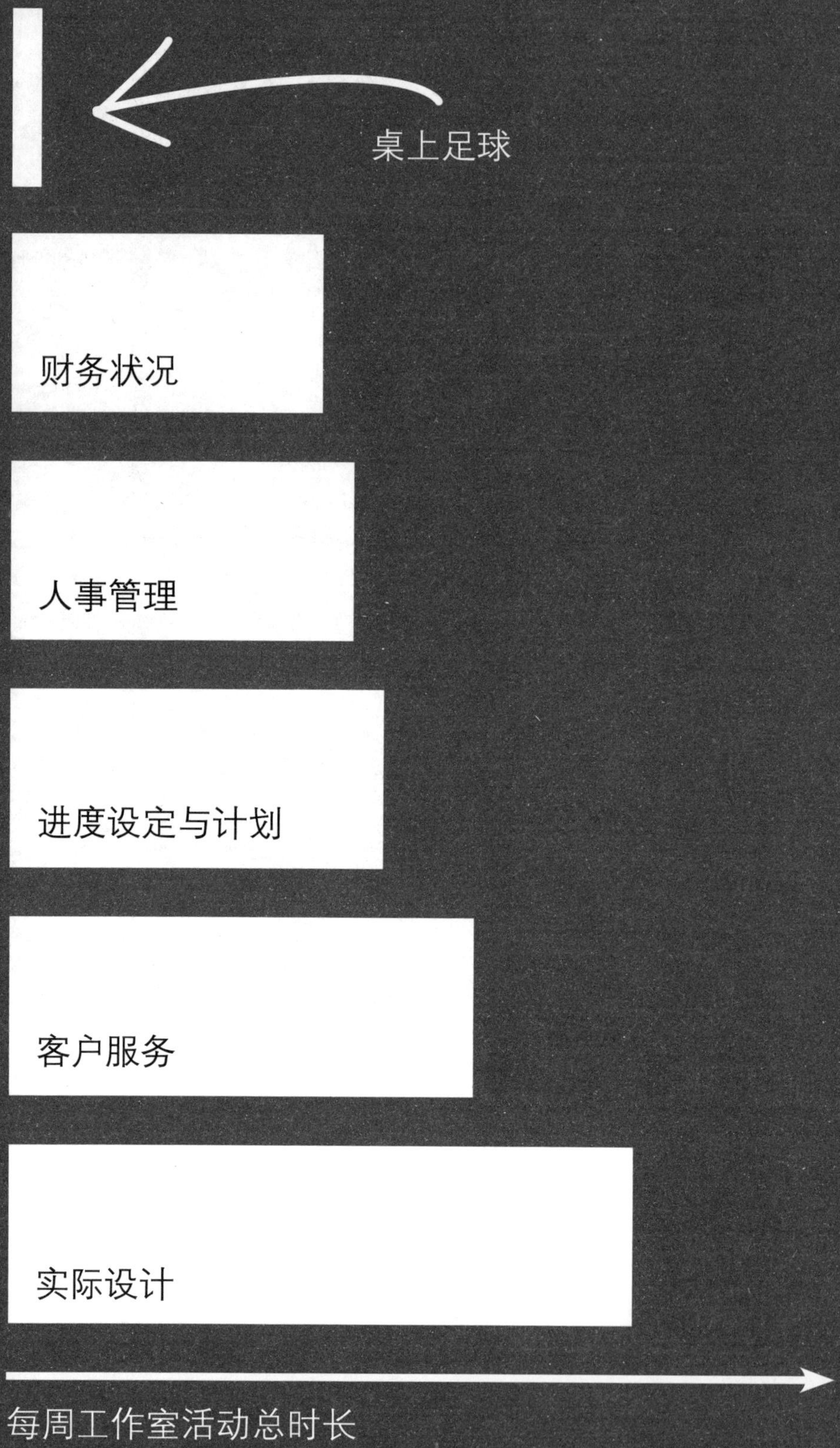
桌上足球
财务状况
人事管理
进度设定与计划
客户服务
实际设计
每周工作室活动总时长

做好项目管理

“要是能把更多的精力放在设计工作上，少费点儿心思在那些看似与设计本身毫无关系的杂事上该多好。”这个问题一直困扰着大多数设计师。殊不知，正是那些繁杂的事务，我们的设计业务才得以运行。如今，大项目多数都十分复杂，实际花在设计工作上的时间不超过项目所需总工时的30%，其他时间都用在项目管理上了。

项目管理，即保障设计业务顺利进行并获取利润的活动总和。因为有同事和客户的存在，这个过程永远都不可缺少。客户希望由你来承担管理工作，设计方内部也有着同样的意愿。战略项目经理菲奥娜·罗伯逊·雷姆林说：“设计公司和设计师大多是因为具有一技之长而被聘用，也常因缺少项目管理技能而被解雇。”

什么是项目管理

德林·贝斯登（Derin Basden）是青蛙设计公司的一名项目管理副总监，针对什么是项目管理，以及设计师需要具备哪些项目管理知识，我们做了如下探讨。

你认为项目经理的职责是什么

首先，项目经理可以通过项目来帮助我们明确所要实现的目标。

我认为，一个项目就是为实现协商好的既定目标而有意开展的一系列活动。这些活动的开展与执行不仅需要某种既定的顺序，还要在关键节点做好细节处理。

每个项目都由几个基本部分组成：项目范围、产品、时间进度、预算（在有第三方介入的情况下，应写清支付条款），以及相关的假设条件。

实际上，这些都属于合同中工作范围内的基本内容。项目管理协会没有对施工项目经理和软件项目经理的角色进行区分，这并非偶然，因为他们的学习和测试内容完全相同。无论是什么行业，项目管理的基本内容都是相同的。

项目管理就是对项目规划的细心指导与执行。从最初的规划到最终产品的交付，其间的所有事项都属于项目管理的范畴。项目经理的职责就在于，保证最终产品能够满足客户的需求及期望，履行合同中涉及的所有条款，包括范围、产品、时间节点、预算及假设条件。

一名优秀的项目经理能够保证策划的可靠性（至少在初期是这样），保证合同的顺利签订，保证项目能由合适的人员来执行，保证可交付成果能按照协定的说明事项及时间要求进行，并且在预算范围之内完成。一旦其中的某个因素偏离正轨，项目经理就要想方设法将其归位，哪怕是变更合同中的全部条款。

一名优秀的项目经理对自己的团队充满了激情与信心，他能够鼓励团队成员尽心竭力地把事情做得更好，懂得适时变换路径，懂得如何使团队的精力集中在终极目标上，避免某个人把精力浪费在无用的事情上。他还能够主动向客户发起挑战，为对方设定期望值，在整个系统中运筹帷幄，达成项目预期的目标。

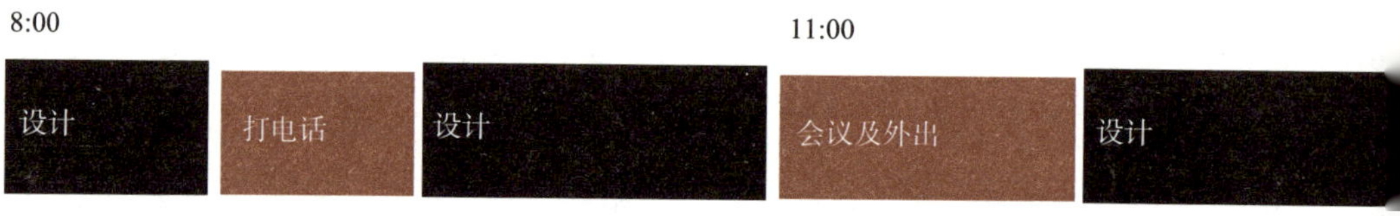

怎样算是优秀的项目经理，与优秀的客户经理有何不同

项目经理的职责就是把项目和项目团队摆在第一位，其次才是客户。事实也是如此。

根据我的经验，客户往往不知道自己想要什么，而且只见树木不见森林。对于细节更是云里雾里，或者说，他们根本就没有放在心上。他们空有想法却不知道如何实现。当设计师着手设计的时候，他们又想来指手画脚，导致结果常常以失败告终。

Success By Design 设计师箴言

如果你不把项目管理所需的时间规划进 8 小时的工作时间内，那么，恐怕你就不得不加班熬夜，甚至搭上周末的时间来为真正的设计工作做好支持工作了。

一名优秀的项目经理能够通过正常的方式开展项目，无视来自客户的不利行为，帮助团队培养合作精神。有一句关于项目管理的话很有趣：“如果没有客户，这工作就容易多了。”

最后，对项目经理而言，最终的可交付成果才是最重要的。他的主要精力应该放在项目和团队内部，其次才是关注客户。优秀的项目经理会按时、按预算来保证项目的质量，维持团队内部的和谐，此乃王道。

13:00 15:00

评估新项目 | 设计 | 打电话 | 设计

接下来将是加班时间 →

客户服务是另一个重要问题。在有些公司里，客户经理要不断地设定、管理客户期望值。优秀的客户经理既能保障项目团队随时了解客户的动向，又能让客户随时了解团队的动向，保证项目能达成客户的整体目标，从而维持客户的满意度。在理想状态下，客户永远都不应该遇到任何意料之外的事情，他们应该时刻为我们团队的业绩感到高兴。客服专家帮助建立客户关系和客户账目，识别机会，并与项目经理协商如何决策。他们的精力应放在客户身上，其次才是关注项目。

当然，通过真诚的交流，再加上细心与责任感，还有定期的情况汇报和缜密的逻辑判断，项目经理也可以提供优质的客户服务。对于以上这些事情，客户不应该有任何需要担忧的地方。一旦客户因素真正被纳入考虑范畴，项目就可以顺利进行下去了。

在我之前从事的一项工作中，开发人员时常因为客户的个性化需求而发牢骚。在这家公司，当客户提出不切实际的需求时（他们经常如此），开发人员要么委曲求全，满足这些需求，要么就直接拒绝，说不能做。这时，背后的项目经理就难办了。不过，一名优秀的项目经理（通常与客服专家一起共事）应该懂得客户真正想要什么，并提出两全的措施，既能满足客户需求，又能征得设计团队的同意。

你可以这样想：如果客人走进你家餐厅，要求准备一顿与众不同的饭菜，你该怎么办？除了回答“可以”与“不可以”之外，还有很多其他答案。有时，只说“可以”并不会让客户满意，而“不可以”却是一种优质服

17:00 设计

19:00 给家里打电话 设计

务；有时，仅仅是倾听便能满足客户的需求。所谓优质服务就是从长远的角度看对客户最有利的服务。

如果没有项目经理，会发生什么事情

可能会发生很多事，通常都是坏事。

项目停滞

如果没有项目经理，就不会有人站出来，放下身缓和气氛，帮助做出合理的选择。由于公司内部的完美主义、客户的恶作剧或普遍存在的不确定性，项目可能会就此停滞。

人多误事

如果团队中缺少领导者，或者项目中存在很多不确定性因素，那么，可能会出现一些人毛遂自荐。这样就会导致相互矛盾的设计方向和令人费解的设计成果。在面对客户时，团队内部不能统一口径，使团队的努力无法满足客户期望，客户也就不会满意得到的产品，即便它是优质产品。

Success By Design 设计师箴言

项目经理应该懂得如何将自己的项目管理职责适当地分配给下属，这样你就不用承担创造性和项目管理双方面的重担了。

为项目管理买单

没有人喜欢项目经理，尤其是当他质问为什么项目支出超出预算

5 000美元时。还有，当开发人员正因尚不存在的后端服务而抓狂时，一个刺耳的声音打断了他：

等一下！你忘记把图标改成绿色了吧，客户在反馈文件中提出了这个要求，你没看到吗？返回到第三页，最下面的位置，你怎么能漏掉呢，7分钟之内能做完吗？产品的交付已经落后于进度了，以后我们再查清楚问题产生的原因，我敢确定，你的这次失败会给我们长不少教训。

这种对项目管理的恐惧是一种策略，假想的左脑与右脑的角力困扰着一代代设计师。左脑象征那个理性处理数字的家伙，他因为项目超出预算而抓狂，右脑象征那个运用灵巧的右脑、承担沉重的创造性工作的设计师，他忙着考虑如何把版面设计做到最好。无论是对你还是其他人，我都不会建议运用这种策略。

我建议：考虑一下，你在工作中扮演着怎样的角色？承担着什么样的职责？怎么做才能让项目跟上进度？你每周要花多长时间做这些工作？

以项目为基准，把这些时间加起来（记得把项目管理、客户服务等在工作中承担的非直属工作所花费的时间都加起来），并把这些工作价值转换成小时率，加到总费用中。记得把这些用时从设计用时中扣除，添加到项目结尾中。

这就是你平均每周40小时工作时间应付出的努力程度。当然，你还有另一种选择——每周疯狂工作60小时，但你很快就会精疲力竭。

凌晨1:00

3:00

设计，疲惫不堪地盯着显示屏

无人看家护院

没有项目经理就相当于没有管家，时间进度、预算、可交付成果、资源等都将被搁置一边。项目经理可以确保带领团队履行合约义务。

失衡的畸形产品

没有项目经理就没有中间人来调解领导者与执行者之间的矛盾，使得强势的一方获得话语权，弱势的一方销声匿迹。所以，最终可能会导致产生失衡的畸形产品，比如开发胜过了设计，设计胜过了实用性等。

无人倾听客户需求或满足他们的期望

一方面，团队为最终的产品而自豪；另一方面，客户有可能大发雷霆。在项目进展过程中，客户虽然算不上是专家，却是评判最终产品质量与品质的好裁判。

以上种种问题导致了费用超支、产品不合格、客户方不满意等后果。

Success By Design 设计师箴言

如果你正因为工作室接手了大量新项目而忙得不可开交，或者不擅长管理项目，那么，你也可以雇人来做必要的项目管理工作。

如何成为优秀的项目经理

新手项目经理通常都会犯错误，而且是很多错误，但关键是你如何应

5:00 7:00

决定雇用一名项目经理 趴在桌子上酣睡

对这些错误。你应该提出问题，然后观察其他人是怎么做的。这样一步步地学习、适应、应对错误，等到下次再遇到类似的问题时，你就可以更为主动了。如果你在项目中只出现了一处错误，那么就说明你已经做得很好了。

说到项目管理，人们能联想到的只有一种难题，那就是一堆堆的数字运算。其实，项目管理是多种活动的奇妙组合，包括数字运算、组织活动、人际关系维护，以及内容理解。项目经理既要听客户的，也要听团队的，还要倾听自己内心的直觉。如果你不懂得所做项目的意义，不知道客户想要什么，不懂得什么是优质产品，或者不知道如何帮助团队实现目标，那么，你就会完全迷失方向。优秀的项目经理常常假设各种情境、预测风险并制定应对策略，就像身处一场精心设计的演习或模拟战争中一样。

沟通是项目经理必备的一项最重要的技能。良好的沟通意味着你能恰当地说、写、听、感知、阅读肢体语言、展示、争吵、喋喋不休、引人注意、威胁、离开、打招呼，等等。你需要在了解受众的基础上选择恰当的传播媒介、方式及结构。当你获得授权时，就不会害怕电话沟通或面对面交流了。当然，你还需要知道诸如范围界定、成本支出、项目进度（也就是任务完成得怎么样了）、资源管理、质量管控、合同、财务、谈判等相关事宜，这些同样需要沟通交流。

当你在闲暇之余，可以考虑跟在优秀的项目经理后面，那样，或许你能多学几招。

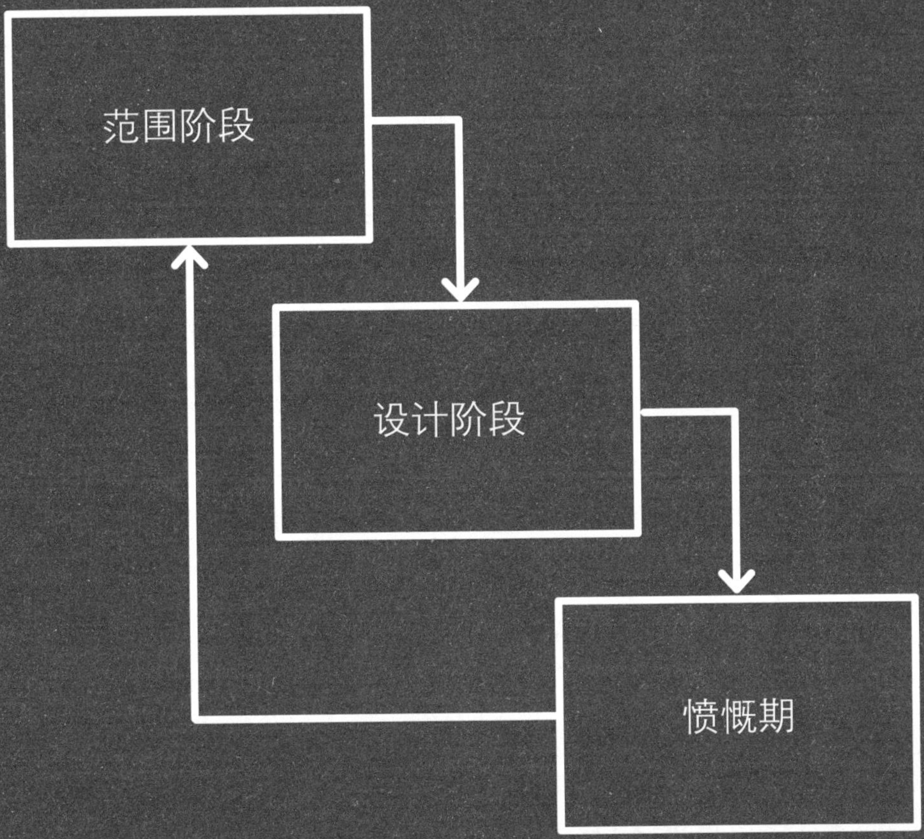
范围阶段
设计阶段
愤慨期

BEFORE

设计流程并不断改进

流程在字典中的释义是为实现某个目标而开展的一系列系统性活动。设计企业通常会在网站上将细致、明确的流程公布出来，并用一些整洁的图表将设计成果的制作流程描述出来。

设计方希望通过业务流程将他的创作过程展现出来。商讨流程通常被看作安抚客户的一种方式，设计方会说："我们之前做过类似的设计，流程就是这样的。项目后期，我们会为你交付两项完美的产品，并制作一个微型网站为之宣传。"不过，设计方真的会按照流程说的那样做吗？他们会严格按照流程的说明指导设计师完成任务吗？参与项目竞标时，客户会青睐这些流程说明吗？这种对流程的包装是争取并维持业务的唯一方法吗？

流程决定产品质量

在做设计（以及为公司做宣传）时，不要墨守成规，要从自己的经历中不断汲取经验。每次我都能从设计项目中学到一些知识，返过头来再应用到流程中去。这将有可能改变我处理设计工作的方式。这里，我引用休·杜伯利（Hugh Dubberly，他的设计工作室编写了一部免费电子书，将世界各地 100 多种流程模板收纳其中）的一番话：

> 我们的流程决定了产品的质量。如果改进产品是我们的愿望，就必须要对流程进行改良。我们在持续改进产品的同时，也在不断改善设计方式。这就是我们致力于研究设计流程的原因。我们要知道做什么以及如何做，了解这个过程并不断改进，从而成为更好的设计师。[1]

---

[1] 资料来源：www.dubberly.com/articles/how-do-you-design.html。

不过，对于设计方技能方面的精进，客户大多不感兴趣。他们只想让我们完成项目，满足他们的需求。我的建议是，通过明确的业务流程与客户共同监督你的工作，以防在错综复杂的创作流程中给工作带来负面的影响。

在决定雇用你之前，客户会对你的工作室或公司的业务流程展开如下调研：

- 设计方曾为客户成功完成了哪些项目任务；
- 设计方乐于提供相关资料，以便客户能够适当展望你们的合作前景；
- 设计方拥有成熟的业务流程（这体现在项目策划中），这是产出优秀作品的必要条件；
- 设计方会根据客户的具体要求制定业务流程，包括即将产生的作品，以及客户对作品的要求及反应；
- 设计方制定的业务流程的各个环节都遵循必要的时间节点，包括项目调研、设计、质量保证，以及生产（无论是用 Objective-C 为 iOS 系统开发应用程序，还是设置和运行印刷机）。

对于清单中的每项内容，你都要在提案与进度安排中有所体现。待项目结束时，就是以上各项内容得以完全实现的时候。若缺少任何一项，都会给你造成麻烦。同样地，如果你提供的信息太多，那么，无论是对你的公司还是客户，事情都将变得更为复杂。

设计方法与设计流程有什么区别

要想实现与客户协定的目标，瀑布式（waterfall）与敏捷式（agile）方法（还有其他方法没有一一列举）可能很合适。不过，它们不应该是你在提案中随便提到的词，因为它们对于你如何执行你的工作有着非常具体的要求。

通读下面模型的描述，针对客户那些有待解决的问题，考虑一下，你应选择什么样的业务流程？

瀑布式流程

瀑布式流程又被称为“预先设计模型”（Big Design Up Front），在设计项目中运用这种方法需要设计团队包揽策划、设计、生产或开发项目，并在最后阶段进行全面检测。在进行下一步工作之前，客户须对每个阶段的工作予以肯定（如图 2-1 所示）。

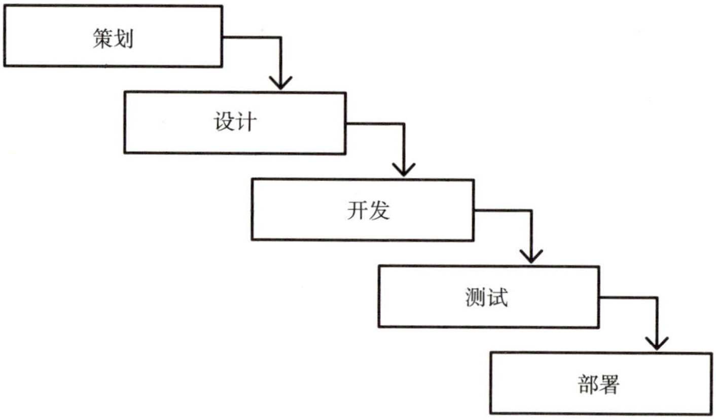

图 2-1　瀑布式流程

大多数用于印刷的设计作品都是通过瀑布式流程创作出来的：从客户认可设计理念开始，到最后付印的成熟作品。对于那些有着明确工作范围的项目来讲，这种瀑布式流程也同样适用，比如只有少量页面的网站、一份手册或一个图标。

瀑布式流程的运用，意在设计项目进展深入之前，既提高产品质量又控制风险，不过，使用它的风险在于，在代码问题上出现分歧时，团队可能在设计理念上浪费掉数月的时间。正因如此，单独运用瀑布式流程做大型软件项目的情况越发少见了。不过也有例外，当客户对产品有着极为严格的要求时，或者没有客户的认可，项目就极有可能失控时，还须运用瀑布式流程。

敏捷式流程

敏捷式开发，意味着让设计团队在实际操作的过程中学习。设计和开发人员在 1 ~ 4 周的短时间内为软件冲刺（sprint）开发运行代码（如图 2-2 所示）。从设计团队同意为软件产品做设计、开发具体功能（例如设计用户故事）的那一刻起，冲刺期就开始了。所谓用户故事（user story），就是对个人在使用这个正在开发的产品的过程中的体验的描述。冲刺过程中，设计团队会将用户故事融入可行的、无漏洞的设计及代码中。冲刺过程接近尾声时，设计团队与客户评估已产生的成果，为团队制定了下一步冲刺的工作目标：是开发新功能还是改进既有功能。每次冲刺结束后，你都可以展示一下创作成果，因为代码已然可以运作了。

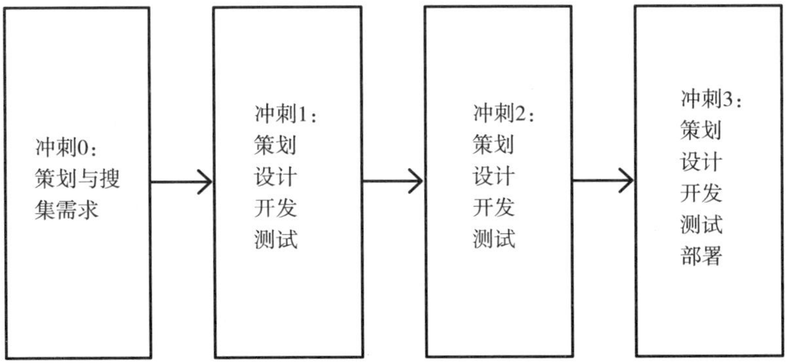

图 2-2　敏捷式流程

如果你已经对软件做好了基础性的设计工作，就可以使用敏捷式流程或它的某种分支模式，比如迭代式增量开发框架 scrum。在这之前，或许这种基础性的设计工作已准备就绪，抑或设计团队能在项目开始很短的时间内就做好这一切。用敏捷式流程中的术语描述就是，在冲刺 0 阶段，就应该完成这种基础性设计工作。

如果设计软件是为了实现既定的长期目标，而且除了每次冲刺的成果之外，客户没有重要且紧急的开发任务，这种情况下，你就可以运用敏捷式流程。有一个能够适应不确定性因素的强大的工作团队是极为重要的，无论是谁领导团队，他都应该精通这种方法。

运用敏捷式流程最重要的一点是：在整个过程中，你开发的任何成果都有可能作废。当然，你可以进一步了解一下，在接下来的冲刺阶段需要做些什么，但如果没有做好准备，就意味着设计方和客户都会抓狂。如果你不愿意为了更好的结果而放弃自己的努力成果，就不要运用敏捷式流程。这种方法的实行需要以合同作为指导，合同中也应留有项目范围变动的余地。

迭代式流程

在草拟设计方案时，可以把策划、设计及开发过程合并成一套单独的流程，目前已有很多设计公司注意到这种想法的价值。与敏捷式流程相同的是，这个过程也要靠速度，不同的是，致力于迭代式流程的团队可能不认为每个阶段的产品都具有可交付性。与瀑布式流程运行机制不同的是，在编写代码和视觉设计方面，在创建可能的解决方案之前，团队的信息构建与规划可能还没做好。

如果你的设计团队及客户都在翘首以盼新颖的设计理念，或者想通过运用新技术采取前所未有的方式，那么，迭代式流程可能会很有用。通过迭代式流程能获得概念原型，让所有参与者都明白，这些创意是合理而可行的。代码编写结束之前，这些概念原型可以通过测试来证明其有效性及可行性。有些设计工作室会预先提供一个单独的设计方案，然后用后一个方案覆盖前一个，这样有利于提升他们的信誉度。这与传统流程形成了鲜明对比，传统的流程是预先拿出 3 ~ 4 个创意，与其相比，迭代式流程需额外花时间准备应急预案，以备在项目实施过程中发生不测。

如果你需要从设计创意阶段快速进行到可交付代码阶段，如果你的设计团队的经验还不是那么丰富，或者客户没有太强烈的意愿去进一步学习和反馈，那么，使用迭代式流程就有些牵强。

方法的使用影响合同中项目范围的界定

大多数由设计方起草的提案，都会提到可交付成果的大致数量。你把成果交付给客户，客户审核，然后你拿钱走人。句点公司联合创始人内森·佩雷迪克这样说：“通过瀑布式流程产出的成果更容易被认可，当然也就更容易出售。”照此来看，如果你想通过敏捷式或迭代式流程与客户合作，就需要把项目的范围界定与管理纳入工作范围。也就是说，你得将自己的工作流程进行阶段化处理，而且还得估算一下，在合同规定的可支配时间内能完成多少工作。这个时候不应该界定可交付成果，要多研究各种成本估算而不是固定收费率。

理想的结果

制作项目估算

估算是指工作团队为实现可交付成果而列出的信息清单，以此说明具体工作规划。然后，以这些信息为基础，以其中所包含的每项技能为计量单位，按照小时付费的方式进行核算。

项目估算并非凭空猜想。我曾经听到无数设计师这样说：“我之前从来没做过项目估算，不知道如何给自己的工作定价。所以，只能盲目猜想，如果最终的项目开支超出了预算，那我就得吞下这个苦果。”

可惜，这苦果可不是那么容易吞下的。

通过下面的5项说明，你可以对一个设计项目做个大致估算。

1. 以小时为单位，估算一下完成此项目所需要的时间；
2. 根据估算的总时间，设置具体的日程安排；
3. 以小时为单位，核算使用资源的费用；
4. 选择一种与你目前的业务环境相适应的定价模式；
5. 从客户角度出发，将你的估算结果换算成客户的成本费用。

成本估算通常是以概括性的数字体现在项目建议书中，呈现在客户面前。详细的估算适用于设计公司内部的业务核算，不应该被客户知晓。

在成本估算过程中，越注重细节，做出的估算就越精确，项目结束后所得利润就越丰厚。这些细节信息可以来自工时表，可以从以往的项目估算资料和其他资源中估算出来，这些信息能帮助你弄清以往员工工时被最大化利用的途径。

把这些信息搜集起来，端一杯咖啡，关上办公室的门，浩浩荡荡的估算工作即将拉开帷幕。

在做估算之前，应该先了解一下客户的预算，即便对方告诉我们他们没有预算（嗯，他们肯定有）。“如果他们不愿意告诉我们的话，我们就得继续寻找下一次了解的机会。”快乐齿轮设计工作室（Happy Cog Studios）CEO 格雷·霍伊（Greg Hoy）这样说道。

设计企业的职责及工作内容

针对设计企业的职责及工作内容，我与菲奥娜·罗宾森·勒姆莉（Fiona Robertson Remley）以专门经营交互式视频制作的设计企业为例，列出如下事项。看过之后，你可能觉得这些工作需要几十个全职员工才能完成，可实际上只有两名员工。那些主要由第三方供应商或自由职业者支撑的设计企业，同样可以完成这些工作。

业务经营

业务拓展

客户管理

客户协调

项目管理

项目协调

行政管理

物流

财务

用户体验与界面设计

用户研究

开发

技术发现

技术架构

后端开发

前端开发

软件测试

质量保证

迁移

图片与动态图像

脚本

故事板

信息架构

交互设计

视觉设计

可用性测试

内容创作与管理

内容战略

内容撰写

文案写作

文案编辑

校对

社交媒体管理

试制

制作

样式设计

摄像

视频剪辑

音效设计

动态图像

电脑图像与动画

母带制作

润色

项目收尾

分析

归档（备份与存档）

后续跟进

估算项目用时

我能明白专业设计师的想法，所以也知道你在对设计项目进行估算的时候心里是怎么想的，不信我就猜猜看：

> 我觉得做这个项目得用 20 小时。上次的那个项目本来预计要 3 天完成，结果我们用 15 小时就搞定了。这次定 20 小时的话，肯定也不在话下！

久而久之，你的某个同伴在审视估算结果后会觉得，这样做没有成本竞争优势。于是，他们就想方设法让你再缩短项目用时：

嗯，在理念设计这方面，或许用 16 小时就能完成。我之前设计过很多网页，所以这次总比上次要容易些。

其实，我真不想刺激你，虽然你觉得能把时间缩短到 16 小时，但是你却极有可能至少要花费 20 小时才能完成。而且，你还得赔钱。

为什么类似的事情会不断发生？因为当对一个项目的可能用时进行估算时，设计师们总是按以往的经验来推算，这是个不好的习惯。我觉得，只有在估算方面持有务实态度的设计师，才能算得上是成熟的设计师。这种技能的掌握是需要用心思考的。下面就是需要考虑的问题。

明确工作内容

为了做好工作，设计师掌握了一系列技能。通常情况下，这些技能的价值只能通过小时率来体现，同时，小时率也是设计师做项目估算的依据。不过，如果你想弄清费用、技能、时间三者之间的关系，就应该关注每一个项目，看看这些个人技能是如何被最大化利用的。

对细节信息研究到这种程度后，你就能大致推测在未来的项目中该如何利用时间。并且，在人手短缺的时候，知道要去哪里雇用有实力的员工或自由职业者。这样有助于你更好地进行细节估算，使得精确度更高。

参考已完结项目的实际用时

一旦明确了客户的需求及工作内容，你就可以回过头去参考和借鉴之前已完结的项目，看看当时是如何分配时间的。如果几个项目下来，你连自己团队是如何利用工作时间的都没弄清楚，就必然会导致估算失误。

菲奥娜·罗伯逊·雷姆林说：“一定要密切关注用时问题，紧盯用时环节，这样，每次要做项目估算的时候就有了参考的依据。”如果遇到类似的项目，最好能查看以往那些按任务类别逐条归类的最终预算。这一点，你应该做到。必要的时候，你可以借助一些软件来利用这些信息。（请阅读“着手构建预算案”部分的相关内容）

根据估算草案制订深层次计划

“关于工作的每个步骤和重要事项，你都要做好计划，”菲奥娜说，“对于如何推进项目，你的心里要有个蓝本。”无论你是独立设计师，还是规模大一些的设计团队，在项目筹划简会上，都要勾勒出项目的大致轮廓，其中就包含“计划”这项内容。切记，蓝本里一定要包括核心的可交付成果、一定次数的客户回访，以及为完成可交付成果所需要的必备的工作人员。做到这些，你就可以设想接下来可能遇到的非常规性问题了。然后，你可以将这些非常规性问题附到最终预算中，这样就能从更高层次保障项目的顺利进行。

为员工大致分配好时间

对于一名员工来讲，什么因素最能导致他坐立不安？在对设计环节进行估时的时候，你可以让员工随心所欲地安排工作时间，然后以此为估算依据。但你要明白，大多数具有创造性思维的人，其实并不懂得如何估算自己的时间。针对这一点，你应采取一些措施。

为创造性思维提供适当的弹性用时

在面对新任务或新的工作内容的时候，半数以上的设计师完全不知道如何进行自我估测。随着科学技术的飞速发展，客户的业务需求开始前所未有地多样化，你不可能要求一切事物都按部就班地按照你的计划前进。针对这一点，在你估算出的项目必要用时的基础上，再加上至少 20% 的弹性用时，每项活动都是如此，每次估算都要这样。你可以创建一个弹性用时的公式，把变量代入公式中，自动得出结果。你可以像往常那样估算项目用时，做好时间伸缩计划，以备不时之需，这对你来讲并不会花费额外的精力。

供应商管理用时也要包括在内

如果客户想自己找供应商，或者，他们怕产生额外费用而不想用你推荐的那些供应商的话，你就要为供应商的管理留出必要的时间。否则就是在浪费时间，这相当于不断地从你口袋里往外掏钱。

工作之余，留出些时间去思考

“在估算期间，一定要给自己留出些时间跳出思维定式。”菲奥娜这样说。当你在设计一件了不起的创意产品时，抽出些时间和空间去思考，效果会很不错，你应该为此得到报酬！

勇于向相关人士请教

“你可以和项目经理或其他对此事驾轻就熟的人聊一聊，借鉴一下他们看待问题的视角。”菲奥娜说。那些人可能会为你提供极为重要的信息，而这是无法从其他渠道获得的。

根据项目背景调整时间

与一家新客户合作究竟会花费多少精力，对此，你最好秉持务实的态度。单元交互设计咨询公司（Unit Interactive）负责人兼首席设计战略师安迪·拉特利奇（Andy Rutledge）这样说：

> 我猜想，大多数设计师都倾向于以相对理想的项目为标准，确定设计报价及用时。不可否认，我们需要熟知这个标准。但这种项目估时只能作为基本框架。也就是说，我们还要根据每个项目的具体背景，对基本框架进行修正。

须注意的是：客户组织中等级制度及官僚风气如何，你的直接客户对现存设计理念的认同程度如何，以及他们那些不尽合理的需求等因素，在做估算的时候都要考虑进去。[1]

设定日程安排

在确定项目的必需用时后，就要安排如何利用这些时间了。你需要在后台设定一个日程安排。（想了解更多相关信息，请阅读“制定进度表”部分）

这只是个估算，所以你不必做得详尽极致，详尽的进度表要等到项目到手后再做。

计算成本费用

针对你（或你的团队）参与的项目，确定其必需用时并据此制定后台日程安排后，你就该准备以此为标准向客户报价了。

首先，最重要的一步就是用你估算的时间乘以每项活动的成本费用。这里说明一下，你可以看看其他制作公司是如何只通过一份电子数据表（或相应的软件），以周为单位计算成本费用的。那么，小时率就应该根据如下因素确定：你的公司的最大产值、期望利润值及其他因素。

用单位时间成本乘以所用时间，一一算出结果，并将这些结果叠加起来（如表 2-1 所示）。之后，你要考虑的事情就是，最终的求和结果能否让你在市场上拥有成本竞争优势。设计行业在估算阶段这个节点上是很纠结的，原因有很多。

---

[1] 想了解更多内容，请阅读安迪有关时间估算的文章，可以登录网址：www.andyrutledge.com/calculating-hours-php。

表 2-1 **估算表** 单位：小时

任务	争取	计划	设计	创建	检测	交付	测量	会议	小时率（美元 / 小时）	总用时	总成本（美元）
创造性指导	8	4	4	4	4	4	0	8	170	36	6 120
艺术指导	2	2	8	8	8	8	0	8	120	44	5 280
交互设计	2	40	20	20	10	5	0	8	120	105	12 600
视觉设计	4	15	40	20	10	5	0	8	100	102	10 200
内容战略	2	20	20	10	20	5	0	8	120	85	10 200
前端开发	0	4	20	60	40	40	0	8	120	172	20 640
后端开发	0	8	40	40	40	20	0	8	150	156	23 400
客户管理	20	8	20	20	20	10	4	8	120	110	13 200
项目管理	12	10	20	40	40	24	16	8	120	170	20 400
测试	0	0	0	20	40	20	0	8	100	88	8 800
										合计	**130 840**
										20% 不可预见成本费	**26 168**
										总计	**157 008**

注：估算时，此表有助于项目阶段及任务用时的估算。注意：以上所有比率及估计用时均为假设，仅用于说明；表中数据不代表市场汇率。Excel 版下载网址：www.SBDBook.com。

你的服务价值是具有相对性的

多数情况下，你都可以根据估算结果为招标方提供具有竞争力的报价。但有时，你也会遇到客户占据主动权的情况。客户也有自己的估算，知道每名设计师的人力成本，而且会为实现其利益的最大化而调整他们的协商策略。不过，摆在客户面前的只是你提供的服务的相对价值，所以，针对你和你的工作，可能要适当调整一下估算方式。

你不用将报价压到最低，但你得让客户感觉到他这份钱花得值。这就是你应该知道的报价规则，以及如何在竞争对手中展现自己的优势。

摸清竞争对手的底细

问问客户与你一同竞标的是什么样的公司，最好能问出具体的公司名称，然后上网搜索或与同事及业界同仁们讨论一下，以便对对手制作公司的规模及运营模式有个大致的了解。

确定竞争对手的企业规模会怎样影响其项目估算

大公司与小公司相比，在报价与引进人才方面有着很大的区别。

你所提供的报价应该和自身的企业规模相匹配，能够支持企业所提供的目标服务模式。你还要以利益最大化为核心，对报价进行上下调整。

拿起电话，与同行探讨一下自身服务的市场价值

如何判断你的估算是否恰当且符合实际呢？你可以去询问业界的其他人，当然，这一举动的前提条件是，你得确定被询问的对象不是你的直接竞争对手，也没有参加同一个项目的竞标。

注意区位因素

区位因素能够影响客户对你或你的公司的感知价值。句点公司联合创始人内森·佩雷迪克说："如果你在匹兹堡工作，而客户的公司在旧金山，并且竞争对手也位于旧金山，这些公司的报价有时可能是你们的两倍。

那么竞标的时候，你就可以抬高报价。”你的服务的供求关系决定了你的价格。

如果在竞争中失利，记得寻求反馈

如果竞标失败，要向客户寻求反馈，要知道没有选你作为设计业务的合作伙伴的原因。但一定要注意谈话的语气，不要太咄咄逼人。最重要的是，要弄清楚客户对此项目的大致投资额度是多少，以及中标企业的规模如何。这些信息能够帮你反推对手标价中的项目用时，待产品上市之后，还要弄明白此项目由谁来主持。

没有因为外包服务而抬高报价

如果你想通过供应商为客户提供任何服务或可见产品，那么你就必须提高报价。否则，在这项业务上你将无利可图。

不过，有时你会发现，因为业务外包而成本提高，从而提高报价的情况实在难办。如果你是单枪匹马作战，将很难消化这种外包业务的成本，因为这会提高你向客户提出的报价，使它超出市价。而大型企业可以以每小时几百美元报价，然后再以每小时 65～80 美元的价格雇用自由职业者工作来规避这一窘境。他们可以承担 2～3 倍的成本涨幅。可如果你是独立的设计师，是绝对没有这种能力的。对你来讲，应对客户的最好的方式就是跟他们讲清楚：“我们不收外包业务的转手费，但供应商的费用要由你们直接承担。”[1]

估算工作有一定的时限，因为打印、整理图片库或摄影、色彩校样、做面板等外包服务的存在，你可能没办法算出精确的基础成本。合同中应明确列出这些内容，并将其归类为项目服务范畴之外，还要写清楚额外产生的成本费用。

---

[1] 如果你已经开始着手雇用员工，并提高收费水平的话，还得对此政策做些修改。

说到成本估算，应考虑企业规模这一因素

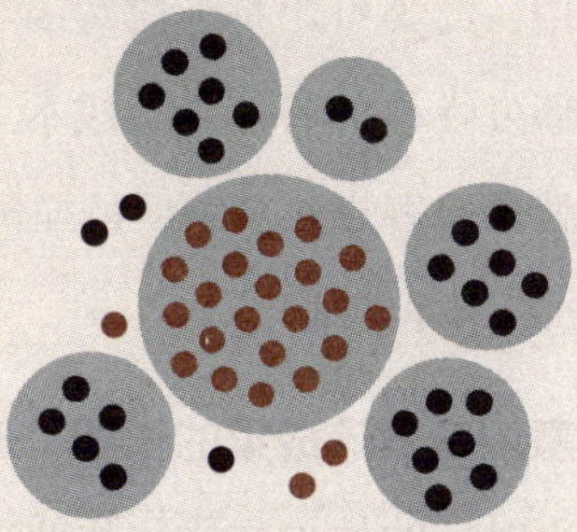

大型企业：手握高额经费，且项目费用也较高，这些都是由分级定价策略导致的。与大型企业合作时，客户会获得强大的智力支持，包括战略、成熟的工作流程、庞大的知识库、目标产品，以及基层员工为保证产品的顺利交付所做的努力。与老员工或企业所有者相比，新员工的小时率较低，不过综合来看，工作室的小时率要比市场上的平均小时率更高。

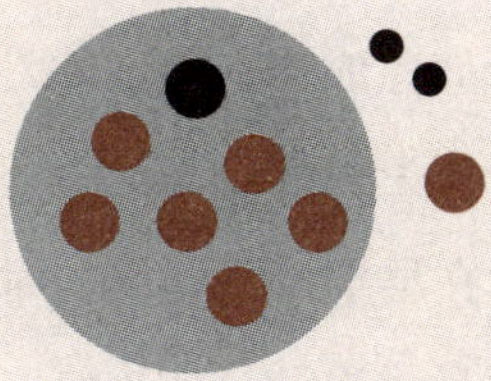

小型企业：在做设计工作的时候，往往有自己的规章制度。与大型企业相比，可能官僚气息较轻，分级定价也没有那样高。小型企业的客户往往希望通过工作室的规章制度来约束每个层级的工作。对于他们关心的问题与自己的主要技能，他们也期望能得到客户的及时反馈。

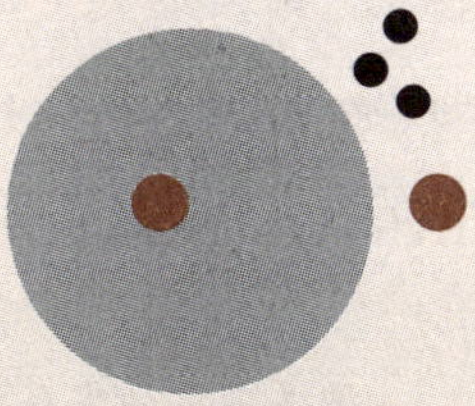

自由职业者：可以选择将自己定位为令设计企业满意的备选合作人员，即使与其他组织类型相比，他们也可以通过自己的努力完成大项目。与自由设计师合作时，客户可以得到他们的全部关注、独特技能、全力付出，以及更亲密的业务关系。

在估算过程中，自由职业者或小型企业应重点强调自身服务的精良，以及与此项目的契合度。根据竞争情况，还可以适当地上调估价。与大型企业竞争时，通过降低估价来争取成本优势，这种做法是不明智的。

● 创意 / 设计师　　● 企业 / 工作室的基础设施

项目加价中没有包含不可预见成本费

以向客户提出的总估价为标准，按 10%～20% 的比率另附不可预见成本费用，此类费用是为应对因项目范围扩大、日程安排变动，以及价格浮动等偶发性事件可能导致成本上升的情况而设立的。在成本总估价的上一栏，就是与客户共享的项目加价费用。它可以作为成本估算的“红线”，通常情况下不得触碰。

没有意识到设计成果的长期价值

小时率的估价方式往往使人看不到设计方为客户创造的长期价值。例如，1971 年平面设计专业的卡罗琳·戴维森（Carolyn Davidson）在学生时代，以 35 美元的价格为耐克设计了品牌标志。卡罗琳没有想到后来耐克品牌会如此成功，幸运的是，后来公司意识到了标志的价值，给了她一部分股份作为酬劳。

在早期讨论提案的时候，你就应该认清客户的业务发展方向，并估算出项目成果的长远价值，这是设计师应该承担的责任。接下来，我们便可以适当调节估算额度——通常是向上的。

温迪·奎西贝利（Wendy Quesinberry）是西雅图奎西贝利联合公司（Quesinberry and Associates）的一名负责人，我与她谈了谈关于预估长期资产价值的事，据此，她将自己的估算方法告诉了我。她说：

> 很多项目的发展模式似乎是可以预测出来的，并且只能通过密切追踪这种传统的方式进行。每一天，办公室里的每个人都得重新做一张时间表。因为每个项目都不同，似乎都加入了新的干扰因素。对于这些项目，我们要不断调整预算范围。如果对方是新客户，我们就在这段新关系的建立过程中静观其变。如果对方是长期客户，我们就可以判断出项目类型以及大多数项目是否在快速而顺利地进行着。

切记：你向客户销售的不仅仅是设计服务，还有知识产权，其价值可能远远超出你所获得的报酬。

有些项目我无法估价（比如LOGO设计），因为我可以用一个小时就设计出来，也可以花100小时来完成，我的报价依据是这个LOGO给企业带来的长期的品牌价值。

不过，拿一份白皮书来打个比方。从设计理念到产品的交付，这样的工作可能需要25～35小时。大型企业可能并不在乎5 000美元的预算，但小企业却承担不起。所以，如果对方是那些给我们提供大量业务的客户，我就会考虑这份白皮书对企业的价值，并据此做估价。如果对方只是临时客户，或者是那种预算额一直都很少的客户，我就会把他们介绍给其他能够用更少的预算完成这项工作的设计公司。

选择定价模式

一旦你对设计工作室在一个项目上的用时有所了解，并知道怎样将其制定成项目进度表，还了解了客户在这个项目上的大致费用，那么接下来，你就该准备为估价选择一种定价模式了。你递给客户的提案中会有一个估价结果，这个结果就是通过你选的定价模式得出来的。

有些设计方很重视自己的定价模式，以求在吸引并争取新客户时能表现得与众不同。但是，从以上估价流程中不难看出，在为一个设计项目估价的时候，定价模式是到最后才确定的。

最常见的定价模式包括：根据用时来报价、直接要求一个固定费用、签订一份委托协议，或者将以上三种模式综合起来。在接下来的内容中，我将列举三种最常见的定价模式，并简单介绍其优缺点（如图 2-3、图 2-4、图 2-5 所示）。

客户渴求的产品 = $15 000

（小时率×时长+费用）+加价

图 2-3　常见定价模式 1

固定费用定价法

固定费用定价法，即针对提案中的一系列可交付成果，双方一致同意的价格。这种定价方法就是用小时率成本加上费用，再加上所有外包服务所需的成本。如果运用固定费用定价法，客户在提案中是看不出各项活动所用的时长的。

固定费用定价法的优点

- 一种以价值为基准的定价方式，能够提高被客户感知的价值；
- 与之前类似的生产项目相比，预算额度可以有所提高；
- 管理成本可以被纳入预算中，包括估价用时和策划提案用时；
- 留有更大的利润空间；
- 报价时具有更强的弹性；
- 不用向客户做精细的预算报告。

固定费用定价法的缺点

- 项目运行一旦失控，很容易造成经济损失；
- 要求严格按照协定交付产品，没有弹性空间；
- 内部员工往往疏于汇报；
- 需要有丰富的经验才可以准确地报价；
- 客户的拖延会造成项目流程的改变。

何时运用固定费用定价法

- 当有竞争对手出现时，因为这是竞争大型项目的标准定价法；
- 当项目运行需要一种以上的技能或资源（如设计师、作家、程序员等）时；
- 当需要交付一种以上的产品时；
- 当项目进行过程中需要你为第三方合作商所提供的服务（或实物资源）付款时，这种定价方式可以让你有理由为硬性成本的产生而提高报价；
- 当你想向客户展示你或设计企业及服务的价值时；
- 当你想通过委托的方式培养一段客户关系时。

必须完成的工作 =（小时率 × 时长）

图 2-4　常见定价模式 2

小时率定价法

小时率定价法是将有偿小时率乘以完成项目所需的小时数。客户通过你和你的员工的工时分配，以及你们的有偿小时率获得最终的报价。

小时率定价法的优点

- 估价较为精确，因为你要按确切的工时来报价；
- 容易估价；
- 客户易于理解；
- 在时间较为紧张的情况下易于申请变更；
- 针对项目范围以外的工作，客户仍旧可以根据小时率付费；
- 对于时间进度相似的多个项目来讲，这一定价模式大有益处；
- 可以直接根据精确的时间进度表来对项目进行跟踪报告。

小时率定价法的缺点

- 在为新产品的设计过程估算用时时，需要有丰富的经验；
- 客户会把你当作花钱雇来的小时工，而非长期的合作伙伴；
- 在每个项目的必要用时和小时率上会出现讨价还价的情况；
- 工作效率受到限制；
- 可能需要实证调研；
- 项目容易在合同中期被叫停。

何时运用小时率定价法

- 当被邀请参与多个项目，并与多方客户合作时；
- 当你是设计企业或客户团队的外援时；
- 当客户不能或不愿意界定可交付成果时；
- 当项目没有限制用时时；
- 当你想寻得全职工作岗位时。

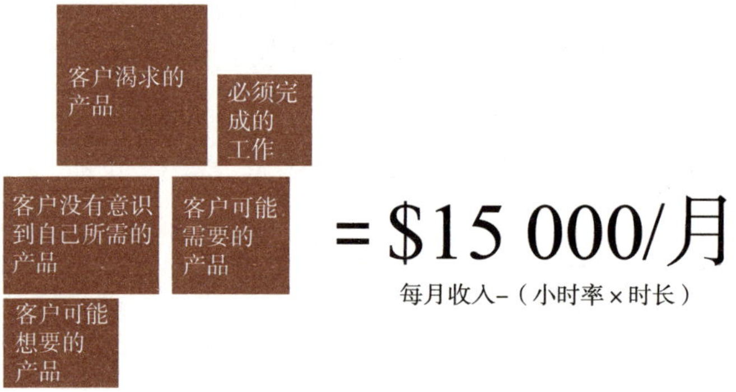

图 2-5　常见定价模式 3

委托协议

委托协议就是为实现客户的需求，双方商定以周或月为单位的有偿工作时长。双方须对设计方小时率持有一致意见，并将此纳入具有长期法律效力的协议中。

委托协议的优点

- 可以根据客户需求，构建不同的委托协议；
- 保障收入——无论你是否完成协定工时，都能得到报酬；
- 以双方对彼此的信任为基础；
- 可以向客户展示你高超的技能；
- 能树立起代理人的形象——你们公司是唯一一家可以帮助客户完成特定任务的企业；
- 进一步加深对客户所处的行业及其需求的了解；
- 有助于为项目雇到最具才干的人；
- 收入颇丰。

委托协议的缺点

- 需要做复杂而精确的数字化预算报告；
- 客户“霸占”着你的时间——当然是你愿意提供的时间；
- 需要清晰地界定你的工作时间及努力程度；
- 导致客户对工作质量有不切实际的期望；
- 这种协议通常包含竞业禁止合作，导致企业自身在同一领域或市场中的发展机会受到限制；
- 为保证双方的利益，需要精通委托协议及主服务协议（Master Service Agreement, MSA）的协商技巧；
- 一旦操作失误，将影响企业的正常运行；如果财政问题得不到缓解，企业就有可能面临裁员的风险。

何时运用委托协议

- 当与客户建立起一定程度的信任时；
- 希望在企业运营及营销策划方面提供有力的支持时；
- 想以日常顾问的身份影响客户所在公司的业务运营时；
- 想要树立代理人的形象时；
- 想源源不断地获得数额可观的报酬时；
- 当有利于满足设计企业的创建所需时；
- 当客户保证给你提供一个长期的合作项目，但不能在短期内交付酬款时，比如一个用时达 18 个月、价值 50 万美元的项目，但款项要按月分期付清。

为客户解释你的估算

最后，你终于可以把一份合理且相对精确的成本估价放到提案中交给客户了。恭喜啦！走出你的办公室，到外边去休息一下，顺便来杯咖啡吧。

奖励

着手构建预算案

预算，即项目的整个生命周期中，向客户提供各项交付成果时产生的协定费用。它相当于一本财务宝典，记载着设计团队的时间及物料的去向，它的制作依据来自你的项目估算。你会想在项目启动之前就开始着手预算的构建，甚至是内部预算。

有些设计企业认为，预算不利于他们的发展，因为“创作过程需要多长时间，就用多长时间”，对吧？但是，如果事先没有制定出精密的预算，那么，想实现项目的赢利就很难了。这就像控制个人或家庭的支出一样：如果支出超出了银行存款，那么，无论如何你都要承担额外产生的费用了，如果你的欠款一直居高不下，银行就会冻结你的账户。

❓ 如何为项目做预算

把既定的时长分配到具体且重要的时间节点上，比如：

* 首次为客户汇报工作；
* 第二次为客户汇报工作；
* 客户签字认可设计；
* 完成网站构建；

……

这样做有利于把这些重要的时间节点分组归类，比如，按照调查阶段、设计阶段和开发阶段进行分类。

做好预算后，确保在内部团队正式开展工作之前，每一位成员都对自己所承担的工时认可。在所选定的重要的追踪节点上，制定出一定的项目完成比例，团队中的每一位成员都会被分配不同的任务比例。如果某个成员感觉自己在既定时间内无法满足某种特殊的需求，就可以参考整体预算，看看是否能抽出时间来满足他的要求。

团队成员要填写日常进度表，并对不符合预算的事项进行跟踪处理。通过监督他们在项目中的表现，就能大致预测出哪里会存在超出预算的风险，并据此做好调整工作。

即将超出预算，怎么办

说来简单，制定好预算并追踪项目用时是如何使用的就可以了。困难之处则在于，严格按照预算控制员工，一旦出现超出预算的兆头就要立即改换路径。不过别害怕，让我们一起看看具体该怎样做。

召集团队成员，讨论对策

是否有人愿意把自己的时间分给其他团队或成员身上，同时既能保证产品质量又不降低工作量呢?

最后的设计阶段，考虑一下可替代方案

你不能因为没控制好预算就改变项目范围。不过，你可以在原有范围内少做些努力，尤其是当你在提案中承诺的事情上做得过了头。

寻找预算超支的原因

目前为止，根据你为客户所做的工作，看看能否找到理由提交变更申请。如果有的话，就着手考虑一下如何与客户商谈吧。（请阅读“处理项目变更”部分）

看看后续产品能否在既定时间之前完成

有时，你手下的设计师会在客户项目的第一款产品，即品牌形象与感

知的塑造、创意开发及信息构建上下最大的功夫，所以留给项目后期工作的时间就会减少。不过，这种做法只适用于有多种可交付成果的项目。

已经超出预算，怎么办

按照以下简单的三个步骤，你既能增加完成项目的可能性，同时又不会损害到利润和收益。

1. 另外制定一份预算

另写一份估算用以完成项目的用时，这份新预算只适用于完成目前合同所规定的剩余产品的必要用时。在你了解你们团队及其能力的基础上，需要你自己来完成这项工作。

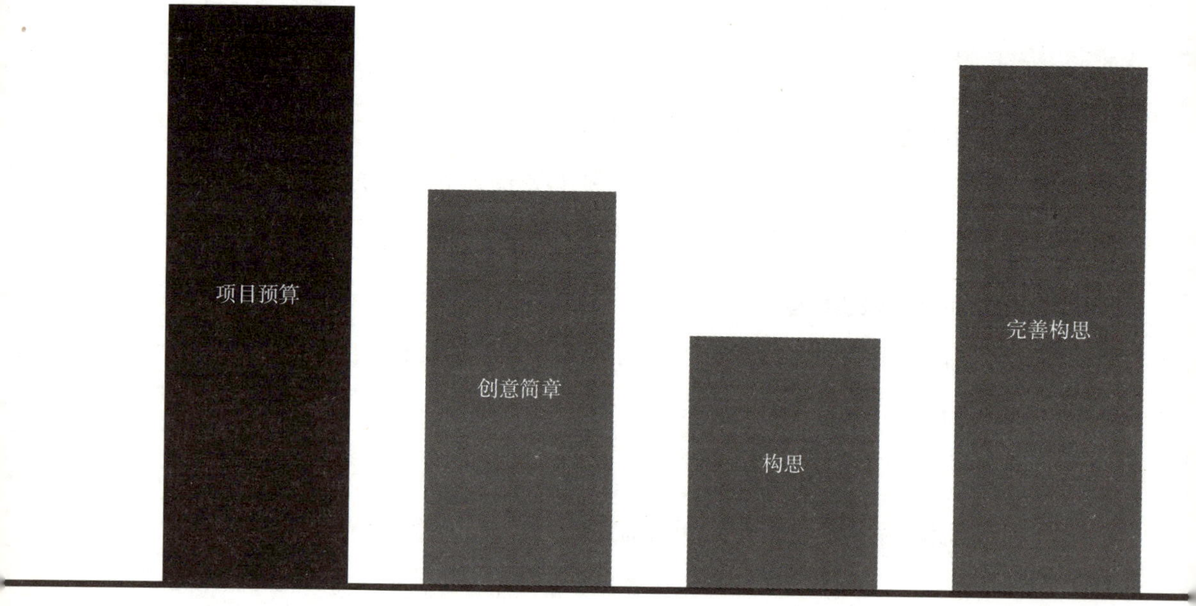

2. 与团队成员协调好新时间

> 完成网页模板需要 20 小时，你已经花了 24 小时。此项目阶段余下的工作你能否在 6 小时内完成？这样的话，我们还能按原来估算的时间进度进行。

这不仅仅是完成任务所需的必要用时问题，还关系到怎样做才能保证企业不受损失。唯一例外的情况是，你最初的估算不准确。这样的话，就尽力商谈出一种共赢的方法，无论是意味着微薄的利润，还是收支平衡。从这次失误中汲取教训，争取做好未来的项目估算。

Success By Design 设计师箴言

除了对项目范围的界定不清晰之外，导致设计工作室赚不到钱的主要原因还包括不合理的预算和不合理的团队用时。

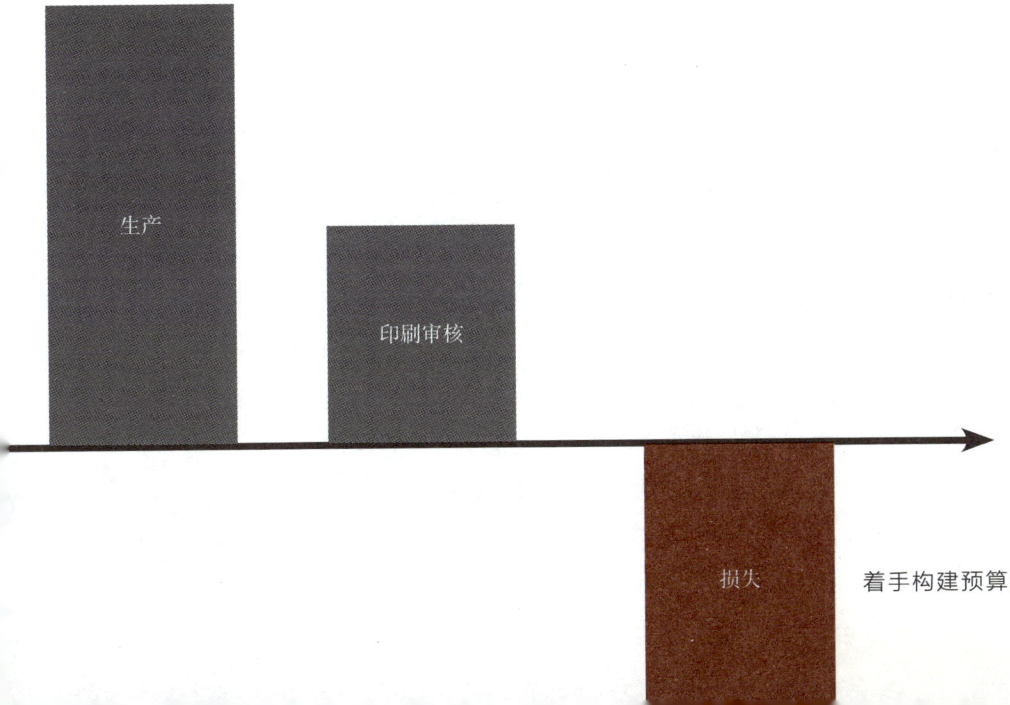

3. 按照新预算运行项目

在管理新预算，使大家都明晰这个预算的过程中，确保所有人都能按照新的进程安排做事。如果他们没能按新进程推进，就该及时告诉你。发生经济损失的时候，气氛会很紧张，别让团队成员为你的不满而倍感压力，那样情况会更糟。此时，坦诚相待才是上策。如果他们仍旧觉得任务量太大，就应该说出来。

超出预算 10% 的项目仍旧有钱可赚，但如果超过 50% 的话就不同了。所以，在制定新预算的时候，要弄清楚项目的赢利情况究竟如何，并确保你的举措还不算迟。

记住：**新预算能帮你抓住时机，提出变更需求。**请确保所有用时都符合进度表的安排。如果你想为上述工作内容和超出项目范围的内容向客户请款，拟定适当的文件是十分必要的。（请阅读“处理项目变更”部分）

如何更好地为项目做预算

当你的项目结束后，生成一份预算报告，并与团队领导共同评审。趁着项目信息还没有从大脑中消逝，赶紧总结一下你们的谈话内容，并把它与预算一起发布出来。如果公司以后再做类似的项目或与同一客户再次合作，那么这些信息都是必不可少的。当你为项目验尸做准备时，也会用到这份预算报告。（请参阅“给项目验尸”部分）

Success By Design 设计师箴言

清晰的预算报告属于正常的业务需要，如果保证不了每周都有确切的财务收支信息，那么，你的业务运营将步履维艰。这种方式能够约束创意公司，使它们正常运营。

持续亏损

制定进度表

进度安排能帮助设计师了解整个项目周期中将要发生的事情，以及发生的时间，其中包括从项目产品到定期客户反馈等所有内容。如果弄错了产品的交付日期，将有损于客户关系的发展。

为了制定进度表，设计方应从项目的截止日期开始反推，大致明晰每项产品需要经历怎样的制作流程。这就是所谓的工作倒推表（work-back schedule）。

从最后的截止日期开始反推，你需要明晰下列问题：

* 每项产品都包含在内了吗？
* 大家都有足够的时间完成产品的生产吗？
* 为实现产品的交付，需要额外引进资源吗？
* 如果按此进度工作，我们能有利润收益吗？

大多数情况下，设计方会在提案中制定一份测试版工作倒推表，并与项目团队及第三方合作商讨论。签订合同或提案后，设计方再制作详细的工作倒推表，提交客户方批准。

为客户提供进度表时，设计方应采用一种缓和而常用的方式。你可以大致概括出为期一个月的工作范围，或者列举出一系列需要优先完成的事项。很多项目管理系统都可以自动完成这一过程。

? 制定工作倒推表的 9 个步骤

1. 拟一份日历，标注所有客户要求的产品交付日期

首次与客户谈话时就能搜集到这些时间信息，一定要问清楚，他提议

的这些日期是否具有可变性，因为在估算过程中你会发现，根本无法满足他们目前的时间需求。如果对方还没有定好日期，那么，在没有做可行性研究的情况下，千万不能毫无根据地推断日期。

2. 在日历上添加每一步必要的步骤并安排完成时间

一定要弄清楚向客户提供待审核产品的日期，同时，还要明确对方提供反馈信息的日期。把这些日期填在公用进度表中，这样有助于督促客户按照合同要求，按时提供反馈信息，就像你履行产品交付日期的义务一样。这些细节工作可以提醒你，不要漏掉其他重要的与客户交流的机会，比如对利益相关人的访谈或每周例行的情况汇报。这些内容都要加到进度表里，以便让大家知道这些沟通交流是如何影响产品交付的。

3. 召开内部会议，审核每个可交付成果

应该在项目的重要节点之间留有余地，以便召开内部会议来维持项目的进行。如果没有适当的空间，就可以考虑拿掉一些提交日期，只要保障利润不受损害即可。请不要为了赶进度而把某些内部的业务流程撤掉。要做好心理准备，在整个项目中至少会有两项事宜出现问题。

4. 与团队一起审核、调整进度表

请同事或项目利益相关人审阅一下你所制作的进度表。在确定项目用时的时候，你还需要为其他事情留出空间，比如假期和其他重要的活动，你都要为之做好进度调整。

如果团队认为这个进度表看似不具可行性，就看看为客户履行的义务中哪些是必要的，哪些产品可以换掉或更改。尽早寻找解决办法，你可以通过会议交流或其他团队力所能及的方式，让这份进度表更容易施行。如果这些都不奏效的话，就须额外请款或变更项目，以保证进度表的实施。

不要把周末时间也算到进度表中，除非得到了团队的同意，而且在预算中要适当地算上加班费。每当时间紧迫需要赶进度时，熬夜和周末加班的情况就会发生，但这些不必排到进度表中。因为这种加班只在万不得已的情况下才会发生，并非天天如此。

5. 重点突出与客户的交流事项

设计进度表时，应该让客户对重要的、与他相关的日期或时间一目了然。比如，用不同的颜色标注或加粗字体。

千万别错过截止日期

截止日期是设计企业工作流程的节拍器。截止日期的管理是一项很有学问的技巧，如果在客户的项目周期中运用得好，就可以为整段客户关系加分，还能提升客户对你方服务价值的感知度。

‖眼看要错过规定的截止日期了，怎么办‖

截止日期可以变动，但不可以错过，无论如何都不可以！但你可以提前告知客户重新做安排，调整进度。记住：进度表一经审批，就代表你要对客户履行法律义务。从企业经营的角度讲，预先商讨调整进度安排比错过截止日期后请求客户原谅要好得多。

‖是真正的截止日期，还是内部的截止日期‖

请充分了解每项产品截止日期的真正含义，以及如果没有达到要求会产生什么影响。**真正的截止日期**可以通过某种可量化的指标来表达，而带有目标、报酬、老板满意度之类信息的，就是**企业内部的截止日期**。对此，一定要区分。对你们团队来讲，大型商展上的“产品公告”可能与企业内部员工会议上的“项目开展情况说明”有着很大的不同。

若客户错过了他们履行义务的截止日期，该怎么办

你可以警告客户，如果他们错过了进度安排的日期，将会造成何种影响。如果每天拖延一点进度，肯定会导致错过截止日期，最后可能就得申请项目变更了。

为了避免错过截止日期，合同该如何对其加以规定限制

如果你在提供给客户的合同上签有开工日期，而客户所签的开工日期比协定的日期晚，那么，你必须在文件中注明，以此让自己可以在不变更项目的情况下调整截止日期或项目产品，从而保障现行项目在截止日期前交付。切记不要拿项目质量来冒险。

如果客户对延长工时的请求置之不理，该怎么办

提醒对方，如果在一定时间内没有得到答复，你就会停止工作，那么截止日期将全部失效。如果重启项目，客户须额外支付一笔费用。每份合同都做如此规定。

6. 与第三方合作商确认产品交付日期

把草拟的进度表交给客户之前，先让第三方合作商浏览一下，以便确保他们同意在规定时间内交付产品及服务，从而满足客户需求。务必让第三方合作商在你的进度表上签字。如果这个环节被跳过，你就很有可能会承担额外的成本费用，或者再次更改产品交付的日期。

7. 把针对客户版本的进度表发给客户以待审核

公司内部会议及审核的相关信息不用拿给客户看，所以把进度表中的公司内部信息全部删掉，包括有员工要做手术之类的信息。然后，把这个版本的进度表发给客户，其中要有建议改动的截止日期。最后，与对方确认，利益相关人是否认可这些日期。

8. 将客户提议的日期变动加入进度表中

客户会回复你日期改动的建议。把这些建议拿给相关人士审阅，以确认可行性，如果必要的话，与客户交流一下是否还有其他的解决办法。这时的进度表还没有确定，可能还有改动的余地。

9. 让客户在进度表上签字确认

最后，一旦进度表确定下来，就请把它发给客户以签字的形式同意进度表的施行。客户在进度表上签过字后，你们双方就要竭尽全力按照进度表履行义务了。至此，团队终于可以动起来了！

进度表中应该包括处理积压工作的时间

所谓积压工作，就是工作室需要开足马力、集中全部的精力才能完成的工作。通常，设计公司处理积压工作的时间有 2～4 周。如果超过 4 周，其间另有客户的项目要即刻开工，那么，工作室就只能眼睁睁地看着机会溜走。如果少于 2 周，工作室可能会因为收入的不稳定而承担经济损失的风险。

制定风险评估表

当遇到十万火急的项目时，当面临高级别技术难度的挑战时，当与大型企业多个部门的庞大多元的团队合作时……情况会变得十分复杂。设计方迟早都要面临这些问题。对这种风险的预测及应对，会以一系列假设条件或备案的形式呈现在提案中，例如：

- 我们会在产品交付后的 24 小时内，收到确定的客户反馈信息；
- 项目之初，我们会访问托管环境（hosting environment）；
- 我方公司将尽量按照估价内容完成具体的功能设置；协定范围的任何变动都将会对项目的时间进度、预算或两者都产生影响。

虽然，这些清单十分有利于客户与设计方之间关系的界定，但却没有阐述清楚如果有人逾越界限会怎么样。我们通常不会探究导致失误的烦琐细节，直到签完合同开始着手工作时才会有所顿悟。在项目的启动阶段，你就应该着手制定风险评估表。

对于小项目来讲，制定风险评估表不是必须的，但在做大项目的时候，你却至少要策划一次客户会谈，用来交代清楚整个项目过程中可能会遇到的风险；同时，还要商讨一下，如何才能确保项目的正常运行。出席这类会议的时候，你需要一份风险评估表。

风险评估表可以通过一个三列的表格呈现（如表 2-2 所示），旨在回答如下问题：

如果<u>糟糕的事</u>发生，我们双方将<u>一致同意的行为</u>。

表 2-2　　风险评估表

项目风险	避险措施	受影响的产品
客户逾期提供反馈	为逾期提交的反馈信息或变更申请重新调整项目进度	所有产品
设计师逾期交付产品	至少提前 3 天给予警示，在不给客户造成任何损失的情况下做适当调整	所有产品
线框图绘制前，客户没能提交样本	在接收样本、调整进度、重启费用到位前，设计师不再继续工作	线框图、视觉设计样稿、前端与后端开发
视觉设计阶段开始之前，客户没能提交全部内容	在接收样本、调整进度、重启费用到位前，设计师不再继续工作	视觉设计样稿、前端与后端开发
工作的最后阶段，客户没能支付款项	在接收付款、调整进度、所有工作内容的酬劳都开完发票前设计师不再继续工作	前端与后端开发、测试、调配
签订功能说明之后，客户提出新的功能要求	根据范围的变更，协商变更费用	线框图、视觉设计样稿前端与后端开发
项目中期，负责产品审批的相关人员产生变更	针对已经审核的成果，申请再审核的变更费用	所有产品
合作商未能在既定期限内交付关键产品	在不给客户造成任何损失的情况下调整进度；再次与合作商进行磋商	前端与后端开发
客户要求使用的技术平台未经检测	开发过程中，让待命的技术顾问力挺团队	技术说明、线框图、前端与后端开发

第一列中，应列出所有可能或时常犯的错误，例如：

* 错过重要的时间节点（客户及设计方都有可能犯的错误）；
* 基于协定的费用结构，客户逾期付款；
* 在项目的最后时刻，客户提出额外的功能要求，或者想把既有的功能换成另一种功能；
* 逾期提供信息；
* 产品通过审核后，利益相关人又发来了额外的反馈信息；
* 突发变动或审批过程不顺利；

- ★ 第三方合作商（服务商或信息合作商）反馈不及时；
- ★ 客户没有履行承诺，未能为诸如调研或度量等重要产品的交付提供资源或信息。

第二列中，描述如何与客户同心协力解决问题。描述不用很具体，但须体现出可能的解决措施。

表格中的第三列与既定的时间安排有关。这一列内容体现了，如果前两列同一行的内容出现差池，那么哪项具体产品受到的影响最大。客户常常意识不到进度表中的小失误会造成什么影响，这一列内容将让他们有所察觉。仅从这张表就足以让客户看出你们的坦诚。

切记，直到客户有所反馈并签字同意，这份文件才算得上是正式的文件。在大家一起对其进行审核之前，如果你已经对整个行为过程思虑周全，就会占据明显的优势。记得要从平等的角度出发，阐述所有可能出错的事项，也就是说，你需要从多方角度详述风险：从你们团队的角度、第三方合作商的角度，以及客户的角度。这种详述的方法会让客户感受到你实实在在的工作热忱。

每个项目都或多或少地存在风险，通过这个流程，你可以预先意识到这些风险，并在项目进展过程中逐渐化解。风险评估文件看似简单，执行起来却十分复杂。这种风险评估做得越多，以后再做类似项目的时候就越驾轻就熟。这样从一个项目到另一个项目，你就可以通过一个个新问题或失误逐渐积累起经验。

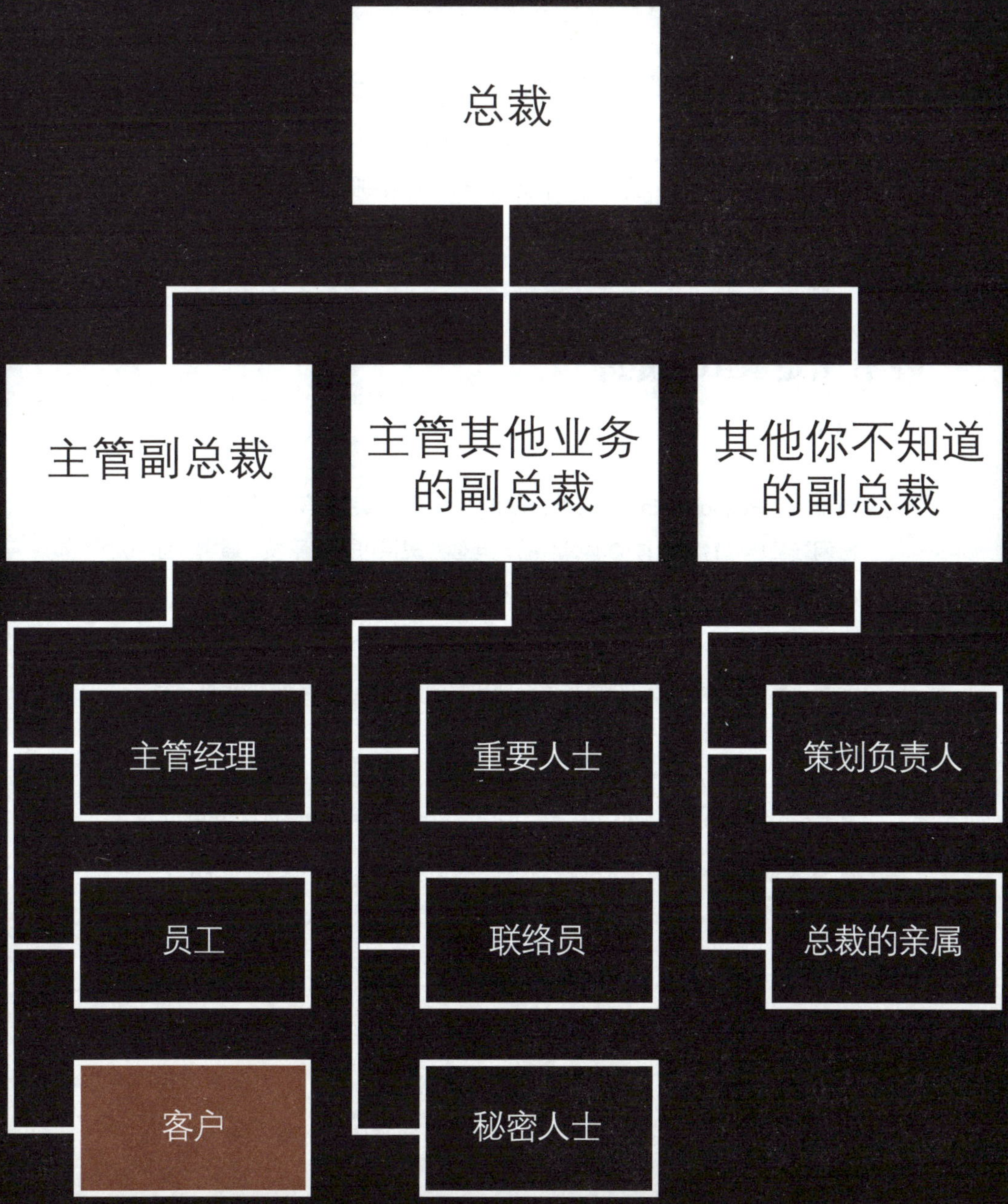
总裁
主管副总裁
主管其他业务的副总裁
其他你不知道的副总裁
主管经理
员工
客户
重要人士
联络员
秘密人士
策划负责人
总裁的亲属

DOING

明确利益相关人

每当与新客户开展设计业务合作时，一定要弄清楚对方公司内部或外部的哪些人有权利对项目施加影响，这很重要。如果你的直接客户联系人中不只一个人有审批权，那么，你就应该简单地列出一份 RACI 矩阵，确定项目的利益相关人。

什么是 RACI 矩阵

RACI 的含义如下：

* **负责人（Responsible）：** 这类利益相关人必须能与名单上的其他成员协调好工作，针对具体的项目产品，向你方提供可行性反馈。通常，你的日常联系人就是产品的负责人，不过也有例外情况。
* **审批人（Approver）：** 在客户组织中，这类利益相关人对某项具体的产品有着最高决策权。他们有时是经理，有时是你日常联系人的主管，有时可能是公司总裁。
* **咨询人（Consulted）：** 作品给这类利益相关人看了之后，他们会向上述利益相关人提意见。但是，他们在指导项目或问题产品方面没有决定权。
* **联系人（Informed）：** 你可以给这类利益相关人展示工作成果，但不用问他们的意见。通常，他们不在乎你是否完成了项目或关键任务。

RACI 是一种简单的矩阵。最左边的一列包含需提交的各项产品，顶部一行包含项目的所有参与者，不是你们设计团队的人，就是客户的人。接下来，根据每个人在每项产品中的参与程度，适当使用代码（R、A、C、I）填写矩阵。

Success By Design 设计师箴言

由于每一位利益相关人擅长的领域不同，他们在不同的生产过程中所扮演的角色会不断转换。尤其是在为大型网站重新做设计，或开发一个与客户组织内部多部门相关的网络应用程序时，尤其如此。

运用 RACI 矩阵能避免哪些日常问题

通过制定 RACI 矩阵，你可以在整个项目周期中知道如何更好地与客户打交道。在开展项目工作时，你也可以通过它来规避以下常见的错误。

为一个项目向多名负责人确认

大型客户往往会指定多名负责人，这使得你不得不顾及所有人的想法。切记，一定要避免这种情况的发生。在项目之初就要从这些监督人中敲定一位项目的总决策者，其他人都属于辅助角色。

错把负责人放在了决策链的底端

把可交付成果发给一群配角，却不理会掌控项目生死的利益相关人的想法？很多时候，负责的利益相关人都是在设计成果与原先理念不符时，才会被拉到项目中来。一定要确定什么样的产品需要接受最高级别的审批。

不确定谁是真正的负责人

那些自称是产品负责人的客户，也可能会说自己是该项产品的最高审批人，不过事实往往并非如此。投资人、老板或合作伙伴往往对某项具体产品的审批有着更多的话语权。好好利用 RACI 矩阵，负责人与审批人应该明确标注出来。

被众多配角搞得找不到方向

凡是态度明确且对项目有发言权的人都想对你的设计成果指手画脚。不过，没有人能从他们的想法中甄选出合适的创意，从而保证最终产品与目标产品一致。这个责任不该由设计方全部承担，客户也必须扮演好积极的角色，从公司中筛选出适当的反馈信息。

如何为制作 RACI 矩阵搜集必要的信息

优秀的项目经理与专业的设计师首先应阐明，每项产品都由哪类利益相关人负责审批或负责提供反馈信息。如果你已经拟好了一份纸质名单，把每项产品的关键审批人和客户组织中负责获得审批结果的人列在上面，就不用担心因为小的沟通失误而导致重大事故了。

新项目启动时告诉客户，为了加快项目的执行进程，你想确定关键审批人及其他参与者。接下来，还要确保这些利益相关人能够在项目的某些流程中提供反馈信息，并对重要产品签署审批。

当你与特大型客户打交道，或处理复杂的办公室纠纷时，以上做法可能不太妥当。在这种情况下，项目经理和设计师会运用下文中的某种方法来搜集必要信息。

向客户索要组织结构图

在横向和纵向上，仔细研究一下客户公司的组织结构图，推断出哪些人是重要角色。当谈论项目策划的时候，试着确定在这些人中哪些是审批人，哪些是参与者或联系人。

如果客户不愿意提供组织结构图，可以上网寻找信息

通常，管理者的相关信息都可以在网上搜索到。或许在执行项目任务的过程中，你从没听过他们的名字，一旦出现，你就会领教他们在项目成

果方面的影响力了。这时，你可以进一步挖掘信息，看看作为幕后利益相关人的他们还扮演着什么角色。你需要做好调查，确定还有哪些真正的参与者。这样，当某个刚从塔希提岛度假归来的利益相关人突然参与到项目中时，可以帮助你缓解突如其来的压力。

如果客户指派的联系人生病了，请另外再安排一个人

客户可能会给你介绍一个之前从未见过的人，这个人可能会参加到未来的项目工作中。

确认邮件中的全体人员名单（包括抄送人），以及所有被邀请参会的人，尤其是在某项工作开展之前

与潜在客户开会时，我们通常都会见到一大群人，但后期执行任务的只有一小部分人。然而，不要因此就推测只在早期见过的利益相关人不会参加后期的活动。如果客户发来的邮件中出现了新名字，就要确定那个人的身份，并根据其影响力调整 RACI 矩阵。

确定由谁来签合同和支票

如果客户公司负责签合同的人是 CEO，那么，他可能也是你方工作成果的最终审批人。那些会计人员往往属于项目的联系人（任务完成后需告知他们才能付款给你），他们对你的工作可能不会有任何帮助。

? RACI 矩阵助力客户关系的长期维护

表 2-3　　RACI 矩阵样表

	总裁	营销总监	营销经理	信息技术总监
调研纲要	联系人	审批人	负责人	联系人
技术说明	联系人	咨询人	负责人	审批人
研究成果	审批人	咨询人	负责人	联系人

续前表

	总裁	营销总监	营销经理	信息技术总监
创意简章	联系人	审批人	负责人	联系人
内容战略	联系人	审批人	负责人	咨询人
信息构建	联系人	审批人	负责人	咨询人
视觉设计方针	审批人	咨询人	负责人	联系人

在长期的客户关系中，RACI 矩阵是一种投资

做完 RACI 矩阵后要坚持使用它。在做现场工作汇报的时候，你可以要求相应的利益相关人出席。你还可以根据 RACI 矩阵建立一个正式的审批流程。这样，你就可以在恰当的时机得到恰当的利益相关人的恰当反馈了。

在开展新项目之前，制作 RACI 矩阵看似很费力。但是，**RACI 矩阵可以帮助你摆平任何一家大型组织中潜在的内部纷争**。如果你想留住这个客户，并争取更多的项目，制作这份矩阵就绝对物有所值。

处理项目变更

所谓项目变更（change order）就是为了完成正在进行中的项目，而向客户请求更多的酬款。它的发生通常是由于以下某种（或所有）情况引起的：

* **范围扩大：**客户提出更多的改动需求、功能需求，或要求更多的可交付成果。
* **进度变动：**客户要求在更短的时间内实现产品的交付。
* **进度落后：**因客户错过了截止日期，所以工作没有顺利完成，项目总用时随之延长。
* **作品需返工：**这可能是由于客户增添关键利益相关人，或对双方原来协定好的事情改变了主意，比如他会说："我承认，我说过比较喜欢那个素雅的创意，不过现在我们想换一个狂野点儿的……"

很多设计企业都害怕向客户说明，项目范围的变更会增加客户的费用。不过，任何一家服务型企业都应该首先弄清楚，整个项目周期中将包含怎样的可交付成果及编辑工作，这是最基本的。你需要果断地认清并处理好项目范围之外的变更情况，尤其是当这些变更会给进度和预算带来很大影响时。为了确保双方都对设计成果满意，你们都有责任做好协调工作。如果所有的工作都是为了满足客户需求，那么你就能提供出色的服务；如果你不用心，最终只能竹篮打水一场空。

如何告知客户项目可能发生变更

当客户的需求会导致项目范围变更的时候，你应该这样回应：

针对最近的这批 产品名称 ，贵方提出的变更要求，我们很愿意执行。不过，为满足你的要求，项目进度及范围会发生变更，这可能会导致费用的变更。我们会在＿小时数＿之内将这些变更可能给项目造成的影响告知你。

不要轻易谈及额外成本或进度变更之类的事情，除非客户不在场的情况下，你有时间审视目前的形势。如果不可避免地要商谈费用变更的事，请委婉地阐明其中的经济损失，并告诉他们，为了避免再度发生费用变更，你将尽最大努力配合他们。一些客户会请求设计企业放弃费用变更申请，千万不能同意，那样风险太大了。你要果断**拒绝对方“不要有费用变更”的提议。**

❓ 如何撰写项目变更申请并展开谈判

项目变更不具惩罚性，它不是对客户改变主意或变更项目内容的惩罚。它的作用是保护设计企业的利益，保证其利润收入。不要因为某个项目的变更而影响你的情绪。正如菲奥娜·罗伯逊·雷姆林所说：“项目变更是设计企业的一种协商工具。它不具正面或负面色彩，只是一种客观的存在。”

项目变更申请的撰写方式与项目估算的撰写方式相同。以既定小时率为基础，估算出项目变更后所需的时长。项目变更同属于企业的加价范畴，不过，它应该被谨慎处理，不能加价过高。

向客户提出项目变更申请时，要阐明新产品的所有细节，它们对项目的影响，以及新的时间安排。一定要在完成新任务之前谈妥项目变更事宜，尽量在设计方协商筹码逐渐减少、方寸大乱之前做完这项工作。否则，这将会让你的时间及劳动价值大打折扣。

最后，要让客户在项目变更单上签字，把它当作一份附加合同，附在原版合同后面。

以下情况不宜商谈项目变更事宜

- 设计方撰写的提案中没有阐明完成项目的有效时长、各个可交付成果或为了高效完成项目所必要的变更数量。
- 导致预算超支的原因不在客户。例如，设计企业说：“刚开始的时候，我们不知道该怎么做。”这不算是个好理由。
- 设计方擅自做主，换用价格更贵的资源。
- 设计方已经花光了预算，丝毫未剩。
- 设计方想拆东墙补西墙，弥补另一个项目的资金缺口。
- 设计方不喜欢与目前的客户合作……这我也没办法！

DOING

填写工时表

工时表（time sheets）是用来跟进项目预算的重要工具。设计团队的成员每天都要填写工时表，并在每周的周末把工时表发到团队的项目跟进系统中。表中的数据要尽可能精确。如果等到周末再把数据填入表格中，就会出现 20% 的误差。

无论是谁负责项目监督，都应该将团队中每位成员上报的实际工时与预算中分配给个人的工时进行比对。与预算相比，如果发现误差在 20% 以上（多于或少于预算），就要尽快找团队成员查清原因。

是否有必要严格实行工时表制度？答案当然是肯定的。即便你是在给自己打工也应该这样做。如果说“时间就是金钱”，那么，这张工时表就相当于我们在花掉客户的钱后，他们拿到的花销明细。如果不对时间进行把控，你就永远不会知道自己对设计工作的估价是否合适。在最糟糕的情况下，当客户质疑你有没有在项目上付出必要的时间与精力时，你可以把这张工时表当作证据，为自己辩驳。

时间的跟进有助于优化员工的工作效率

一个工作效率未达到最优化的员工将对你的盈利底线产生巨大影响。确认员工的工作效率是否最优化，最好的方法就是分析工时表。有人将这类员工称为边际员工。如果劳动力使用不当，就会出现这种情况：员工拿着你的工资坐在办公桌旁看网络视频。

内森·佩雷迪克说：“对于一家小型设计企业而言，边际员工很大程度上影响着引进项目的类型及企业的日常工作量。”这些员工可以利用空闲时间巩固专业知识，帮助企业拉项目，或者是致力于企业的内部项目。他们的空闲时间可以转变成企业的投资机会。但是，如果不跟进他们的时间，你就永远都不知道他们是否有空闲时间。

I Like misteaks.

我喜欢错误(此处 mistakes 故意出现拼写错误)。

DOING

仔细校对

没有人喜欢版面上出现错误。即使你已经对一本 128 页篇幅的杂志检查了 14 遍，已经准备付印了，也难免会存在排版或文字方面的错误。在完善网页内容，以及把内容传送到内容管理系统的过程中，也会发生类似的错误。

校对和排版过程中也会出现错误，不过，我们可以找到它们！

对文件的校对有好几种程度，所以你得知道自己需要做到哪种程度。如果你做的只是较为简单的校对，那就通读文稿，找出语法错误和排版问题，以及上下文明显不一致的地方。如果你做的是几个校次的编辑工作，那么，就要把改动的地方进行特别标注，等本次编辑工作结束后再次校对标注的区域。当校对与核红工作全面展开时，你得静下心来看文稿，对其进行细致入微的检查。

❓ 校对设计作品的 6 个步骤

如果你要对自己的设计作品做校对，请按照如下流程进行，这是我在工作早期担任编辑时积累的一点经验。这种工作虽然耗时，却是为保证作品质量而必须做的工作。请把这类必需用时加到项目估算中参与报价。

1. 逐字逐句通读全稿，寻找拼写错误及上下文不一致的问题

在排版之前，最好先完整核对一下文稿，以求尽量不把错误带到排版步骤中去。你可以集中注意力按顺序逐行检查，适当运用一些辅助方法，比如用一张索引卡片或一张纸挡住其他文字，只留一行待检查的文字。这样，就可以让你的大脑摆脱人类固有的阅读习惯——阅读文字时，通常只关注词的大致形状，却忽略了其中的字母拼写与排列。这种方法还可以让

你更加注意排版问题。

把文稿打印出来，在纸稿上校对的方式不但对眼睛有益，而且容易发现错误，即使这样做要用到的纸会需要一整棵树作为原料。其实，想要尽量多地打印出内容，尽量少地对环境造成负面影响，同时尽量少地投入打印材料还是有办法的，你可以选择双面打印、调低墨水浓度，还可以将纸张回收再利用。校对工作也可以在电脑屏幕上进行，不过，你最好在文章编辑器或文本预览器上把文章放大 2 ~ 3 倍再阅读。而且，长时间盯着屏幕校对，你需要每隔一段时间暂停一下，缓解眼睛疲劳。

根据篇幅的长度和内容所传递的信息类型，你可能要做多次校对。

2. 正序读一遍，再倒序读一遍

这是大多数专业校对人员常用的小秘籍之一。每当索引卡片挪到文稿的最后一行，完成一遍校对之后，校对人员会按住索引卡，再按照同样的方法反向校对一遍。很少有拼写错误会在第二次校对中漏掉，因为此时，每个单词都成了阅读过程中的抽象个体。

3. 对所有事实性材料进行重点审核，无一例外

在你反复阅读文章的时候应该发现，有些页面内容需要与权威说法进行核对。对于任何大型校对工作而言，这都是最耗时的环节，也是最重要的环节。即便客户告诉你，所有文稿内容都是准确无误的，你也要履行职责，对他们的内容进行核实。如果无法查证，就应该把疑问抛给客户。这样，一旦在印刷文件中出现这种错误，你就可以不用承担责任了。

Success By Design 设计师箴言

在英语排版中，当一段文字的最后一行只有一个单词或是带有连字符的单词的一部分时，我们就将这个词称为“寡行”（widow）。当一段

文字的最后一行被挤到下一页，而这一行却只有孤零零的一个单词时，我们就将这个词称为“孤行”（orphan）。[1]当一个段落的右侧边缘处恰巧连续出现三个以上连字符时，我们就将它称为“梯子”（ladder）。

4. 在印刷之前，标记好待补充的信息

当你被要求做版面展示，而版面中某些信息是临时占位需要被替换时，你就需要在这些信息处做明显的标记，表示出此处信息只用于占位。可以考虑用黄色字体或使用加粗的红色字体，总之，用不同的颜色或字体突出标记，越显眼越好。

5. 在电脑上修改完成后，请再检查一遍

经过一番严苛的校对之后，再核对一下改动过的地方，以防另有错误出现。即便这样，也难免会存在一两处小的拼写错误，或在校对过程中犯下新的错误。当多个不同的文件都有所改动时，你的设计工作也会随之发生变化，这时难免会犯错误，漏洞也会再次出现。所以，请再仔细检查一遍，这费不了多大精力，因为在印刷文件的某处多加一个字母，段落的最后一行可能会被挤到下一页去。如果发现不了这些问题，就会因为修改印刷校样和超链接代码中的错误而产生大量成本。虽然这个工作在校对网页代码上不是很重要，但任何一个多余的运算符号都有可能造成重大失误。

6. 最后的校对阶段，反复阅读所有内容

你肯定会想：别再让我读了！对不起，校对这一行是万万不能容许新错误出现的。文件发布后，即便是最好的印刷机偶尔也会在印刷之前犯错误。对于网站来讲，当网页内容传给内容管理系统并进行系统编码时，同

---

[1] 在中文图书的排版中也存在类似的规范：单字不占行。就是正文自然段的最后一行最好不排一个字，而是排两个字以上，并且这样的“行”尤其不能排到下一个版面上，成为第一行。——编者注

样会发生类似的问题。在这一阶段，对质量的检测应随时进行。

何时求助校对外援

在项目生命周期的关键时期引入校对外援是极为必要的。外援的观察力是极有价值的，用格拉夫福勒创意公司（Graves Fowler）的辛西娅·福勒（Cynthia Fowler）的话说，就是："校对工作不该由文件的原始撰写人来做，而是最好请外援来做，因为他们看问题的视角新鲜而客观。"

要知道，即便你雇了专业校对员来审核作品，你也要为最终产品中出现的任何错误承担全部责任。所以说，在把作品拿给专业校对员之前，要尽最大努力，充分利用时间修改错误。

别听客户说："我们不需要校对员，我们自己能行。"他们往往并不擅长查找错误，除非他们碰巧也是训练有素的校对员。在项目的最后阶段，设计公司和客户可以分别派出一个人，再找一位专业校对员，让他们共同开展后期的校对工作。这样，效果会更好。

Success By Design 设计师箴言

永远不要推脱校对工作，这是一项有偿工作。即便截止日期已迫在眉睫，校对工作也千万不能舍弃。一旦舍弃，就会出现各种问题。如果任凭这些错误肆意出现，那么，你距离"声名鹊起"的日子真的不远了。

```
{
    text-decoration: none;
}

a:link { color: #FFFFFFUC
a:visited { color: #3c4490
a:hover { color: #5360D8;
a:active ( color: #3c4490;

/* layout */

Body
{
    margin: 0;
    color: #222222;
    background: #FFFFFF;
    font-family: Helvetica
```

处理事故

当你刚经历了一次久违的 8 小时睡眠，精神焕发地走进办公室，看见语音信箱的信息指示灯不停闪烁时，美好的心情瞬间被一盆冷水浇得荡然无存。信息是客户发来的，长达 3 分钟的信息内容大致是这样的：客户方网站的新购物系统已经数小时不能使用信用卡结账了，而这个系统正是你们历经数月的辛苦工作的成果，是昨天晚上刚调配好的。目前，客户的销售损失已达数千美元。

一旦发生事故，设计方在客户管理流程中便处于下风了，而且还不能向客户解释，我们将如何为了他的利益去解决这些问题。那么，你要如何解决这件事，又如何向客户阐明你的应对计划呢？

6 步快速处理项目中的重大事故

1. 正确定位自己的角色

要想估测一个事故会造成的影响，可以把问题发生的时间作为一个节点往回调查。业务流程中，事故是从哪里开始的，是从一个小问题蔓延开来的吗？你可以使用根本原因分析法（root-cause analysis）。不要总是想着：“回过头想想，我本该……”目前要关注的现实问题是找出哪里出了错。下一步，你应该查阅邮件、询问同事、查找相关文件和功能需求说明书、翻阅设计资料、筛查代码，甚至重新回顾一下设计过程中的每个流程（如图 2-6 所示）。最后，将搜集到的信息拟成纸质文件。你可能会因为找到的事故原因承担相应的法律责任，如果最终要与客户对簿公堂，那么，这些纸质文件就会派上大用场。

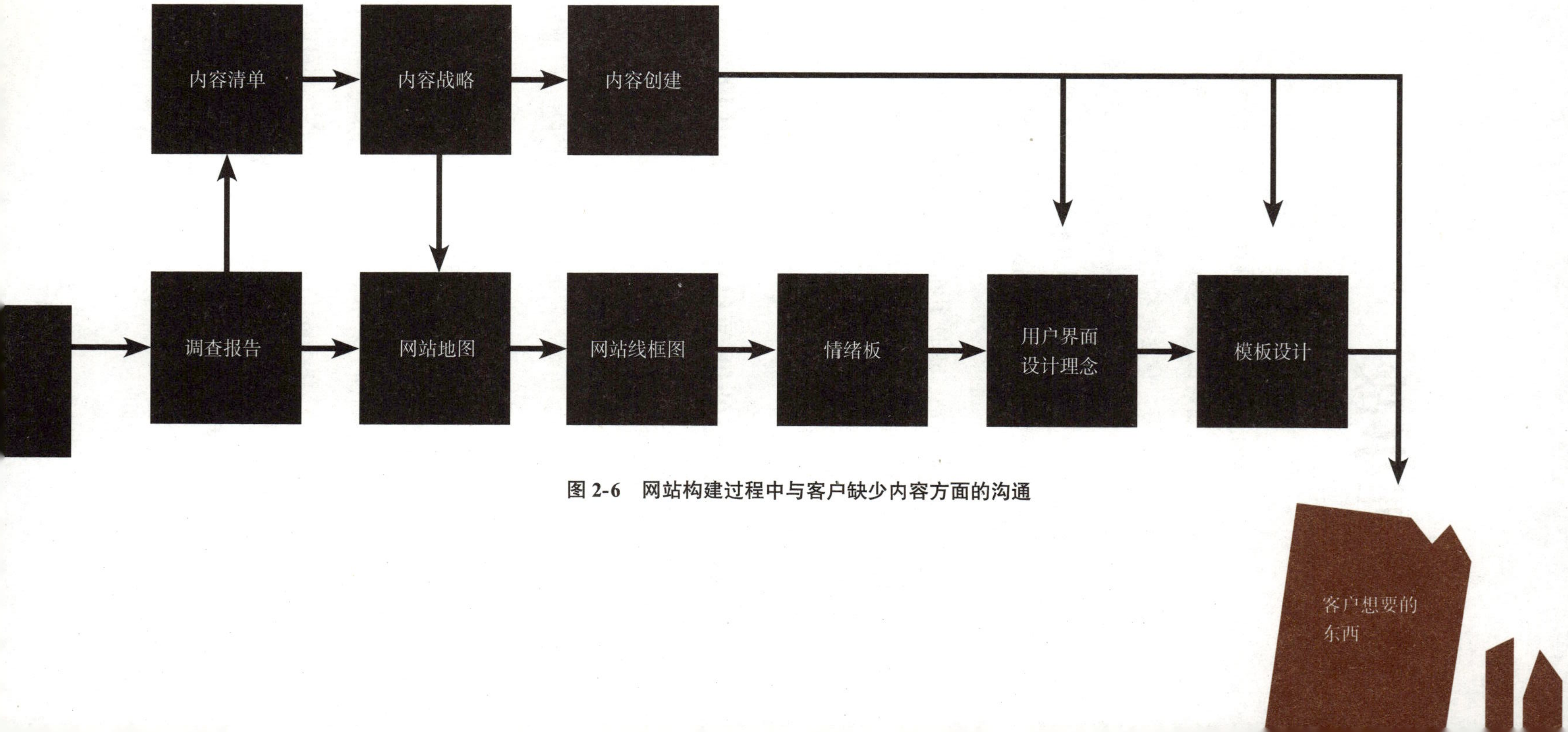

图 2-6　网站构建过程中与客户缺少内容方面的沟通

目前这种情况，严词斥责合伙人、惩罚项目团队的做法已无济于事。除非你已经确定合作商与客户到底谁是谁非，否则，你没有任何指责的理由。

如果设计团队的成员能有时间帮助你，就让他们帮你收集必要的信息吧。除非问题得以解决，否则他们的心情会和你一样糟糕。

2. 明确问题的严重性

在问题解决之前，客户会遭受什么样的损失，请试着估算出具体的数字。是由于用户点了邮件中的一个链接而跳转到了 404 错误页面上，导致客户损失一万美元的潜在销售额呢，还是 1 000 个收到促销邮件的用户中，只有两个人点击了故障链接，致使“网页不存在”？你需要了解一下这一事故给客户造成的具体影响。你可以借鉴类似的案例，看看怎样做才能帮助客户减小事故带来的负面影响。

你不必把客户遭受的经济损失的详细数字完全公开化，把这看作制定解决方案时搜集到的一种信息就可以了。

如果导致事故的根本原因并非是你能控制的，比如项目运用的技术是由客户推荐的，且仍处于测试阶段，或者由于某种合理的原因而失去了一位合同制员工或外包商，我希望你能大致总结一下这些情况所带来的风险和可能后果。（请阅读“制定风险评估表”部分）另外，你需要尽快将这种变动告知客户。

如果客户在此次事故中负有主要责任，那么，你就要阐明具体细节。在这种情况下，双方争辩时，你须清晰、理智地阐明客户需要承担部分或全部责任的理由。

如果错在外包商，而他又是由你推荐或雇用的，那么，这杯苦酒就得由你自己喝下去了。如果是外包商的不当行为导致了项目事故的发生，你就应该主动承担起责任，这是专业和成熟的表现。如果是你雇来的第三方合作商，你就应该负责处理他们的失误，和他们并肩作战，共同解决问题。

3. 撰写方案

既然你已经了解了事故发生的原因，也弄清了客户可能会遭受的潜在损失，现在，你需要写一份行动方案，主要包括以下事项：

- 事故在哪里发生；
- 事故何时发生；
- 事故相关人有哪些；
- 事故因何造成；
- 为挽救失误，我们现在该怎样做；
- 如何确保以后不再发生类似的事故；
- 在经济、项目进度及消费者服务这三个方面，事故对项目造成了什么样的影响？

尤其是当事故会给客户造成经济或时间损失时，你可能需要制定一套上述的行动方案来解决问题。你应该拿出最好的方案，将客户的压力降至最低，除非事故发生的主要责任在对方，他们只是请你帮助解决难题。

问题拖得越久，你承担的风险就越大。不过，也别急着把行动方案交给客户，让公司内部最高层的管理者审阅一遍比较妥当。必要的话，还可以腾出时间给律师看一下。

4. 开展与客户的建设性对话

有了上述方案，或者确定了做完行动方案的具体时间之后，你才可以给客户打电话。如果客户方的联系人在数小时内一直在跟你抱怨，而你还要花时间去做行动方案，就可以直接说："我们已经了解情况，而且正在制定行动方案，我们会在 某个确定的日期／时间 提交给您，用来解决这个问题。”

不要在关键时刻因为用词不当而让公司承担风险。为了避免发生这种情况，你可以说：“我也希望能马上回答你的问题，不过我需要先和<u>重要人士</u>商量一下，才能答复你。今天先谈到这里，等我有了确定的解决方案再告诉你，可以吗？”

接下来就是召开一次正式的会议。你要告知对方，为了挽救失误，你们在商讨计划时，不想受到任何打扰。开展电话或面对面会议时，语言的运用要体现出双方的平等性。对此类谈话而言，面对面的交流效果更好。这或许是一次很艰难的交流，不过，请尽量体现出它的意义：

> 项目发生问题，我感到很难过，我们真心希望这个项目能够获得成功。我先大致总结一下昨天发生的网站购物结算时出现的问题，然后再讲一下我们将要采取的行动方案……

适当的时候，要勇于承担责任，并针对感知到的问题提供清晰的应对方案。会议的话题不应只局限于事故本身，同时要阐明，你方已经开始着手解决问题了。如果针对本次事故有多种处理方案，那么，在征求反馈意见之前，记得将每种方案都大致陈述一下。

在会议讨论过后，给客户发一份事故应对方案。

先把问题解决，再讨论对时间、经济损失的赔偿问题，不要让客户在你解决问题的时候找你协商这些。据菲奥娜·罗伯逊·雷姆林说，这种情况下，不应该把合同中规定的服务打折出售，除非发生如下情况：

- 客户要求打折；
- 你有足够的承受能力；
- 没有其他选择。

5. 尽快按方案执行

请快速行动起来！

6. 将事故备案，以便预估未来的风险

虽然你可能很想把自己的失误尘封箱底，但对于你们公司而言，汲取教训能够让企业获得更稳健的发展。项目事故可以教会你如何为当前或未来的客户提供更好的工作成果，可以为自己以后的项目估算和提案撰写创造出更好的条件和启示。

你可以搭建一个简单的 Wiki 系统，总结一下与不同客户的合作历程，用一段文字简单叙述出你在项目各个阶段所学到的东西。将来再为新项目做估算的时候，你就可以参考这些资料了。项目结束后，把新的收获也记录在这里。最后还要组织一次项目验尸，并对团队学到的东西进行详细总结。

重大事故会破坏客户关系吗

因管理不善而导致无法交付设计成果时，企业可能会遭遇致命打击。不过一定要记住，没有哪家设计企业或软件开发公司的产品交付记录是完美的。在处理事故的过程中，总会存在一线希望，尤其是当设计方与客户均有责任时。等到真正遇到问题时，你才能认清客户的本质，反之亦然，客户也可通过事故的发生来真正了解你的为人。

当事故发生时，如果你能把失误告知客户，并有条不紊地解决问题，体现出专业素养，那么，客户反而会更加尊重你。

没有失败，就没有成功

世间存在两种生意人：一种是经历过经营失败的人，另一种是没经历过失败的人。同样的道理也适用于设计企业。你的项目可能会失败，你的

公司也可能会失败。你还会发现，总有那么一段时间，你会质疑当初投身设计领域是否是正确的。

请为拥有这段时光而感到庆幸吧。因为可以从失败中汲取经验，最后我们无疑会获得成功。失败总会换来某种形式的回报，但要想弄清楚是怎样的回报，它又是如何帮助设计行业的商人铺就成功之路的，你就需要冒些风险。

盛世长城国际广告公司（Saatchi & Saatchi）前创意总监保罗·阿登（Paul Arden）说："如果你总想做对的决定、安全的决定，这与绝大多数人无异，那么，你不过是个普通人。"

请不要在这种没有创意的命运中挣扎！

愿灵安息
劣质创意
简章之殇
愿灵安息
熬夜工作
之殇

给项目验尸

上周，客户的购物网站终于恢复了正常，全体员工此时正欢天喜地地开着庆功派对。程序员们聚在一起，盘算着如何黑进公司内部网站去塑造一个虚拟投掷板。设计师们正与广告文案和财务人员谈得火热，推杯换盏中讨论着《我为喜剧狂》（*30 Rock*）中的广告。

事故导致了预算超支，团队最想知道的就是事故责任人是谁。现在还不是计划中事故调查的最佳时机，等明天吧。

事故原因是最初的估算失误还是设计师在调整页面上耗费了太多时间？为什么开发人员称自己知道怎样运用 .NET Framework 进行编码，却在内容管理系统上熬了那么多个晚上？

什么是验尸，为什么要给项目验尸

设计企业赚不到钱与员工及客户所做的一系列决策有关，尽管这些原本是引领项目成功的因素。这些因素导致预算超支和事故的发生。把这些决策逐一孤立和澄清，如果执行不当，就会受到惩罚。

不过，如果方法得当、分工合理的话，验尸能够激起团队的活力，让大家更团结。因为团队成员对彼此的想法和观点都很熟悉，所以成员们可能会发现彼此行为方式上重复出现的问题，这样，大家今后就可以事先做好准备，以防问题的再度发生。再者，这种源自开放式交流合作的现行学习方法可以让企业更具持久的作战力，尤其是当手中的项目恰巧是那种年复一年持续开展的大型多阶段项目。

有些人将这种会议叫作“警示未来会议”（post future meeting）或“经验交流会”（lessons learned meeting），他们想尽量避开原来词汇中的负面含义。随便你怎么叫吧，我还是喜欢叫“验尸”，因为，有时候你就是得营造些紧张恐怖的气氛出来，这会让大家保持高度警觉。

验尸中常见的问题

- ★ 提案中承诺过的任务都完成了吗？
- ★ 所交付的产品是否与设计企业实际为客户打造的产品一致？如果不是，原因是什么？
- ★ 创意简章是否能准确地体现出提案内容以及企业的战略发展方向？
- ★ 在项目进行过程中，客户是否提出过一些要求，这些要求会改变协定简章中的项目战略规划吗？如果没有，企业是否为了使客户回到合适的战略规划而动用了项目费用？有人为你的额外投入买单吗？这又造成了怎样的影响？
- ★ 在项目的生命周期中，出现过什么意料之外的技术性难题吗？之前是否应该有所准备，是否应被纳入项目进度的影响因素中？
- ★ 团队完全了解项目需求吗？
- ★ 你因为团队达不到最佳的专业状态而吃过亏吗？他们用来精进技艺的时间算在项目估时之内了吗？（此种情况的另一种说法是：设计团队在处理新技术或未见过的独特新产品时，最佳状态几乎是不会存在的。即便深知这一点，你还会以此为基础参加竞标吗？）
- ★ 对于那些令客户头疼的问题，团队是否手忙脚乱，完全不顾问题的轻重缓急？
- ★ 是否有一条指挥链贯穿项目的所有阶段？（或者，这条指挥链存在吗？）

- 第三方合作商的业务流程与进度安排与设计方保持一致吗？他们是你成功的助力还是阻力？
- 沟通的缺乏与性格的摩擦会影响员工的行为吗？（这个问题应该等项目验尸之后，进行面对面谈话时公开讨论，或者让与会的各方经理交换意见。）

6 个步骤给项目验尸

下面是一份长达一小时的验尸大会的草拟议程。你需要保证会场上有一块大的白板，用来记录与会者的发言内容。安排会议议程的时候，要做好准备，让与会者明确会议的目的。

1. 会议开场定基调（3~5 分钟）

对待验尸过程要与对待任何形式的客户合作一样，给予足够的重视。验尸应该具有组织性，认真对待的同时还需要有一定的专业性。通常情况下，找一个项目以外的人做主持会很有帮助，他负责在白板上做记录。

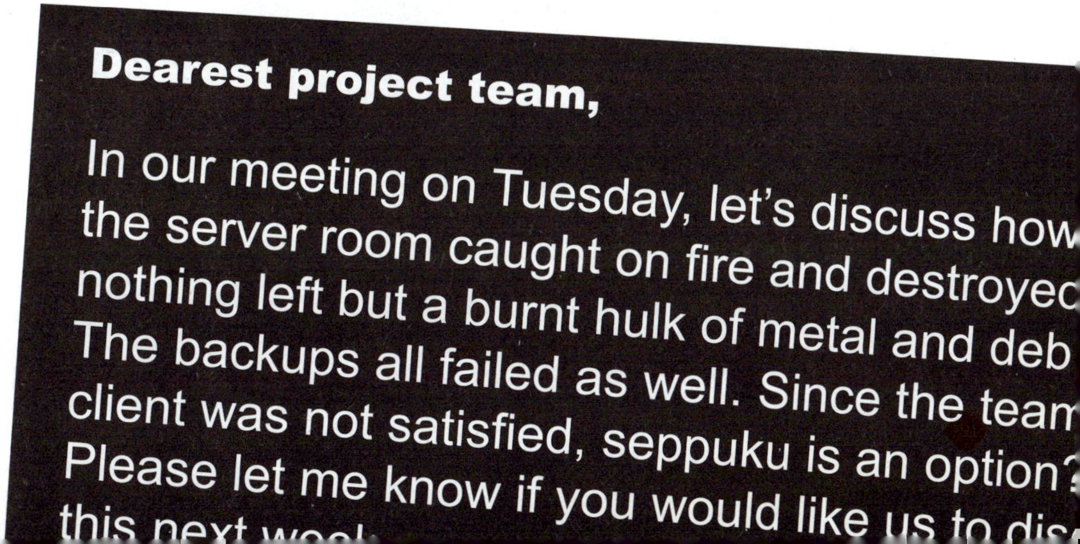

会议开始便让与会者明确此次会议的目的：**在近期完成的项目内容中，哪些进展顺利，哪些需要改进，这些信息将作为开展未来项目工作的前车之鉴。**好的方面一定要与不足之处区分开来。否则，与会者将在这一小时的时间里怨声载道，不但愉快的会议氛围荡然无存，而且整场会议将完全没有效率。

与会者应该清楚一点：大家说的话不具有永久有效性。来参加验尸会就是为了互相学习，不要夹带任何私人情绪，如果有人犯了错误，那么大家应该给予他更多的尊重，而不应是指责。

你还要让大家明确一点：如果针对一个问题，小组讨论时间超过了5分钟，那么，你会向那个小组成员保证，会在未来的一段时间内再安排一次类似的会议。

2. 讨论一下目前的营业问题以及拟定的应对策略（5~10分钟）

阐明客户做此项目的目的。总结一下客户签署的协议，以防与会者中有人不清楚协议条款内容。让团队成员思考一下，这一提案是如何指导团队实现项目产品最终交付的。在这一部分，通常可以提出下列问题：

* 根据已完成的公司项目，可以预见一些挑战，但这些问题有没有被纳入到提案中；
* 提案的撰写方式是否有问题；
* 是否因为项目范围界定不清而衍生出其他问题；
* 是否在商务会议或客户谈话中做了承诺（非纸质），致使客户期望值受到影响？

3. 检查公司执行项目的流程（30分钟）

这部分验尸须深度探索项目生命周期中发生的问题及其原因；讨论项目的重要里程碑，以及遇到的超出常规创造性过程的项目或状况。这一步并非必需的流程，员工可以适当省略。

必要的话，准备好项目完成过程中用到的辅助材料：创意简章、技术及功能说明、客户沟通纪要、第三方合作商反馈，以及项目执行过程中所做的设计成果追踪（纸质或电子）。不要对每项产品的微小细节都加以评论或表态，只要让团队成员回忆起这部分内容即可。

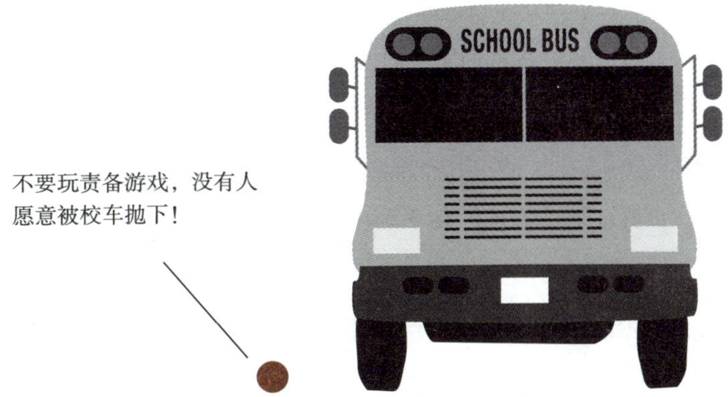

4. 解决已被感知的问题（10 分钟）

关于项目中哪些进行得顺利，哪些应该有所改进，在前一个阶段的尾声，你的白板上应该记录了团队对此的一系列想法与见解。现在，团队就该着手解决问题，为公司流程提供改进意见了。让大家反复地审视问题，畅所欲言，以防类似问题再次发生。会后，把大家的意见都列出来，交予团队成员。务必要选一个合适的人（包括你自己）来主导这些改进意见的实施。

5. 用直观且易被接受的方式让团队了解时间和资金的流向（5 分钟）

关于如何把时间转换成金钱，不要让员工有任何不切实际的想法。可交付成果的质量一定要与公司的盈利保持平衡的关系。所以，如果可能的话，告诉员工你原本的财务收入目标是怎样的，公司运转的实际情况又是怎样的。接着，问问你的团队（包括你自己）：根据我们目前的情况，将来要怎样完成项目呢？本次项目的意义，是让公司拓展业务领域，还是为了在自己的履历上填写重要的一笔，或是让自己下定决心永远不再涉足此类项目？

对于大多数企业来说，如此透明且坦率的交流十分罕见。不过，这种反馈能极大地鼓舞团队士气。在我就职过的企业中，最后阶段的验尸过程甚至还包括“每名成员是怎样分配工作时间的”这样的细节（这就意味着全体员工须严格按照进度表行事，即使超过了项目的分配用时，也不可能有撒谎的余地）。

并非所有员工都是公司的运营者，为什么还要让他们知晓项目对企业所有者或母公司盈利的重要性呢？答案很简单：如果设计师意识到自己的行为会对公司稳定性及盈利能力产生影响，那么他们就能根据这个方向调整自己的工作方式。这种形象的说明能够让他们懂得自己对项目成功的重要性。

对客户期望的管理不当是否导致工作时间及利润的流失？团队有没有在客户面前提过一些新的设计理念，导致客户在做最终决策之前额外做出了多次变更？所有这些问题的答案都会浮出水面，在验尸讨论结束时将有所定论。只要会议能合理有序地进行，你的员工就会深刻地意识到项目对公司的意义。接下来，你就可以借着这种气氛顺理成章地拿出解决措施了。

6. 重点突出每名团队成员学到的最重要的事情（5 分钟）

验尸会议接近尾声时，请所有与会者逐一在白板上画出两颗星。第一颗星画在此次会议需要铭记且最重要的积极事项旁，第二颗星画在需要改进的事项旁。等所有人画完之后，主持人再次确认大家的最终选择。最后，主持人向所有与会者致谢。最好能在一天之内，将会议记录发给所有与会者。

如果项目的时间跨度很大，应该怎样验尸

验尸会议的召开使得员工有机会对大家经历的挑战进行全面的了解，它建立了一种沟通机制，让大家知道，任何成员都能得到公司其他同事的支持。你可以把这一流程看作员工对公司运营的了解之旅。但是，不要等项目结束后再来反思团队表现。你可以召开验尸会议（也被称为项目回顾或中期验伤，随便你怎么称呼吧），无论什么时候，你都可以召开这样的会议。会议的目的是了解团队的表现如何，然后趁项目还没有结束，将已有的问题解决掉。

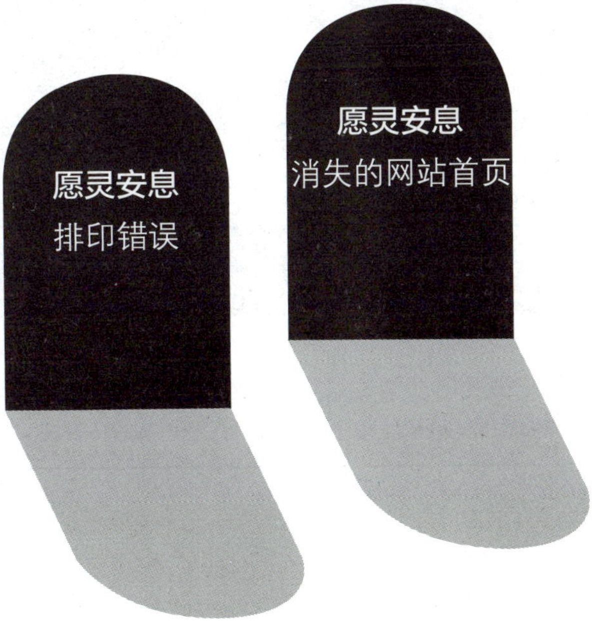

12345

+-*÷=$

第3章

如何运营你的企业

OPERATING YOUR STUDIO

项目前
BEFORE THE WORK▸

获得项目
WINNING THE WORK▸

67890

¢#@%!

项目中

DOING THE WORK

项目后

AFTER THE WORK

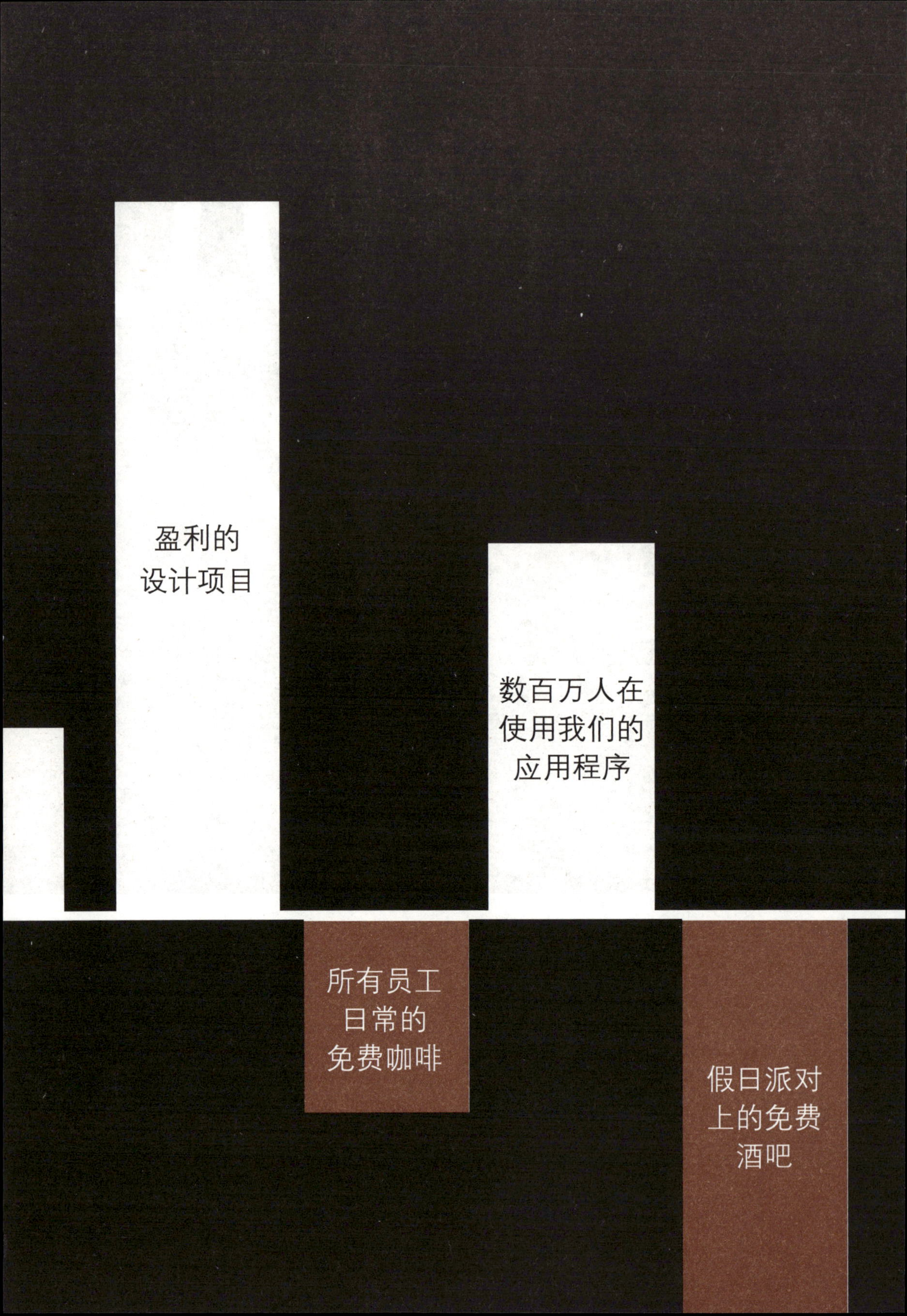
盈利的
设计项目
数百万人在
使用我们的
应用程序
所有员工
日常的
免费咖啡
假日派对
上的免费
酒吧

明确赚钱方式

每家设计企业都销售某种产品，为公司赚钱，这一收入可维持企业当前业务的运营并创造利润。没有收入，就没有现金流，也就没有利润，企业便没有了长期的稳定性。

不过，设计企业的生存并非只靠销售产品，让我们来欣赏一下设计企业那多样化的获利方式吧，其中包括按时间收费、投资不动产、销售实物产品、授权软件，以及转让知识产权。

设计企业的 9 种赚钱方式

1. 按时间收费

传统形式上，大多数设计企业都按照时间收费。如果设计企业的每名在职员工都能按照协议规定的时长连续不间断地工作，那么年复一年，他们就能实现盈利。这与其他提供专业服务的职业是一样的，比如律师，他们按照实现期望结果的时长来向客户收取费用，对于律师来说，打赢官司或达成有利的辩诉交易都是他们的产品。

2. 针对外包服务及产品应收取额外费用

没有几家设计企业配备海德堡印刷机，也不会配备正常运行率高达 99.999% 的服务器农场（Server Farm）。设计企业必须把产生网站或应用程序、印刷材料和其他项目成果所需的服务或产品成本转嫁给客户。

设计企业的收入是通过对产品和服务的总成本的加价而实现的。而且，任何加价都必须酌情计入对这些产品及服务支付的地区税、州税和联邦税。以下是一些外包服务及相关费用的例子：

Success By Design 设计师箴言

你可能不是为了贪名图利才成为一名设计师的，不过，有些设计企业就是为了赚钱才做这门生意的。

- 在互联网、移动设备、纸媒、广告牌、户外宣传位和电视上购买媒体传播版面。设计方通过与第三方合作商沟通协调实现媒体购买，可以在总成本中获得一笔佣金。
- 通过商业化印刷企业购买印刷服务。如果印刷费用由设计企业支付，那么，印刷服务总成本与交付成本都应算在加价范围内。
- 维护专业摄影师或插画家资源，将他们的原创作品授权给客户使用。与较高端摄影师及插画家合作时，就意味着你把这些资源的使用权授予客户在一段时期内使用。如果过了使用期限，客户仍有使用需求，就需要额外付款购买使用权限（加价）。有些客户想一次性买断那些资源，这也不是不可能，但大多数摄影师与插画家都会在原有价格上加价，把将来可能的收益折合成一次性报价。
- 雇用演员、造型师和配音员。别忘了把甄选、管理相应人才的时间也算到费用清单中去。
- 在图片或影像产品的创作过程中，需用到的道具、后备供给及其他材料成本。

不要转售项目

对于小型工作室来说，把小范围、专业性较强的业务外包出去是一种明智的选择。公司雇用工作技能单一的员工能够降低成本。不过，我要提醒你，对于任何一家设计企业来说，把大部分（或全部）客户项目都外包出去是一种风险性很高的行为。客户之所以雇用我们，是因为他们希望这项工作由我们亲自完成。

与任何客户合作时，你都要说清楚，为保证工作成果达到你们的质量标准，在合同中规定的具体工作的完成过程中，你将扮演怎样的角色。如果项目内部的开发工作不是由你负责，就请马上说清楚。如果你的工作室任务量太大，需要外援才能推进项目的完成，就请在寻找外援之前与客户讲明。对于这类决策，你最好对客户坦诚相告，因为这比问题发生后再道歉要好得多。

* 获得出自利益相关人或第三方人士之手的插图和字体的使用授权。这类产品的报价可以在基础价格之上加价 20%。一定要清楚，设计企业与图库网站之间签订的授权协议不能转让给客户，而是要让客户自己出资购买使用权。
* 专业排版、编辑、校对服务的购买使用。这类服务的加价处理更像是给员工定工资，这个数字可以相当于合同中规定的小时率的 1.5～3 倍。
* 与专业图像后期处理技术人员和色彩校正专家合作。这一项的加价原则与编辑服务的加价原则相同。
* 协调、管理网站或应用程序的托管服务。你可能需要与托管商协商并签订外包协议，这种情况下，向客户索要的加价不能超出这一服务的市场价。
* 为了创建网络产品、服务和功能而购买域名与网络服务。这种情况下，增加的价格应该能反映出你为保障服务及相关权利能转交给客户所花费的时间及劳动成本。
* 与项目活动相关的差旅费用，包括机票、火车票、里程费及汽油费、每日餐饮津贴，以及客户在合同中同意承担的相关成本。差旅费通常不算在加价范围内。

另外，如果工作室的资源有限或缺乏所需的技能，那么设计企业可能就需要外包商的帮助，比如自由职业者、另一家设计工作室或开发工作室等。其中，可以外包的业务包括前端与后端开发、可用性测试、网站的测试与质量保证，以及动态影像与动画制作。

3. 资产投资

除了支付员工的工资以外，设计企业最大的花销莫过于对工作室空间的投资了。为什么不把这笔钱投入到业务中去呢？你可以把一部分营业费用当作一种长期的投资工具，尤其是当工作室所在的地理位置或周围环境能不断为公司带来附加价值的时候。设计企业还持有的小规模资产包括电脑、办公用品、外围设备、艺术作品、汽车，以及其他有形资产。这些都属于资产负债表中的项目，有一定的折旧率，必要的时候可以售卖。

4. 出租可用空间及资源

设计企业可能拥有闲置的资源，可供客户或广大消费者购买或租赁。比如把办公楼、住宅或其他实物空间的一部分租给其他公司，设计企业就可以为自己赚得房屋抵押贷款。如果设计企业的工作室里有闲置的座位，也可以把它租给其他设计师或自由职业者。

另外，设计企业可以把自己的“公共”空间租给其他企业或第三方，用于开会或举办活动。比如，一家位于西雅图弗里蒙特的名为“缩放”（pinch/zoom）的设计工作室拥有一个出租空间，名为“冷水器”，这个空间可以作为一个小型工作室，既能安装混合音频设备，又能举办座谈活动。

很多设计企业都在自己的办公空间内建有画廊，这对企业的营业收入大有助益：不但可以省去一部分花销，还有助于营造办公室的文化氛围。如果工作室对公众开放，那么这个开放空间还可以被用来销售或促销产品、艺术作品及其他可转卖的东西。

5. 产品、服务的生产与销售

设计企业的员工产出创意的效率高得惊人，其中的一些创意可能会应用到客户项目中，其余的则可以作为其他创意的灵感，包括艺术作品的创作与网络订阅服务的构建。

实物产品

设计企业可以设计、生产并销售实物产品。这一过程的实现往往需要与其他企业或合作商合作，帮助促进产品的生产及运送。

让你的客户来教你

想为自己的产品寻找创作秘诀吗？戴维·康拉德建议你把市场信息与客户的见解一起吸收内化：

他们在教你的同时还付你钱。当你帮助他们的时候，你了解了他们的专业知识。你可以利用这些知识有效地设计自己的产品。

举个例子，设计委托（Design Commission）设计工作室提出了 UI[1]模板的创意。这些模板是经过化学侵蚀的金属片，上面有相应的图标可以用来绘制网站、iPhone、iPad、安卓手机等用户界面。这种模板是按需生产的，避免一些工作室还未运营就把钱投到几百种模板上。工作室以这款先发产品的成功为基础，从模板领域一跃发展到方格纸便笺和带有图标的小型白板领域。目前，这些产品的销售额占了工作室总收入的很大一部分。该工作室的另一冒险成果是网站 Luxeplates，这也是按照同样的创收理念开发的。

销售产品可以为设计工作室带来更多的收入。句点公司创建了一条与设计相关的名为 United Pixelworkers 的 T 恤生产线。联合创始人内森·佩

[1] UI Stencils 是一家为网站与应用程序的原型搭建提供工具与素材的网站，它的网址是 www.UIStencils.com。——译者注

雷迪克说："把 T 恤卖给设计师不仅能让我们支付房租，维持每个月的办公花销，最重要的是，这让我们与整个行业建立起千丝万缕的联系。这种联系有着无法估量的价值。"

Success By Design 设计师箴言

创建产品的时候，要重点针对那些未解决的问题。"金钱只能证明你有能力做设计，能从中找到一种创造实际价值的解决问题的方法。"《精减》（*The Laws of Subtraction*）一书的作者马修·梅（Matthew May）这样说。戴维·康拉德也用另一种方式表达了这种观点："去寻找更多有价值的问题，赚更多的钱。"

软件服务

目前，世界各地的独立设计师和工作室都是通过开发软件赚钱的。工作室可以为各种设备和平台设计、开发软件产品及网络服务。设计企业可以通过各种方式在这些产品和服务上赚钱，比如一款应用程序的单项成本、会员使用费、免费提供应用程序并为之做广告宣传，以及将搜集到的在产品使用过程中产生的元数据卖掉。

杰克逊海鲜市场（Jackson Fish Market）设计工作室创建了一款名为《睡前故事》（*A Story Before Bed*）的应用程序，用户可以在线使用或下载到手机或平板电脑上使用。利用这款软件，用户可以录制读书音频并反复播放。杰克逊海鲜市场通过"年订阅"的模式提供这种功能服务。工作室采用独特的技术将儿童读物的内容输入到应用程序中。他们在博客上这样说：

> 为确保先行系列图书的发行早于那些从商业伙伴那里得到的图书，以珍妮·拉姆（Jenny Lam）为首的团队拼尽全力，将我们工作室

书架上所能见到的图书都录入到程序中，包括《青蛙王子》《皇帝的新装》，以及由我们强大的作者及插画家团队创作的其他作品。珍妮指导了整个创作过程。如果迪士尼能缔造出一个伟大的童话王国，那么我们也能做到。

杰克逊海鲜市场设计工作室联合创始人珍妮·拉姆在引导程序上提出的建议

珍妮·拉姆是西雅图杰克逊海鲜市场设计工作室的首席设计师兼联合创始人，到目前为止，她已经在设计业务中成功发布了多项产品。通过邮件交流，她给我提出了如下建议：

在产品的创建与获得过程中，会发生很多不可思议的事情。当然，这其中存在金融风险，而且我已经听设计师们抱怨说，只把注意力放在一项产品或服务上着实让人厌烦。对我来说，这种事的好处反而更多一些。在这个过程中，可以打造自己的未来，定期交付成果，获得成功。最重要的是，其中失败的经历是我所有过的最有价值、最让人愉悦且最振奋人心的工作经历。对于那些乐于经历此过程的人（我希望你也是这样）来说，以下是我多年的经历与心得：

与尊重你和规则的人合作

在我看来，这是成就杰克逊海鲜市场最重要的因素。我们三人相互协作，并发自内心地尊重彼此的规则（在设计、运营及构思等方面）。

通过设计咨询指导产品生产

我们发现，对于我们这类人来讲，每做一小时的设计工作，就需要大约三小时的构思，所以我用剩下的时间来咨询设计项目。这反而有助于我们指导产品的生产。

富有耐心与热情

耐心：当你问那些一举成名的人是如何取得成功的时候，他们会告诉你，他们已经努力工作了数年，产品久经历练。在真正开始看到成果之前，他们花了两年的时间调整，向客户学习，尝试不同的设计及运营模式。

热情：我们创造《睡前故事》应用程序，使公司内部的父母能够给孩子讲故事。我们又为我的婚礼制作了《激情为你视频留言》软件（*Thrilled For You Video Guestbook*）。为解决自己的实际问题而做一些事情，不仅可以帮你兑现承诺，还可以确保你在此过程中享受乐趣。

有了这些内容的独家权，杰克逊海鲜市场创建了一个垂直整合的出版平台，在这个平台上，他们可以完全控制公司和他们的创作者的创收模式。

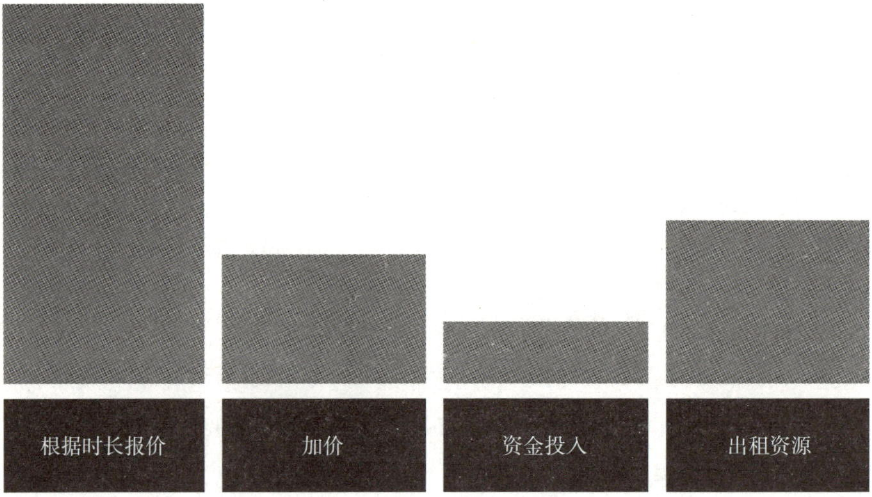

还有一些设计师根据自己的设计理念突破或颠覆行业规则的例子。37signals 网络应用公司[1]从原来的按时计费模式过渡到完全支持一系列与生产率相关的软件产品，例如项目管理工具 Basecamp 和群组聊天工具 Campfire。他们在这个领域的成功源于他们为满足自己的需求而开发的软件产品，而且他们发现其他企业也需要这类产品，并且愿意付费使用。

设计创新与思想领先的货币化

一些设计企业孕育着前沿思想，例如博客文章、电子书和其他数字产品，这些产品，可以在线销售，可以通过订阅，也可以通过网站、应用程序及 RSS 订阅得到在线广告支持。许多流行的设计博客通过这种方式支持自己。

蒂娜·罗思·艾森伯格（Tina Roth Eisenberg）2005 年创建的瑞士小姐博客[2]一开始是她个人的视觉素材档案。后来，这个博客发展成为世界上最受欢迎的设计日志之一。它将库多·帕特纳斯（Coudal Partners）创办的独家广告网络甲板网（The Deck）和 RSS 订阅的站点广告作为其收入来源。瑞士小姐博客的收入可以贴补蒂娜其他业务的花销。

[1] 37signals 现在已经改名为 Basecamp，是这家公司的主打产品，是一个基于云服务的项目管理应用程序。——编者注

[2] Swiss Miss blog，网站为 www.swiss-miss.com。

教育活动及培训

设计企业可以将培训作为一种服务，帮助设计师和设计企业把工作做得更好。培训的形式包括：小时咨询或日常咨询，预先录制与网络直播或举办现场活动。工作室成员可以通过写作、更新博客、教学、演讲或举办活动来赚钱，无论是为他们的企业还是个人。

Success By Design 设计师箴言

根据你们工作室收入渠道的多样化程度，工作室的收入来源将发生质的改变。这可能会带来风险，会对其他产品创下的利润和经营收益造成不利影响。

路径适配（Adaptive Path）公司是总部设在旧金山的用户体验公司，它会定期举行诸如“用户体验周”和“用户集中体验”的活动。这些活动场合可以为大家提供交流机会，分享做项目时可以运用的工具和技术，以及如何获得除客户业务之外的利润，并吸引新客户。

6. 知识产权

设计企业可以为客户交付创新的理念或发明，这些创新发明可以被拍下来申请专利或注册商标，然后授权给客户或每个项目的客户。这一系列

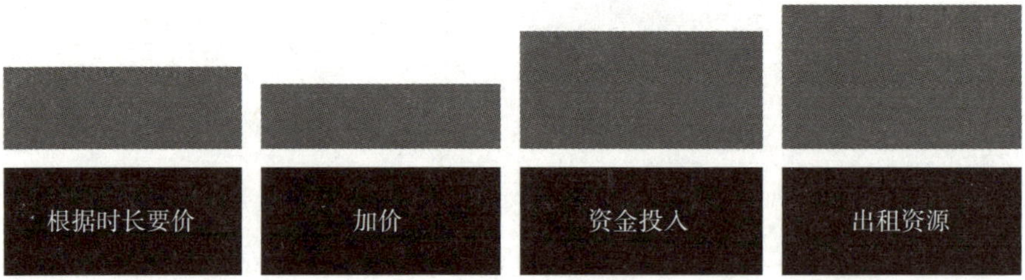

专利及注册是在提供服务或产品的交付过程中产生的，或者说属于客户任务的完成过程。根据设计业务如何构建与客户所签的合同，双方可以就客户业务中产生的任何独特发明的共同所有权进行谈判。

7. 支持副业产品线

有些企业主张扶持副业，这往往与传统的设计业务或设计类产品与服务没有丝毫关系。如果项目任务涉及额外资源的投入，那么，这些副业的运营就需要具备相关技能的员工，而这些技能不能由设计人员负责。

克里斯琴·赫尔姆斯（Christian Helms）是赫尔姆斯创作工作室的设计师兼创始人，同时也是位于奥斯汀商业区一家名为 Frank 的热狗店的联合创始人。克里斯琴可以把自己的设计灵感带到整个餐饮体验中，正如他在访谈中指出的那样："我总是开玩笑说，设计战略就相当于'马戏团来了，

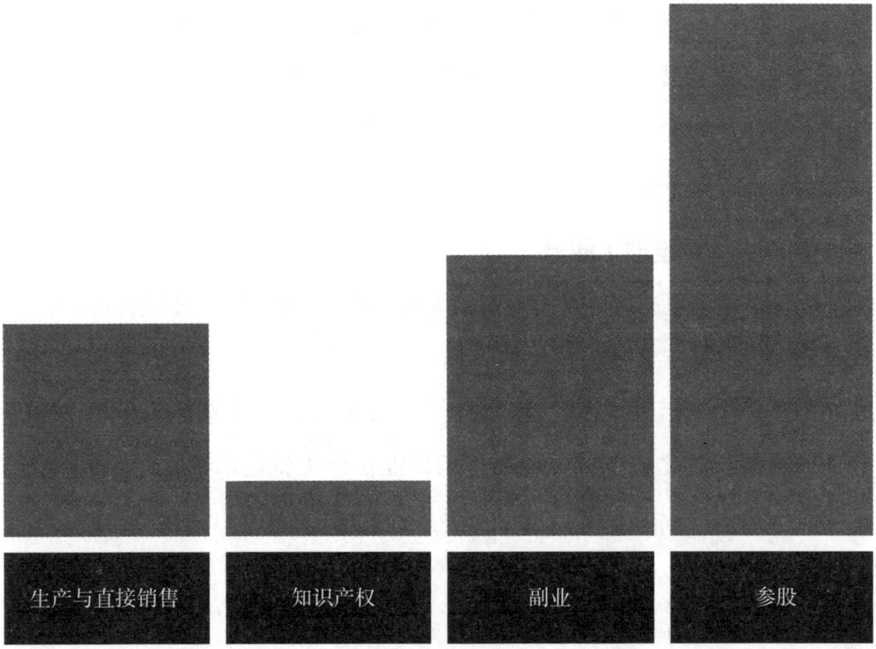

路边有一辆热狗车’。”不过，克里斯琴仍然与设计客户保持联系，也合作其他项目，并非只经营 Frank。[1]

Success By Design 设计师箴言

大多数企业所有者的梦想：寻找适当的时机出售他们的业务，把赚来的利润用于个人投资或者开展更大的事业。

8. 参股客户企业

在与初创企业或其他年轻企业合作时，设计师可以获得股票或所有权作为提供服务获得的回报。有些时候，这是代替现金支付的。还有些时候，设计企业可能有意要求在支付设计服务或提供独家知识产权或服务的同时获得权益。

如果你正考虑入股一家客户企业，就要考虑清楚为满足客户需求你能放弃多少时间或直接收入。你的这种投资可能永远都实现不了价值，你投资的公司可能会破产，或在未来的几轮投资之后股权被稀释。如果你选择走这条路，请向会计师咨询。不管是出售你的股权，还是你的股票价格逐年增长，你都要考虑清楚纳税义务给企业带来的影响。

9. 出售部分（或全部）业务

设计企业可以出售一部分业务或卖掉手中的全部股份，以获得收入。

设计企业成立之初，设计伙伴们可能不愿谈论这样一个事实：不管是几年后还是几十年后，终将有一天，他们中的某些人会选择退出。在你加入任何风险投资之前，尽可能与你的商业伙伴坦诚地谈论你的长远规划。从个人与物质两方面考虑，每个人想从企业中得到什么，给他们设定出明

[1] 想要知道更多关于克里斯琴作品的信息以及 Frank 所采用的理念，请登录 methodandraft.com/interviews/Christian–helms。

确的期望，这样，随着商业环境的变化，合作伙伴可以开诚布公地讨论并调整自己的目标了。

你是否也想创建一家软件公司

在过去的十几年里，涌现出一大批小型精品工作室和大型设计企业，它们都找到了除专业服务和固定收入以外其他的赚钱方式。有些时候，它们这样做是为了让收入来源多样化，保护企业资金链不会断掉。某些情况下，设计师与工作室则寻求成为自己的客户，生产产品与服务并直接向客户销售。

如果你正在考虑为设计业务创建一个新的收入来源，请记住：**创建一个有利可图的业务，仅凭一个漂亮的想法是远远不够的。**你还需要在软件产品如何赚钱与所用技术如何建立并维持运营之间谋得平衡。如果你只注重为客户塑造优质体验，你可能得把产品交付出去，这样就不可能维持业务的运营了。软件公司的运营模式如图 3-1 所示，几个元素缺一不可。

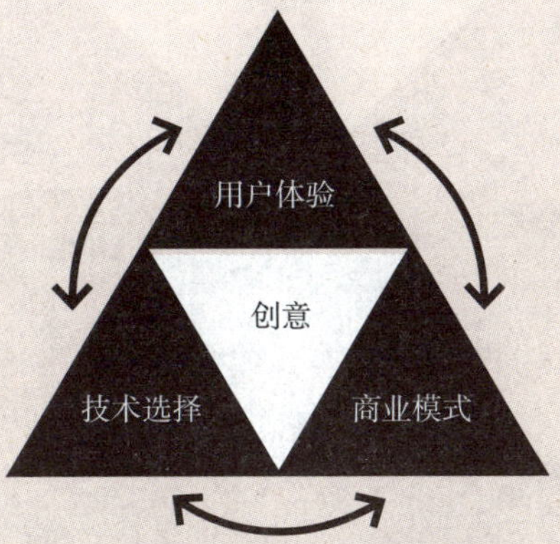

图 3-1　软件公司运营三角图

你的小时率是

计算小时率

你该如何为自己的工作索要报酬？你的报价会超出客户的支付能力吗？还是应该根据你为客户创造的价值来报价？

为了回答这些问题，小时率应尽量准确地反映出工作室的支出及利润率，这是确保工作室业务稳定并盈利的关键环节。

准备好你的铅笔，我们要开始计算基本小时率了。

如何计算小时率

在接下来的内容中，请根据以下公式填入相应数据：

劳动力总成本	（美元）：	________		+
总经费	（美元）：	________		+
工作室总债务	（美元）：	________		+
总税额	（美元）：	________		=
总成本	（美元）：	________		×
利润率	：	________	%	=
总利润	（美元）：	________		
总成本＋总利润	（美元）：	________		÷
年工作时间	（小时）：	________		=
基本小时率（每名员工）	（美元）：	________		

劳动力总成本

员工的工资永远属于固定费用。即便企业的经营艰难，工资也要照常发放，且发放时间要有规律。当然，这也包括你自己的工资！

劳动力总成本（美元）：________

总经费

这些是你运营任何服务业务所必需的费用。

员工保障

健康保险（美元）：________

牙科保险（美元）：________

退休金（美元）：________

业务运营保障

薪酬服务（美元）：________

财产保险（美元）：________

员工补助（美元）：________

办公空间的管理

租金（美元）：________

水电费（美元）：________

办公家具（美元）：________

电脑（美元）：________

软件 （美元）：________

外围设备 （美元）：________

手机 （美元）：________

座机 （美元）：________

网络 （美元）：________

传真 （美元）：________

办公用品 （美元）：________

快递费 （美元）：________

财务管理

会计费用 （美元）：________

簿记费用 （美元）：________

律师费 （美元）：________

税务支出

地方税 （美元）：________

州税 （美元）：________

联邦税 （美元）：________

客户会议往返差旅费

交通费与停车费 （美元）：________

汽车贷款 （美元）：________

汽车保险 （美元）：________

汽油费 （美元）：________

维修费　（美元）：________

员工激励

办公室零食　（美元）：________

报刊订阅　（美元）：________

培训 / 会议　（美元）：________

工作派对　（美元）：________

工作室及服务宣传

协会会费　（美元）：________

广告成本　（美元）：________

营销费用　（美元）：________

奖品费用　（美元）：________

业务拓展费用

差旅费　（美元）：________

与潜在客户的用餐费　（美元）：________

社交活动费　（美元）：________

总经费　（美元）：________

工作室债务总额

大多数设计企业都会根据自己的信贷能力进行贷款，或在信用卡上有一定程度的负债。小时率的一部分要用来偿还贷款，否则，你的企业将被无休止的利息拖垮。

在开始运营设计企业之前，请保证银行账户有能维持 3 ~ 6 个月的日常开支和工资的成本费用。如果你刚毕业，要让你的债务与设计服务的市场需求大致保持平衡，具体的衡量标准根据你的经验而定。

工作室债务总额　　　（美元）：＿＿＿＿＿＿＿＿

企业所得税及员工的个人所得税

设计企业需要支付多种税费，包括营业收入的地方税、州税和联邦税。此外，还要根据员工的薪酬水平，为其支付不同级别的个人所得税。为了计算出小时率，请写下企业所得税的总税费，但要注意，不要忘记算上个人所得税。

总税费　　　（美元）：＿＿＿＿＿＿＿＿

同比利润率

小时率的计算往往要把利润也纳入考虑范围。否则，为了实现利润率，你每周工作的时间就不得不大于 40 小时。

利润率的总额要对照目前所列举的费用的总和来计算，包括：劳动力成本、固定经费、债务及税费。以下是源自戴维·康拉德公司的一个例子，目标是 3 名员工的 20% 利润率：

劳动力总成本	（美元）：	150 000（平均每人每年 50 000 美元）	+
总经费	（美元）：	270 000	+
工作室总债务	（美元）：	0（哇，你真幸运）	+
总税费	（美元）：	23 700（150 000 美元薪酬费用的 15.8%）	=
总成本	（美元）：	443 700（每年雇用 3 名员工所需成本）	×
利润率	：	20 %	=
总利润	（美元）：	88 740	
总成本 + 总利润	（美元）：	532 440	

将总成本折算到小时率中

如何根据成本与利润计算出基本小时率呢？根据员工在企业中扮演的角色，计算出你将花费他们多少小时。接着，确定他们在付出一定时长的劳动后将得到什么样的收益。把相应的数据填入下列表单中。下一页有一个完整的例子。

一年总周数：	52 周	−
病假离岗周数：		−
假期周数：		=
年工作周数：		×
周工作小时数：	40 小时	=
年工作小时数：		×
员工时间使用率：		=
每年有效工作小时数：		

时间使用率的计算

这个行业的平均效率是每个普通员工创造性工作效率的 75% ~ 80%。有偿工时的时长与员工的层级呈负相关，何况并不是所有员工都会全力以赴地完成客户任务。总经费须合理地分配到比如会计与营销活动中，这些都不能向客户收取费用。戴维·康拉德公司将员工的时间使用率进行了如下计算：

80% 的创造性指导

80% 的设计

80% 的生产

80% 的项目管理

30% 的营销

10% 的行政管理

65% 的整体比率

有了这些数据信息，我们就可以确定客户一年所需支付的小时数了：

一年总周数：	52 周	−
病假离岗周数：	2 周	−
假期周数：	3 周	=
年工作周数：	45 周	×
周工作小时数：	40 小时	=
年工作小时数：	1 800 小时	×
员工时间使用率：	65%	=
每年有效工作小时数：	1 170 小时（可向客户报价的时长）	

小时率只是质量评估的一个方面

说到这里，你应该对小时率的基本含义有了一定了解。不过，准确的小时率并不能完全保证你能获利。如果你没有恰当地按照客户的标准进行小时率的估算，而且没能有效地完成项目工作，那么对于企业来说，小时率就失去了它的意义。

低时间使用率会挫伤员工士气

你可能想适当下调员工的时间使用率，以为这样能让员工在工作之余有更多“思考的时间”。然而，特德·伦哈特却建议：

对于创意公司来说，“跳一跳摘桃子”的状态是最好的。你可以通过计算一名员工的期望工作时长（比如每周35小时，一年50周）来确定公司的目标收入和工作量。然后，集中精力争取实现比原来高出5%～10%的销售额。创意人才喜欢忙碌。对于一家工作室来说，最糟糕的就是闲着无事可做，那样会挫伤员工的士气。如果项目的任务量侵占了员工的休闲时间，那么预算同样会被毁掉。最佳的状态是，既保持一定的紧张程度，又不至于工作过量。这是一种微妙的平衡状态。

购置保险

在经营企业的时候，你需要针对重大事故、诉讼、工伤，以及提供产品与服务的突然中断等不可预知的情况，为员工及公司做好保障，你需要购置保险并随时更新事故应急预案。

在购置保险之前，你需要仔细研究你的参保需求，以下几类保险通常被列入考虑范围：

- ★ **汽车保险：**一种商业险，用来保障你和你的员工在工作期间产生的车辆维修费用。
- ★ **利润损失险：**这一险种在设计企业失去为客户服务的能力时，能够保障它的基本生存状态（与财产及意外保险有重叠之处）。
- ★ **财产及意外保险：**针对特定范围的风险（地震、火灾、洪灾、龙卷风或海啸），对企业场所及场所内的财产给予保障。
- ★ **健康保险：**企业必须参保的险种之一。
- ★ **责任保险：**针对因工作疏漏而导致的事故，此险种有助于企业免于诉讼之灾。
- ★ **伤残与人寿保险：**对于你和你的员工来讲，这类保险十分重要，尤其是当你本人或合作伙伴发生人身伤亡时。
- ★ **工伤补偿保险：**对员工在工作中所受到的伤害予以保障。

除保险之外，企业所有者还应不断更新事故应急预案，此类预案可以在发生紧急事故的时候指导大家如何采取行动。这些紧急事故可能会对企业场所造成一定的损害，可能会毁坏重要的基础设施，或者对员工造成潜在的伤害。如果你还没有应急预案，就要即刻制定一个。只有这样，当你的电脑被盗、服务器机房响起警笛，或者地震来袭的时候，你才知道具体应该做些什么。

最后，确保每名员工都掌握这个应急预案，并且在事故发生的时候知道如何处理。这样，既可以保障员工的生命安全，又能保障企业的未来发展。

可持续性经营

这本书的很多内容都聚焦在企业的可持续发展的问题上，接下来还要谈到这一话题。不过，需要强调的是，你也要考虑企业的社会和生态影响，以及社会对这些影响有着怎样的感知。

企业经营的可持续性不仅仅是使用环保再生纸，使用环保油墨和风能为客户打印名片，或者使用太阳能为客户的网络服务器供电，它还涉及的层面是，在经营一个改变世界的企业时，你须考虑如何把可持续性融入工作中。

❓ 如何赋予企业使命感

你可以从三个层面来考虑设计企业运营的可持续性：你为客户创造的产品、选择合作的客户，以及对人类和全世界做出的贡献。

如今为了可持续发展，很多企业都坚守“三重底线”[1]，要求管理者和领导者不能把企业的健康发展看作个人利益的保证，而应把企业看作各元素相互依存的生态系统中的一个有机体。请阅读以下内容，考虑一下如何将这些元素应用到你的企业运营管理中。

人（人力资源）

TBL 企业对自身所需的劳动力类型进行了仔细研究，包括由谁来做、在哪里做、这些劳动力是否享受到公平的待遇，以及他们工作及生活的环境是否舒适。TBL 企业在雇用劳动力时不会触碰一系列基本底线，比如不

---

[1] 三重底线（triple bottom line, TBL）是英国学者约翰·埃尔金顿（John Elkington）最早提出的概念，指的是经济底线、环境底线和社会底线，也就是企业必须要履行最基本的经济责任、环境责任和社会责任。——译者注

会雇用童工和限制加班。除此之外，它还会找机会通过社交及教育服务等方式给社区带来实质性的回报。如果想追踪企业这方面的兑现结果及效率，尤其是想跟第三方合作商及海外伙伴合作时，可能需要与独立的第三方独立审计师合作。

环境（自然资源）

在这方面，要以产品或服务的生态影响为中心，理想状态下，在产品或服务的整个生命周期中，都要考虑其对生态的影响。也就是说，无论何时何地，企业都应该考虑如何才能减少使用、多次使用，以及循环使用交付的实物，拒绝使用危险性化学药品和有毒物质，同时还应避免在制造过程中浪费材料。这种思维也适用于可再生能源的使用。

利润（大家的经济利益）

如果持续收入不能大于支出，那么绝大多数企业都无法兴盛下去，甚至会造成零利润！但是，在考虑自己利益的同时也需要花些时间想一想，你周围的人是如何获利的。以你的运营模式，你的客户、客户的消费者、你的消费者、合作伙伴及供应商，以及其他企业与组织能得到什么呢？如果你不支持他们，他们会支持你吗？可否与大家互惠互利呢？

❓ 要不断加强企业的可持续性，我该从何做起

如果你想创建一家设计企业，考虑一下你可以在早期做出哪些决定才能有利于人类、环境和获得利益。让企业内部的所有人都了解你的决定，了解你的客户，这样，所有相关方都能承担责任。

为了弄清到底该从何做起，我与科比特·柯福曼（Corbet Curfman）做了一些交流，他是 Riverbed 公司的创意总监及负责人，Riverbed 是一家擅长品牌战略策划与可持续性设计的平面设计公司。

如何加强企业的可持续性

在创业之初，我制定了一系列策略，这些体现了我在企业可持续发展方面的一些想法，比如采购规划和常规流程等。对我来说，其中最简单的事情就是知道哪些是理想的合作伙伴，以及我想要为之做的事情：帮助优秀的企业做些很棒的事情。这就是那个阶段企业存在的首要宗旨。

不符合我们公司标准的业务，我就会拒绝。我得弄清楚，我所做的工作会对其他方面造成什么潜在影响。对此，B 型企业（B Corrp）是一个不错的例子，而且它也很适合我想要创建的组织类型。

最难处理的莫过于公司对环境的影响。我大概知道该怎样做，而且也照做了，但我确实不知道该用什么标准去衡量这些影响。我有一项专门用来创建环境管理的系统，这个系统主要用来监测公司温室气体及碳的排放量。

这个系统涵盖以下几个方面：(1）公司的直接使用材料；(2）公司使用材料的具体购买形式；(3）项目对客户的后续影响。上述内容可以分解为三部分：运输、能源与材料。

目前，我仍致力于系统的巩固与完善工作。毕竟，这才是重点所在。没有哪家公司是万事通，能做到完美无缺，我们一直在改进。这就是设置衡量标准的原因，以便我们对进程有所了解，并一直朝着目标努力。

如何巩固系统

原料的使用是最容易控制的环节，其原则是减少使用量，尽量重复循环使用。我对消费明细进行了追踪，所以知道自己买了什么，没买什么。在采购过程中，我特别为某些事情设定了相关原则：不采购有毒原料和购买零关税与不含碳的原料。每当看到新产品的时候，我就会通过一个手机 App 做相关调研与咨询。

我们这些选址在华盛顿的企业很幸运，因为生产所用的能源都源自水力发电。不过，尽量减少能源使用仍然很重要，因为这样能够带来双重利益。节省的能源越多，对地球的环境就越有好处，你在这方面的花费也就越少。我每个月都可以查询自己的能源账单。我还决定另花一笔费用来降低碳的排放量。这看起来有点像漂绿[1]行为，在某种程度上确实是这样，不过，这笔费用会直接用于建造可再生能源。加入此行列的人越多，我们就会有越多的选择余地。那么，将来就可能有更多的可再生能源。

原则的选定与坚守

Designers Accord 创始人瓦莱丽·凯西（Valerie Casey）说："别总盯着外表的现象做设计，很多设计工作都集中在让问题更容易解决，而不是解决问题的根源。"瓦莱丽建议大家体验一下自己企业的副产品，比如尝试一下把一个星期内不可降解的垃圾[2]清理掉。

环保问题的关键在于交通方式的选择。开车的习惯是我需要克服的最大障碍。我在车里记录我的里程，然后用各种交通方式计量了所用时间，比如汽车、公共交通工具、自行车和步行。在公司创立 3 年之后，我发现，大多数时候自己是乘坐公共交通工具的。我居然养成了新的习惯。虽然乘车时间确实明显增加了，但我觉得这对我的公司有利而无害。这些多出来的时间被我用来思考、阅读或者做调研。

---

1 漂绿（greenwashing）是"绿色"（green）与"漂白"（whitewash）的合成词，指的是公司为树立支持环保的形象而做的公关活动。——译者注

2 想阅读更多相关内容，请登录 www.fastcompany.com/1595167/designers-accord-seven-principles-for-interactive-action/。

到目前为止，所有这一切都可以追溯到我们公司对环境和社会的影响上。这些都是我能掌控的事情，不过从大局来看，它们对环境的负面影响确实变小了。

为什么要做以上这些事情？

我认为，设计师是否能功成名就，很大程度上取决于客户所做的选择。

为了弄清客户对我的影响，我建了一张报告卡。它从资源角度追踪了我为客户项目所做的大部分工作。其中包括：

- **项目目标：** 目标、受众、限定条件、产品的使用期限、需求，以及社会影响或利益。
- **运营：** 交通、资源和时间。
- **生命周期：** 媒体、材料、资源、最终用途、规模、意识和创新。
- **具体事项：** 印刷、纸张、油墨、包装和装订设备。

以上各项内容都有计分系统，这样，我就可以知道如何将其中某项内容与其他类似项目建立起联系。在某种程度上，评分系统没有项目流程本身重要。这张报告卡迫使我考虑每个项目的这些细节，并寻找改进和创新的方法。同时，它还能为我创造与客户交流的机会，让他们了解如何改进项目背后的思想。

针对所涉及的各项因素，给客户解释得越详细，你所做的选择就越能被对方理解。这种持续的交流方式，不仅可以让客户意识到并接受教育，而且还能确保自己不偏离正确的轨道。

合法经营

设计师应该了解哪些法律条款

每当大家头脑风暴出具有创意的设计方案时，我们就像是在挑战自然法则一样，但当涉及设计业务的问题时，我们就必须考虑自身行为背后的法律含义了。以下是位于澳大利亚悉尼市的融合设计工作室（Meld Studio）负责人史蒂夫·贝蒂（Steve Baty）列举的事项清单，上面写着身为工作室所有者应该从法律角度考虑的相关事宜。

与客户及合作商签订的供应协议

只要客户与你的公司签署了合同，你就应该承担起法律义务，严格遵守合同中的条款。如果你的公司想对合同条款进行更改，就必须将改动的内容形成正式文件，并通过变更申请的方式请求对方的批准。这一规则同样适用于你与供应商的合作过程。（请阅读“签署合同”与“处理项目变更”部分）

雇用协议

当雇用新员工时，针对相关管理条款，他们应持同意态度。如果此人不适合这项工作，你有权终止与他的雇用关系。雇佣协议应该经由律师审核，以确保协议符合所有现行的地方法、州法和联邦法律。即便雇用的是一名自由职业者，你们也同样需要签订类似的协议。在美国，有些州的雇用关系比较随意，也就是说，终止雇用关系是小事一桩。不过，有些地方的法律规定（尤其是跨国之间），当员工因不合格的表现而被终止与企业的雇用关系时，企业需要走特定的流程。所以，在招聘时须谨慎，一定要认真考虑，看看应聘的人究竟是不是合适的人选。

Success By Design 设计师箴言

史蒂夫·贝蒂说:“最好让同一名律师来为你审核客户协议、保险合同，以及雇用或外包协议，这样可以确保它们之间的一致性。你肯定不想看到，与客户签订的条款在保险方面是无效的，或者自己的员工在法律上可以不履行这些条款。”

保险

企业需要按照法律规定参保特定险种。（请阅读“购置保险”部分）

版权和知识产权

客户与设计方将就项目所得产品的相关权利展开谈判。设计方应尽量免签雇用协议，因为这类协议会迫使设计方把版权让给客户。不过，如果客户给出了合适的价格，设计企业就应该针对设计作品适当地授予客户使用许可权。

史蒂夫·贝蒂说:“这里我还将列举其他几种选择。一定要弄清楚既存版权、知识产权及正规材料的使用，同时还要明确自己是否可以继续使用它们。尽量避免签订那些会把你的版权转移到竞争对手的手中，并为其所用的协议。最后，不管合同中有没有明确规定，设计方都有责任不让自己的作品触犯其他参与方的利益。”

支付时限

凡是在客户合同中明确规定的支付时限，都属于具有法律效力的义务。合同中还要阐明，如果哪一方没有按照规定时限付款，他就得承担法律后果，比如收取一定数额的利息，或者停止与该客户的其他项目合作。（请阅读“掌控财务状况”部分）

独家经营协议与竞业禁止协议

客户通常希望你签订竞业禁止协议。你应该有一位随时待命的律师，帮你解释那些可能出现在客户协议中的复杂的法律术语。此外，工作室可能会要求员工签署独家经营协议与竞业禁止协议，确保他们跳槽到其他公司时不会把客户也带走。

税费

你有法律义务咨询并支付地方税、州税和联邦税。（请阅读“掌控财务状况”部分）

应该为工作室寻找什么样的律师

关于如何与法律顾问相处，我详细地咨询了史蒂夫·贝蒂。以下是他们工作室的做法。

‖你们有随时待命的律师吗‖

我们有一位随时待命的律师，帮助我们草拟协议，审核我们从其他人那里收到的篇幅更长或问题更多的协议。

‖你们多长时间做一次法律咨询‖

我们不需要经常去找律师咨询，也许一个季度去一两次就可以了。每当我们与新客户建立合作关系时，或因政府立法的更改而需要合同做出相应调整时，就会比较需要律师的帮助。说到合同，在过去的 6~8 年里，我积累了足够的经验，能够识别出大多数不平等的条款，不过，最好还是要有后援的指导。有了后援，你就可以对诸如赔偿、授权、版权、知识产权，以及合同终止等领域所需要做的事情有个清晰的了解。在草拟任何文件之前（当然，也要在协议签订之前），向律师咨询这些问题是非常必要的。

‖设计工作室所有者应该寻求何种法律资源‖

几年前，我曾以另一家工作室经理的身份与一家律师事务所合作过。那家律师事务所的业务能力很强，但行事太激进，合同协商一直拖延，导致耽误了合同签订的时间，使得客户关系岌岌可危（在赢得项目之初，双方关系曾经是积极发展着的）。

在为梅尔德工作室物色律师的时候，我选择了一位性格沉稳、作风务实、不爱出风头的律师。他具备商业法律的基本知识，并（通过同事）了解劳资关系与知识产权方面的知识。

Dear John,

The new project about small dogs is going famously.

Do you think the robot corgis should still be confidential?

Let me know before we tell anyone about the cuteness police.

Thanks, David

注意信息的保密

设计企业必须尊重客户的保密性和知识产权。即便你还没有与客户正式签署合同，也要谨慎对待你披露的信息，即使在与好朋友喝咖啡闲聊的时候也不可以乱说。多年的努力，顷刻间毁于小发明网站[1]发布的一条信息上，没有什么比目睹这一惨剧更糟糕的了。我曾亲眼目睹了一位设计师同仁因为不小心泄露了重要的细节信息后的悲惨结局，他的整个世界瞬间坍塌了。

罗杰（Roger）就职于一家印刷公司，有一次他负责为一款软件产品做包装设计。在包装设计的创作过程中，他所接触的产品还没有面市，他的设计将在新品发布会上被揭晓。

罗杰对于这项设计很感兴趣，在与一个朋友玩电子游戏的时候，他提到了软件产品的名称和发布的时间。他还说，这是机密信息，在公开宣布之前是不能告诉别人的。

在这种情况下，我们常常觉得自己与朋友和家人之间有一种严格的社会契约，大家都会默默地遵守。然而，罗杰的朋友辜负了他的信任，他把他们的谈话内容都写在了自己的博客上。很快，这则信息就像滚雪球一样被迅速传播开来，就连知名的技术网络都张贴了这则消息。客户方的律师气势汹汹地赶来。即使罗杰只与某个人提到了有关自己工作的信息，他的行为也触犯了相关的保密协议。客户认为，信息的泄露导致他们的企业失去了竞争优势。

后来罗杰怎么样了？他丢掉了工作。

---

[1] 小发明（Gizmodo）网站是美国一个报道消费电子产品相关消息的流行科技网站。——译者注

你可能会辩驳说，这种信息泄露的破坏性不至于此。新闻稿可以在几小时之内被撤掉，广告宣传也可以在一周之内消除市场的敏感度，但对于一个历经数年时间打造的项目来说，不承受巨大的经济损失是不可能改变项目的方向的。当成千上万的人订阅了科技博客网站 TechCrunch 动态时，一条推送信息就能引起名人奥普拉的回应，到时候，你只能祈祷自己的一番言论能带来些正面的效果，而不是让你陷入窘境。

Success By Design 设计师箴言

在当今高度互联的互联网时代，不受保护的电脑与服务器经常遭到黑客攻击，所以对于机密信息的保护至关重要。

那么，什么样的信息可以与项目组之外的人分享呢？下面介绍几个在分辨信息时需要遵守的规则。

如何识别可共享的信息

不同类型的信息共享可以写入你与客户签订的合同中。仔细审查与客户签订的保密协议，双方就谁能接触到这些信息达成一致，并在协议中做出明确的规定：

AR

★ 过去与你合作过的公司名称；
★ 目前与你合作的公司名称；
★ 为了开展新的业务流程，未来可能有机会合作的公司名称；
★ 在你的公司就职的人的名字（又名“招聘诱饵”）；
★ 你正在完成的项目类型和媒体类型；
★ 不相关的设计样本，从原始的流程工作到设计成品。

一定要充分理解这些规则的含义，并严格遵守，即使这样可能会在晚宴上造成尴尬与不和谐的气氛，但你却可以保护客户的利益。每当我与妻子谈论工作时，我会编一些奇怪的代号代替项目名称。至少对她来说，这使保密内容变得更有趣，还能防止我在外面的时候不小心说漏嘴。

在乔安妮（Joanne）就职的公司里，员工可以公开谈论他们与什么客户合作，他们在做什么项目，不过，公司规定他们不能互相交流任何正在进行中的工作，包括创意、细节设计和成果雏形等，直到项目上线。由于他们的很多项目时长都在2～3年，所以相关规定允许他们公开与潜在新客户讨论当下的工作事宜。

与之形成鲜明对比的是我认识的一个名叫劳丽（Laurie）的设计师。除了公司，她不可以和任何人提及有关客户、项目工作、项目成果等信息。如果她想另谋一份新的工作，那么这些信息都不可以出现在她的履历中，除非客户通过原来的雇主明确告诉她可以这样做。

GH

切记：即便你没有签订保密协议，也要小心自己的言行。如果客户告诉你一些事情，并且要求你严守秘密，那么，你就把它当作保密信息对待，直到他们取消保密。要做一个言而有信的商人。

另外，随时准备好接受界限的考验，来自公司或客户组织之外的人可能知道你目前所做的项目。在我的职业生涯中，有一次我的一个客户的朋友在闲谈时透露了我为他们做的项目的一些细节，当时我非常惊讶。她所在的部门与我们公司没有任何交集，她不知道我参与了那个项目。然而，她知道一些在董事会上讨论的事情，而我知道这属于机密并制定了明确的规定。在这种情况下，不管是不是朋友，我都坚守与客户建立的保密协议，一杯咖啡根本不值得做这样的信息交流。

承包商与供应商应如何遵守我方的保密协议

当与你合作的承包商和供应商不可避免地会接触到保密信息时，确保他们受到与你相同的协议的约束。关于印刷文件泄露的事件比比皆是，这些文件刚打印出来，就被手机拍照后传到网上。这种行为是不能容忍的。处于测试阶段的交互式项目也同样适用此规则。做好网站或应用程序的密码保护，直到客户允许项目上线为止。

同样的规则也适用于那些可能在客户项目中对你有所帮助的自由职业者与协议合作人员，即便他们跳槽到其他公司之后，也要坚守这一规则。不要以任何形式分享任何工作中的成果性信息。

可以在公众场合或社交网络上谈论正在进行的项目吗

当你和同事在工作了一整天后外出减压时，切记不要提起客户的名字或相关信息。在喝了几杯之后，你可能觉得说一下也没什么大碍，但你永远不知道谁坐在背后的卡座沙发上。

同样，你在网络上的言行也要遵守此规则，尤其是在社交网站上。即便你把隐私程度设置成一级也不可以。你无法避免客户看到你的言行，即使你觉得他们不会访问它。要记得罗杰的教训！信息可以在几秒钟内被复制并转发出去。如果它勾起了人们的好奇心，被分享就是迟早的事。

如果没有保密协议，在推广一个项目之前，我需要向客户提出申请吗

针对项目启动后的推广工作，你需要向客户申请批准。这是一种明智的商业实践，可以避免以后发生不愉快的事。如果把工作做得到位一些，可以将这些细节信息写入合同中，一切就理所当然了。

怎样确保电脑中的信息资料安全

把你的工作成果分别存在电脑的不同位置，别在暴露客户及业务的重要信息上冒险。当你离开办公桌时，不要把正在进行的客户任务留在电脑显示屏上，无论是在公众场合还是在客户会议上。把客户任务信息整理到文件夹中，不要放在桌面上。在给客户发送完汇报内容后，请把邮箱关掉。

如果你用手机或平板电脑接客户电话、收发文件或邮件，请记得设置密码锁定，最好还设置这样的功能：多次密码输入错误后“自毁”。除此之外，这些设备还应具备远端清除功能，以防被盗之后的信息泄露。（这种事情比你想象得要多。）

Success By Design 设计师箴言

在新的业务流程中，把客户与你共享的一切视为机密信息来处理，即便你们只谈论了一个假设的项目，或者只达成了一个口头协议。

如何保护可被转移的知识产权

在处理高度机密的信息时，一定要清楚邮箱发送的是什么信息以及所用的电子邮箱的账户类型。通过电子邮件发送文件会增加泄密风险。尽量不要使用第三方电子邮件服务，避免它们获取重要的客户端信息，而是使用安全的服务器和加密的文件传输协议服务，因为该服务要求需要以可追踪的用户名及密码登录。多数公司都会要求你使用安全服务器，因为无论你用的是公司网络还是虚拟专用网络（VPN），这种安全服务器都可以进入，这样一来，如果你用 Wi-Fi 在自己电脑与服务器之间传送信息，这些信息就可以被加密。一旦信息发出，就不容易被追踪，同时，服务器上下载的每个文件都可以被记录下来。

登录任何电子邮箱和网页，尽量使用数字、特殊字符及大小写字母组合形式的高级别密码。如果你给文件设置了密码保护，就不要把文件与密码用同一封邮件发送，而是要分开发送。这样，一旦邮箱账户被黑，文件还是被加密保护的。如果你把工作成果传到了安全的云服务上，就要提防那些可访问共享信息的人。项目结束后请立即将文件清除。

另外，你还要将公司之间传送的文件从储存设备中删除。从数码相机上取下的 U 盘，移动硬盘或记忆卡也不要随便放置，因为里面可能存有敏感信息，所以最好把这些东西锁在一个安全的地方。出于安全的考虑，有些公司甚至不允许使用这些便携式存储设备。

注：为保护个人和公司的信息安全，本章提到的姓名及相关信息均经过改动。

请勿打扰

DOING

塑造企业文化

设计行业的人所做的一切都是在塑造企业文化，而企业文化又有助于创作的开展。文化能够为设计师创造乐趣，而过程的改善可以促进利润的增长。

一家工作室的文化不仅由所有者创建，对于一家设计企业来讲，文化是由企业所有者与员工经过不断的努力与摸索才塑造起来的。以此为基础，下面将介绍塑造设计企业文化的构建元素，它们有些是企业所有者带来的，有些则是员工在追求理想的工作环境中塑造出来的。健康的企业文化会兼顾双方的共同需求。

这些元素分为两组：硬件和软件（如图 3-2 所示）。硬件元素需要预算的支持，这意味着，你需要分配好时间与金钱，并将其作为经营成本。软件元素是通过员工日常工作、生活和娱乐中的一言一行来塑造的。

这两种元素的构建能够让员工在面对持续的工作挑战时，维持物质及精神上的稳定性，而且，客户、家庭和公众通常认为这是企业品牌塑造过程中不可或缺的元素。

设计类企业文化的硬件元素是什么

工作类型

对于任何一家工作室来说，最大的文化元素就是工作类型，因为工作室的大部分时间都沉浸在工作中。

企业所有者选定的客户类型、员工实践的设计原则，以及团队交付项目的方式，都有助于激发员工和老板的工作热情。

设计工作室的文化对于员工的幸福感，对于为团队招募合适的人才，甚至对于塑造你的品牌都至关重要。不要只做表面工作，而忽略了文化的重要性。

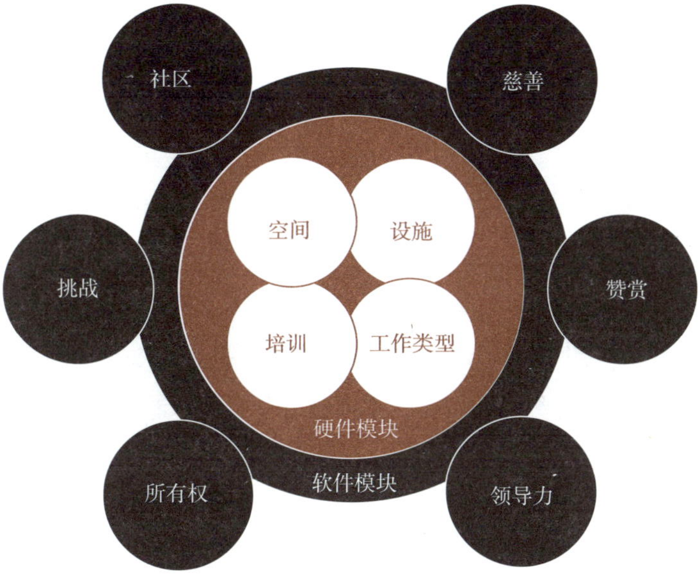

图 3-2 设计工作室的文化构成

注：在日常运营中，优秀的工作室能平衡处理好以上全部元素。

以下内容是在潜在客户打来电话询问你是否愿意参与某个项目之前，你应该问自己的问题。你的答案与员工答案的相似度，能够帮你更好地明确自己工作室的努力方向。

消费者类型

- 你想与哪个行业合作，比如，是医疗保健还是消费电子产品？
- 你喜欢什么规模的客户，是小型公司还是只与《财富》100 强企业合作？

* 你喜欢与唯利益至上的企业合作吗？你关注的是与非营利组织合作的机会吗，还是你对与初创公司合作更感兴趣？
* 在帮助塑造客户业务方面，你投入得有多深？在对方眼里，你是一个战略合作伙伴还是一个高级供应商？
* 你想与哪些品牌合作，是当地的小公司还是国际化的老牌企业？
* 你对某类特定客户持怎样的道德立场？比如，有些工作室不与宗教性质的组织合作，有些则会欣然接受。

设计规程与实践

* 你的工作室想积累什么类型的实践经验，是印刷品设计、交互设计、工业设计、环境设计，还是服务策划？
* 你想交付怎样的实物产品？做工业、环境以及品牌系统设计的好处就是，每个项目所交付的实物产品都能实实在在地体现你努力的结果。而交互式产品或网络广告的创作就不是这样了，这些产品可能看不见也摸不着。
* 你想在多大规模上运营？比如，如果你的公司致力于品牌设计，那么你是想创建一个简单的标识系统，还是有数百个移动部件的标识系统？
* 你想与其他什么类型的企业合作？比如，室内设计师可以与建筑公司合作设计零售空间。

交付方式

* 你想做什么规模的项目？短期的还是持续几年的大项目？
* 你有特别中意的生产流程吗？有些设计企业喜欢可控的瀑布式项目流程，有些则喜欢敏捷式的随时变动与紧密协作，或者喜欢迭代式的项目流程。（请阅读“设计流程并不断改进”部分）
* 客户的公司坐落在哪里，你愿意以完全虚拟的方式与客户合作，还是喜欢面对面的交流方式？

* 在这段客户关系中，你希望达到什么样的安全级别？比如，你希望有客户担保吗？这需要以放弃自由创作为代价确保利润的获得，或者用固定费用实现收益，但这会导致在职员工需要定期寻找、拉拢新业务？这会影响到工作室的气氛。

空间

一旦了解自己想要创作什么样的作品，你就需要一个让奇迹发生的空间。所有者必须安排好工作室的地理位置、工作室的设计以及工作室的环境，还要考虑是否需要正式的办公空间来完成设计任务。

地理位置

你可能会在比较远的地方租赁或购买一处办公地点，因为那附近“正在崛起”的社区对你的预算非常有益。不过，对于你的员工或客户来说，抵达工作室不应该是件辛苦的事情。否则，你就是在占用员工的时间，他们本来可以利用这段时间做想做且需要做的事。具备地理优势的工作室的附近可能有咖啡店、餐馆、健身房、瑜伽房、公共交通站点或者高速公路，这可以满足人们的普遍需求。

室内布局

工作室的室内布局不仅可以促进交流，还能体现工作室的风格。室内布局既可以是开放式的，也可以是封闭式的，或两者兼顾。

封闭式的布局就是我们通常看到的带隔间的办公空间、关着门的办公室和会议室。在这种环境中，人们可以将自己与其他人隔绝开，独自专心工作。我做设计师的第一年，工作室的办公场所就是给每名设计师分配一间相互隔断的方形工作间，如果员工想聊天的话，就得把脖子伸出格子间。有时我们开玩笑，要把中间的挡板挖个洞，这样，不用站起来就可以看到对方的脸（这里要解释一下，当时还没有视频聊天）。这一空间设计是公司工作性质的直接反映，当时我所在的工作室的主要业务是印刷品，其生产过程特别烦琐。

后来，我的工作环境来了个 180 度的转变，在过去的 6 年里，我一直在开放式的办公空间工作，几乎没有隐私，除非是离开整个工作楼层。这是因为我们的产品（多数都是属于设计、开发交互式产品及服务）的生产过程需要大家不断地交流与合作。开放式办公的设计理念在于鼓励大家开展特别的沟通交流，交换创意，否则永远看不到光明。不过，开放式办公还是需要留有私密空间，不管是会议室，还是可以关上门的“作战室”，员工可以在那里专心致志地工作。同时，还应该备有隔音耳机。一些设计师将耳机看作“请勿打扰”的标志。

Success By Design 设计师箴言

一个伟大的工作室，它的工作环境中应该有自己的背景乐：设计师之间的窃窃私语、来自共享音箱中的音乐旋律，或者午餐时间展开的关于附近哪家咖啡馆有最好喝的浓缩咖啡讨论。

环境的应用

工作室空间的使用方式对企业文化有很大的影响，无论是对员工还是对那些出入工作室的访客来说。

Design Commission 设计工作室在田代卡普兰艺术家阁楼（Tashiro Kaplan Artist Lofts）租了一间价格适中的工作室。作为承租条件，工作室必须采用艺术画廊的经营模式：每个月的第一个星期四，员工要在社区内主持一场艺术作品展。年复一年，他们练就出了国际艺术家级别的水平，还创建了自己的互动式艺术交流模式。这一举动在画展网站上引起了不小的轰动。

还有一些设计工作室的例子，它们留出一部分空间来招待前来拜访的艺术家和同仁，或开设一家小型零售店，或把办公空间转租给志同道合的公司。

在虚拟空间实现沟通交流

一些企业没有租用实体办公空间，而是虚拟办公，这样，办公的空间也成了与客户交流的空间。这种情况下，设计团队就可以在家或是附近的咖啡馆工作，彼此通过电子邮件、即时通信、电话、视频电话，以及网络沟通工具来定期交流。

近来，随着共享空间的增多，你可以在办公环境方面节省一部分开支，不过它的前提是，需支出的基础设施成本要远小于房租成本。并且，在这样的空间里办公，你还可以在咖啡厅等休闲场所与人聊天。

额外福利

一些额外福利也可以起到激励员工的作用。它能满足人们的一些日常需求，比如每天固定要喝的咖啡，或者可以让员工在办公室附近舒活筋骨。不管是为了加强交流，还是为了让员工有更充沛的精力（有时候是两者兼顾），其效果都是好的。

这是工作室为所有员工提供的一种福利，其成本要从总经费中支出，包括冰箱里的免费苏打水、橙汁，以及工作室音乐库里收藏的几千首乐曲。当然，福利还可以是一些附加品，比如按期订阅健身俱乐部会员，现场推拿，以及为工作到晚上 7 点以后的员工提供免费晚餐等。不过这些额外福利有时也会影响潜在雇员对你们公司的印象。比如，你为加班到 9 点以后的员工提供免费乘出租车回家的服务，那么潜在雇员可能就会认为你们公司经常加班到 9 点以后。

培训

当现金流较弱的时候，培训就属于工作室预算之外的单项支出。不过，现场与非现场培训都能帮助企业营造持久的学习氛围。通过培训，设计师能够跳出日常的工作视野，根据收获的信息和灵感激发自身活力。不管是参加大型会议和活动，还是去听新的技术或科技课程，都可以通过真实或虚拟的方式进行。

设计类企业文化的软件元素是什么

团队建设

只工作不休闲并不利于设计团队的成长。因此，设计企业所有者应创造机会为员工缓解压力，同时增进彼此的感情。

团队建设和社交活动可以纳入公司管理层和员工的日常工作内容，不过，最好能让员工来体会与维持。不管是夜场电影、周五午后的美味茶点，还是其他特别的时刻，这种半正式的社交活动往往是一周繁忙工作的亮点。这些已经成为公司运营中必不可少的惯例活动。

当我还住在东海岸的时候，Tex-Mex 是周三午餐的代名词，是我们用来缓解压力的例行午餐。工作室负责人会在午餐的最后几分钟为员工打气，请员工谈谈自己工作的情况，如果遇到困难的话，就发动其他员工一起想办法，帮他解决问题。这让一顿普通的午餐变得更有价值！

企业规模越大，这种沟通交流的机会就越能塑造企业文化，越能起到激励员工的作用。青蛙设计公司 CEO 多琳·洛伦佐（Doreen Lorenzo）这样说：

“这些细节、例行活动及员工间的友好感情，是我们青蛙设计公司企业文化的重要组成部分。比如，每天下午4点是各个办公室的咖啡时间。这段时间不用工作，你可以吃点什么，与那些没说过话的人聊聊天，甚至还可以玩玩桌上足球，这样，工作节奏就变得张弛有度。我经常想，如果我们剥夺员工的这些时间，那么青蛙设计公司将看到员工之间不断出现的摩擦。这些细节是人们选择留在青蛙设计公司的一个重要原因。”

做慈善

获取足够的利润以维持企业的稳定运营无疑是重中之重，不过，很多工作室还会鼓励员工抽出一部分工作时间或用自己的薪水做些非营利性、教育性、慈善性质的项目。工作室可以为员工安排行善日，他们既可以单独行动，也可以组团行动。有些工作室还把自己的场地或晚上的时间腾出来，支持本地教育或募捐活动。虽然这些活动的成本都算在总经费中，但对工作室来说也能有所收获。

他人的赞赏

你希望员工和他的设计成果给外界留下什么样的印象？这要由你——设计企业所有者掌握。其实，客户对你们的努力成果有着最客观的认识。不过，员工可能最想得到同行、出版方或整个行业的赞赏。虽然这种追求需要付出相应的代价，可能耽误参与其他项目的时间与精力，但还是有很多公司愿意参与竞争。

当然，别人对你们的认知渠道不仅通过工作成果，员工的个人激情也同样被广为人知，只要你持续支持你们的企业文化，并适当宣传自己的品牌。

领导力

设计公司的所有者如何领导团队？员工要想走上领导岗位，又该接受怎样的培训与支持？员工的幸福感便源自这些文化内涵。如果你的领导力不足，你手下的重要员工就可能感到无所适从。如果领导者的气势过强，员工就会感到自己在工作上没有自由发挥的空间。（请阅读“培养领导力”部分）

挑战

高难度的客户项目会让设计公司倍感压力，规模小且策略性较强的项目则能锻炼员工的技能和艺术敏感度。针对那些业界的顽固性问题，设计公司通过追踪大型项目和设计问题，可以收获看问题的新视角，让员工有获得成功的机会。

当项目任务不那么具有挑战性时，设计公司所有者和员工可以通过公司内部的项目和活动保持自身敏捷性和应对能力。定期对在建项目进行总结评论，这是对设计师和公司所有者的一种挑战，也可以获得最好的工作效果。

员工所有权

员工所有权是衡量企业领导力健康状况的最好的指征之一。所谓员工所有权，就是员工认为可以完全支配自己的时间和生产的产品。当领导者为设计师提供必要的空间来设计合适的方案时，这种意识会在设计师心中油然而生。当设计师有机会在企业文化塑造元素上运用自己的独特创意和技巧时（比如，可以设计自己的办公空间，从事自己想做的工作，获得一定的领导权力，获得别人的认可，甚至是为公司赢得名誉时），这种意识会体现得淋漓尽致。

有些设计企业为了增加融资渠道，特意为员工提供体验企业所有者身份的机会，比如利润共享。如果员工在企业就职的时间达到一定的年限，还可以获得公司的一部分股权。不过，这种功利性的诱惑并不适用于所有人，而且，那些对工作充满热情的员工，也不适合运用这种激励方式。

Success By Design 设计师箴言

不要幻想企业文化会随着时间的推移自行完善。给你的团队留出空间，让他们根据自己的喜好布置工作室空间，调整工作日时间。否则，他们就不能在工作时完全释放自己，久而久之，他们就会把工作变成例行公事。

跟着领导者走

培养更多的领导者

培养领导力

领导一家设计企业意味着什么？为了让客户拿到预期的成果，设计企业的领导者会指导组织做规划、执行任务，在这个过程中，设计师也在不断成长。

然而，设计领导力的真正定义相当直白：**设计领导者就是个闯祸精**。

设计企业的领导者可能不负责日常客户管理、项目管理、会计事务以及其他经营管理事项，不过，他们却会时常关注这些方面，以确保创意产品的质量。设计领域的各种职位如图 3-3 所示，我的职业路线图如图 3-4 所示。

青蛙设计公司创始人哈特穆特·艾斯林格（Hartmut Esslinger）曾经说："当我们有了创意，人们也欣然接受，我们就可以进行下一步。如果出现问题，我们就得回头重新来过，而且要更加努力。"

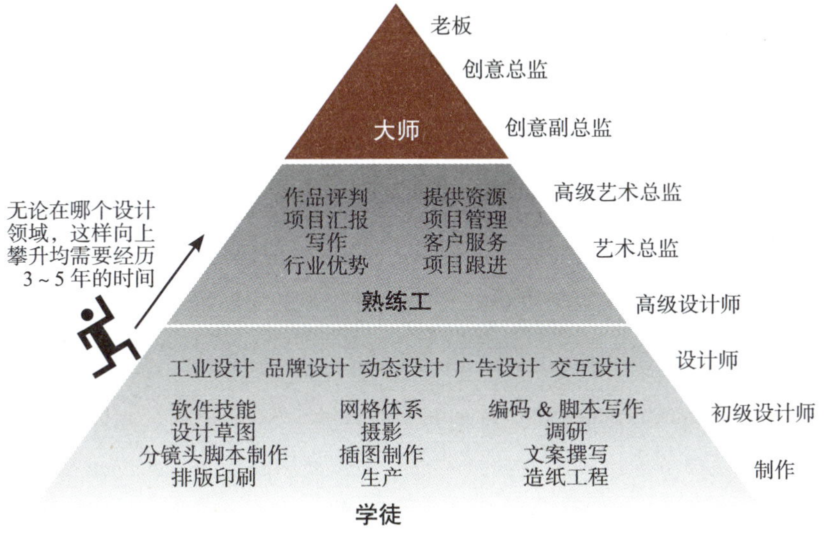

图 3-3　设计领域的职业金字塔

注：要想成为设计领导者，你首先需要成为实践领域中的大师。在这个过程中，你会掌握学徒设计师的硬性技能（比如软件的运用），还会获得熟练工的软性技巧（比如项目汇报）。

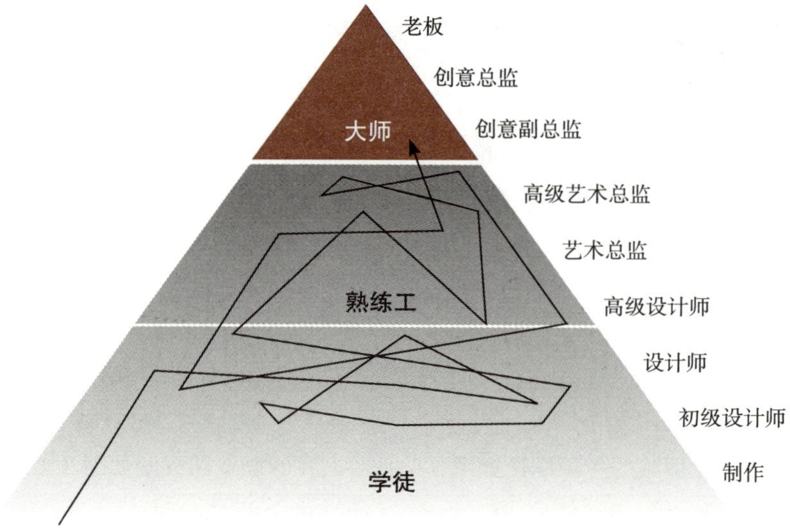

图 3-4　作者从印刷品设计转向交互设计领域的路线图

注：在职业生涯中，你可能收获了多领域的最高成就。一位综合素质较高的领导者可能不是按照上述路线发展的，他可能会回到学徒阶段去学习新技能。

成功的设计领导者有什么特点

设计领导者与设计经理不同，管理员工可能是所有设计领导者要做的最重要的事情，但不是唯一需要费心的事情。

每个领导者都有自己的一套管理方式。在设计企业的日常工作中，领导风格的展现方式决定着组织的发展方向。如果设计领导者对这些应该具备的特点一无所知，那么，他将对本来顺利运行的组织带来破坏性的影响。

没有可量化的“秘密武器”，想象力才是基础

设计领导者的风格多种多样，想象力是他们与他人合作的最重要的因素。除此之外，还有与其他人交流时展现出的品格、素养、才能、兴趣爱好、热情及激情等综合因素。这个秘密武器的能量足够保证公司日常创作的质量，还可以确保公司及客户公司的整体战略性方向不偏离。

将自己的见解与团队的创意完美结合

在如何看待并鼓励团队的创意这个问题上，最能激发出设计领导者的深层潜质。团队提出的创意与既定见解之间有着怎样的契合点，在几秒钟之内，设计领导者就要在白板或电脑上给出有力的解释，不管这个见解是谁提出的。用佩莱·肖尼尔（Pelle Sjoenell）的话说就是："没有谁是在为创意总监工作，大家都是为了创意卖命。只有想法吸引了我们，我们才会为它效力。"

人性化地享受与设计师和客户的合作

作为设计领导者，他必须乐于与客户和员工人性化合作。很多时候，与人打交道恰恰是领导者的必修课。领导者必须能够在日常工作以外的领域协调好团队的关系，并保持团队的热情。如果你无法帮助同事发掘自身的潜力，那么你就仅仅是个项目管理者。这一点与以下内容都是设计领导者除了创意以外必须掌握的能力，如图 3-5 所示。

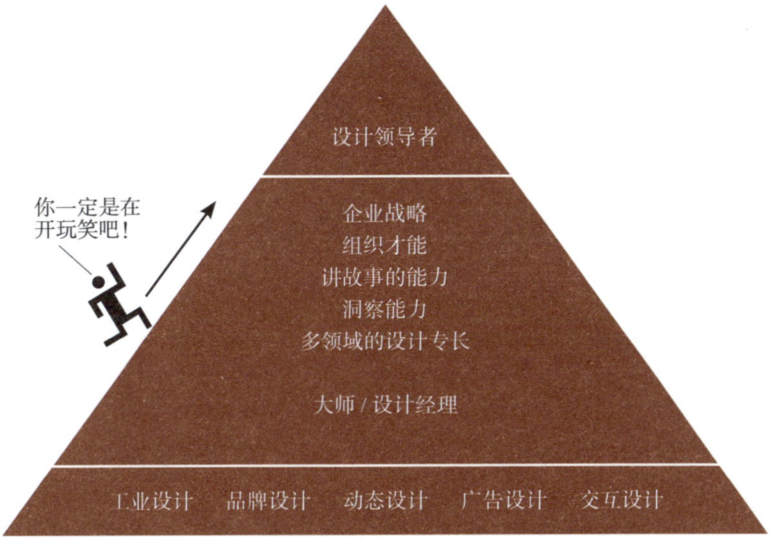

图 3-5　除了努力成为一名设计大师之外，设计领导者还需要攀登另一座高山

注：领导者必须在自身创作愿景与伙伴们的创作才能之间找好平衡。

像行为心理学家一样工作

在选拔人才和扩大企业时，你需要从策划师到梦想家各方面的人才。在创作过程中，你必须通过一些必要的摩擦来促成优秀作品的诞生，同时又不能引起员工的不满。要想创造出这样的氛围，领导者需要有极高的情商。这意味着，你必须能感受到自己和周边的人的情绪，这样可以帮助你了解人们行为背后隐藏的动机，同时你也可以反过来利用这些信息更好地鼓励人们。真正的设计领导者能够帮助大家把注意力放在工作上，并让员工感觉到自己有留下来的理由。

了解自己和团队成员的创作倾向

设计师的创造力是源自右脑（灵感会持续不断地袭来，创造出设计方案），还是按照一定的路径源自左脑（设计师经过一番努力才得到设计方案）？设计领导者知道如何根据这些不同的倾向调节自己的语言与行为，开展适当程度的讨论，为成功创造出必需空间。

高屋建瓴，洞察细节

一位伟大的设计领导者可以从极高的角度洞察到战略上的细微变动，比如设计作品中漏掉的微小细节或者未被抚平的人心，他完全掌握着项目与客户的行进方向。在整个过程中，他根据自己的发现，为客户及团队找到有效而可行的视角。

能使战略与创作相结合

一位优秀的设计领导者必须能够以现有的或与客户重新完善的坚实的企业战略为背景，勾勒出自己的创造性想法。这就要求领导者要清楚设计活动或想法吸引客户的机制，以及如何从中赚得利润的技巧。（请阅读“助力客户项目战略”部分）

与各层级的有效交流

设计领导者不必参与每项设计产品的创作，但他却需要对上交流，包括老板与客户。他还得懂得横向交流，包括同级别的领导者、经理，以及项目管理、客户服务、产品开发等领域中的同仁。当然，他还需要懂得如何与下属交流。

激发客户与团队的项目所有权意识

如果设计领导者没有给团队留出足够的空间，那么，他的成员就不会成长。一位优秀的设计领导者可以找到一种方式，既能让员工掌控项目的重要环节，又能进行有力的监督。他还得谨慎地表达自己的反馈意见，不能把团队培养成一批命令的执行者。引用商人汤姆·彼得斯（Tom Peters）的话就是："领导者培养的不是随从，而是更多的领导者。"

Success By Design 设计师箴言

你可以在组织外部寻找领导力方面的成长机会。向那些你敬仰的领导者请教，看看他们是否能成为你的导师，或者有没有其他合适的导师人选。

持续稳定地给团队施加压力

优秀的设计领导者注重组织中所有人的交付成果。他会在项目进行过程中的适当节点施加压力，推动团队前行。他会告诉大家，工作做得还不够好，最差的情况将是如何重新审视整个设计方案。对于既定设计方针中的权衡、妥协之处，以及其他元素，设计领导者不应该有所保留。同时，他还应利用这些坦诚的时机辨别出可能存在的、能产出优秀作品的新机遇。如果领导者没在项目早期直截了当地面对这些问题，那么，他将使自己的信誉受损，也很容易遭人背叛。

勇敢，并愿意冒险

如今，我们所处的时代瞬息万变，很多伟大的创意可以在几周之内变成现实。敢于冒险是确保你的创意首先面市的唯一途径。正如安迪·拉特利奇所言："冒险者可以比别人先选择，其他人只能捡剩下的。"

不过，你应该先根据已掌握的适当信息进行判断，然后再采取冒险行动。评估一下你的团队可能会付出什么代价；你可能会牺牲些什么；如果采取了冒险行动，你能成为高效的领导者吗？所有这些都应该在冒险行动之前做好打算。

如何成为设计领导者

成为一名设计领导者其实无章可循。没有什么绝招能让你在 90 天左右就一跃成为设计领导者。不过，当我指导其他设计师如何学到更强的领导技能时，我会问他们以下问题，帮助他们开始设计自己的旅程。

你还需要掌握哪些硬性技能

你的成长之路之所以布满荆棘，是因为缺乏某种基本技能吗？你无法在白板上说明自己的想法，或者不能用具有说服力的 PPT 为客户做报告，只是因为你不会做 PPT 吗？不管什么原因，这些都是你应具备的最基本的技能。

谁能帮助你习得这些技能

对于这些你需要学习的技能，与你合作的人掌握了吗？他们能帮助你习得吗？如果你无法自学，就勇敢地向他们请教。

你需要涉猎哪些设计领域的知识

虽然你必须掌握设计领域内的一门或多门技能（品牌设计、交互设计、工业设计或广告设计），但设计负责人的眼光应该更加长远。放眼一系列更为宽泛的领域，哪些领域与你的喜好相近，并有助于你更加全面地认识设计呢？

你还需要具备哪些软性技能

设计师与设计领导者之间的区别就在于软性技能的掌握。获得商务写作、演讲、察言观色、讲故事等技能，源自实践中其他领导者的传授。

自身有哪些不好的习惯

如果你就是不喜欢站在众人面前讲话，你就不可能当宴会主持人，也无法在短时间内有所进步。从人性的角度讲,行为习惯的改变是非常缓慢的，需要坚持不懈的努力。不过，待时机成熟之后，你就会得到回报了。

创造型领导力的 6C 素养

就像学习武功的弟子为了学习独门秘籍，不得不攀登到险峻的山顶去寻找。与此类似，设计领导者在导师的指导下意识到自身所具备的领导技能之前，也都要历经磨炼。有些技能并不容易传授，设计领导者必须将这些行为化的技能融入到日常的工作习惯当中。

与此同时，设计领导者必须意识到自己正试图让员工掌握类似的行为及技能。这些行为被列举如下，它们也是本章内容的提炼总结：

领导者在投入工作的过程中，能够凭借自身的能力**召唤**（conjure）出引人注目的设计成果。

领导者兼具智商与情商，懂得积极地**沟通**（communicate）。所以，同事与客户都喜欢与他们交流。

领导者能够通过创造空间来激发创造力，**引导**（coax）团队创造出一流的作品。这个空间是受保护的，可以免受客户或组织内部纷争的打扰。

领导者能够**促使**（compel）团队实现愿景，不管这个愿景是由谁提出的。最优秀的领导者知道如何找出内在动机给予员工鼓励，而不是在外部施加压力。

领导者懂得如何在适当的时机提出开放性的问题，通过评判与**劝导**（cajole），激发伟大创意的诞生。领导者也可以选择沉默，让其他人来领导。

领导者能够在设计团队内部和公开场合，通过宣传他们的作品来为员工**喝彩**（cheer）。领导者应该用他无限的热情与充沛的精力激发灵感。引用设计师布莱恩·拉罗萨（Brian LaRossa）的话说："满腔的热情与激情是治愈士气低落的一剂良药。"

7734
Calcutron
DP-1403
C
X
÷
7
8
9
×
4
5
6
−
1
2
3
+
CE
0
.
=

AFTER

掌控财务状况

说到创造性业务最重要的职能，现金流往往会被忽略。随着截止日期的来临，我们只注意到眼前的事：未完待续的设计任务。

然而，如果你真的想让自己的日常工作对设计企业的发展有所帮助，单纯地把工作做好是不够的，你还必须满足客户及其消费者的需求。亨里克·菲斯克尔（Henrik Fisker）说："如果设计无利可图，它就是艺术。"

出于这种原因，虽然财务上的事并不是你日常设计工作的组成部分，却是企业的一项极为重要的工作，需要你来调节。会计事务应具有一定的规律性，属于周、月、季度与年度企业活动的内容。如果公司的财务由你来负责，你就要对企业的资产、负债、资金流，以及变动性利润收入了如指掌，否则，可能会危及企业运营的稳定性。

? 真的需要我亲自做会计吗

设计企业的所有者不必从事全部会计工作，但他必须清楚账目的情况。企业所有者要对资产负债表上的数字负责。

我就职过的每家设计企业都会有一名在职会计，或者会从会计师事务所雇一个人来帮助企业所有者管理账目。但是，这并不意味着设计企业会把自己的账目活动及企业现金流情况全权委派给他人管理。南希·麦克莱兰（Nancy McClelland）是在芝加哥工作的一名会计，她擅长为中小型企业解决财务问题，以下是她的一段话：

> 你需要为团队招一名好会计。他要有能力帮你创办公司，并从企业发展和行业的角度，适当地设置好账目。他不仅要为公司设置账户，

必要的话，他还得教你或你的员工处理好公司内部的账目。最初，他应该每个月做一次核查，后期的时候每个季度大致核算一次税务支出，还要兼顾诸如营业税、许可证、运营协议和薪资等事宜。

待一切准备就绪后，有个明白来龙去脉的人是很重要的。不过，没有理由说，即便大多数小型企业设备齐全且训练有素，也处理不好日常记账和其他繁杂的工作，这种说法并无根据。

在与多家设计企业所有者交流之后，我发现，南希的观点是正确的。戴维·康拉德通过一系列访谈和联合汇报，同样表达了这种观点。戴维和他的会计向我展示了他为 10 人工作室管理高级财务时所用的工具和开展的相关活动。

设计企业应怎样进行周核算

设计企业所有者应每周审核一次以下财务信息，适当的时候再采取行动。你可以通过一系列诸如 QuickBooks 等记账软件来达到这一目的，此类软件可以生成大部分这里提到的报告框架及信息。

独立的项目报告

独立的项目报告（individual project report）能从时间和经济流的角度为项目解释预算费用的去向。将预算与实际花销进行对比，你可以看到在建项目的资金消耗率，比如，你能看到每名员工目前完成的项目任务，是否与既定的预算时间进度一致。

图表中，经常能够看到“热情渐退”的趋势，时间利用的走向也一目了然。这种图表可以帮助公司所有者在项目结束之前弄清楚预算时间是否超支，这是团队努力工作的主要指征，它能说明项目范围及产品是否脱离了控制，或者既定的项目估算是否准确。这些图表还能帮助项目经理们找出那些正“干得起劲”的员工，比如，目前他们正在利用工作以外的时间完成任务，此时他们可能急需救援。

当然，如果员工没有准确填写自己的时间表，那么，这个项目报告就是毫无价值的。一定要确保小时率之外的真正利润。戴维·康拉德说：“我总是很仔细地确认这里面的应急费用与额外成本。如果项目费用没有超出预算，就一定要弄清楚，是因为内部估算工作做得好，还是因为动用了备用资金的缘故。”

Success By Design 设计师箴言

这里提供的信息仅作为一种参考，不能取代一位经验丰富且训练有素的会计的专业意见。

逾期账目摘要

当你给客户寄出发票后，不能指望几天之后就能收到对方的支票。作为企业所有者，你还应该采取一些具体行动，以确保你能支付员工工资，保持电力供应力，请重要客户吃昂贵的午餐。

通过逾期账目摘要（aging summary），你可以追踪账户的收入与支出。这是一个简单的记录工具，你可以在里面记录一个月之内未支付款项的客户。

进行逾期账目摘要看似是个常识，但很多自由职业者和公司却忽略了收入明细，只记下总额。如果你之前从未使用过这种方法，最好现在就学一下，并确保能够定期查看。表 3-1 是戴维·康拉德所建的一份逾期账目摘要，他已经将重要部分用红色字体标注，意思是付款方式存在问题。

表 3-1 逾期账目摘要 单位：美元

客户名称	0～30 天	31～60 天	61～90 天	90 天以上
梅加公司	100	500	1 000	
LittleCo 有限公司	50	50		
Mom-n-Pop 公司	25	25		500
总计	**175**	**575**	**1 000**	**500**

你能容忍 60 天以前的发票还未付款吗

“实际上，客户付款时间拖得越久，你就越有可能得不到付款，”康拉德说，“如果你打算在不久之后雇用讨债公司，那么，现在从客户那里收回点钱还是有必要的。因为如果这家客户有过付款记录的话，那么，讨债公司就比较容易从客户手里收回欠款。”

Success By Design 设计师箴言

戴维·康拉德说：“这里，你要特别注意，因为这需要你根据对方以往的付款记录或自己的直觉评估出他们大概什么时候能提交预付款。因为，即便客户甲的预付款提交期限是 90 天，而客户乙是 30 天，你也不一定能先收到客户乙的付款。”

另外，不要乖乖地按时把发票递交出去。你应该在项目结束后的那个周五之前把发票寄出。如果项目延期，请在每项协议规定的 45 天之后，向客户发出应收款项的发票。

如果客户有不良的付款记录，怎么办

如果梅加公司或 Mom-n-Pop 公司都有逾期 3 个月的大额未付账款，而此时你还得为它们开展新工作，你会怎么办？在这种情况下，尽量与客户

签订一份付款计划。计划中应包括合同中的一些条款和条件，一旦发生逾期不付的欠款，新任务将即刻停止，直到发票完全被报销。

如果客户在收到发票的 30 天内就提前付款，你会提供打折优惠吗

有些公司比较热衷于打折优惠，他们可能制定了相关政策，需要客户提前付款。如果达到一定的收益率，打折优惠对你是有利的，而且还能帮你限定账目上客户逾期未付的账款数额。

你会对小额款项穷追不舍吗

举个例子，假设 LittleCo 有限公司只拖欠了你 100 美元的款项，而且，你在第一个 30 天期限之内就发出了催款单，这种做法有助于加快其他大额欠款的偿还速度。这种催款单或催款陈述可以通过 QuickBooks 等软件直接发送。

是否向客户交代过不接受欠款行为

在 Mom-n-Pop 公司的案例中，形势对你十分不利，因为，对方虽然有 3 个月的拖欠款项，但是你仍然同意为其开展业务。这个时候，你必须不断地且不失礼貌地提醒客户，已经过了付款的期限，而且还要讲清楚，如果再不付款，对方将面临什么样的后果（将在接下来的内容中为大家详细介绍）。

你会要求预付款吗

你是接受小额的客户信用额度，还是要求他们在项目开始之前提交预付款？康拉德说：“尽量向对方提出预付要求。这样，既能看清客户关系，又能可以预测可能发生的事情。”

如何对待预付款很重要，因为预付的含义就是：直到提交了协议中规定的相关产品，你才能拿到真正意义上的付款。南希·麦克莱兰提出了如下两种处理策略：在应收账款或客户付款项目上标记负号。她说：“完成任务后你才算是赚得了收益！”

客户不付款该怎么办

如果客户享受服务后却没有付款，那么，在提请诉讼之前不妨先与其沟通。或许，你还有别的选择。

确保持有经对方审批过的纸质文件

你保留的所有文件记录都可以作为有力的证据。凡是具有法律效力的文件，都要获得对方的签字，包括设计合同、变更申请和可交付成果的审批，这些都是与付款直接相关的事项。设计方与客户均须签署合同和变更申请。在坚决要求签署纸质文件这件事上，我承认自己比较刻板。

如果项目的范围或付款期限有微小的变动，而这些事宜是通过邮件的形式商定的，那么，在接受新项目范围或期限之前，请让客户正式表达自己的态度："我同意此变动。"谈到邮件，请切记：保存好你与客户之间的所有往来邮件。你应将所有客户支付的分期付款拟成文件。除此之外，在与客户谈话时，要做好记录，如果将来客户拒绝或拖延付款，这些细节都是保护你方利益的有力武器。如果你没有这些记录，就只能是空口无凭。

用各种方式坚持催款

你可以在发票上清晰地注明过期标志。如果客户没有理会你的发票，就直接给他们打电话询问何时可以付款。如果对方没有给出正面答复，就谈谈他们可能接受的付款条件，包括：

- 长期付款计划（付利息）；
- 贷款支付（付利息）；
- 用信用卡（而非现金）支付（请注意过程中产生的手续费用）。

不断与付款责任人联系

如果客户没有立即回复，就不妨想些有创意的方法，这或许能激起客户的反应。你可以直接提应收账款的事，或直接找到客户老板；给对方发一份警告传真，在相关文字上做标记，提示对方的业务已经到了付款流程。待时机成熟，试着安排一次多话题的面对面会议，当然，付款问题要位列其中。

如果对方资金短缺，请与其商讨公平的补偿方式

当你找到客户时，他却直接表示付不起你们的服务费，那么，你愿意放弃现金支付而选择与之价值相当的补偿方式吗？对方会把这当作一种交易吗？他会同意让你带走他们公司的相当价值的物料作为补偿吗？

弄清欠款所造成的后果

如果上述方法都失败了，或者客户索性与你断绝联系，那么接下来，你就只能找讨债公司帮忙了。讨债公司会以你的名义去催款，但不会向你索要太多费用。如果这种办法还是行不通，你就得找律师草拟一份诉讼文件，阐明客户是如何违背协议的。事已至此，说不定客户正在申请破产保护。如果幸运的话，你还有可能收回属于你的一部分补偿，因为设计企业债权人权利的施行往往最不容易实行。

在对簿公堂之前应尽量调解

为了在对簿公堂之外给自己多一种选择，你可以考虑在合同中加入调解款。如果客户的欠款数额超出了法院小额索赔立案的标准，那么选择调解将为你省去一笔不小的诉讼费。不过，如果你的索赔金额已经达到上万美元，那么，与双方走法律程序相比，调解或强制仲裁的效果就不足以让你要回欠款。

如果你足够幸运，这种情况是不会发生的。

现金流量预测

仅追踪来自客户的现金是不够的。现金流预测可以对公司未来几个月的现金储备及使用情况有个大致的预测。现金流预测应该至少包括以下几方面的信息（以周为单位，如表 3-2 所示）：

总收入

- 到目前为止，银行里的现金存款额度；
- 应收账款总额，包括发票上的现金总额和逾期账目摘要上列出的资金总额。

总支出

- 应付账款，例如员工工资及相关支出、健康保险、退休金账户支出、薪酬税、员工的补偿金，以及其他地区、州和联邦法律所规定的福利与补贴；
- 固定总成本，包括工作空间的租赁及使用费；
- 应付债款，涉及各方面的信用额度，以及因企业费用而产生的信用卡欠款；
- 杂项费用，这笔费用没有包括在预算中，但在公司运营时应该将其考虑在内；
- 利润率，一定要对费用及花销中利润的占比做到心知肚明。

从总收入中减去总支出，就可以得出一周时间内你的账户余额。这样的信息预测坚持做几个月，能让你摸清企业整体运营的健康状况，你也可以为了创造更高的收入或追求新商机而调整企业战略。

不过，切记，对于收入与支出的追踪方式将影响预测结果。

如果选择**收付实现制**（cash accounting method），那么，就需要等到款项入账的那一刻才能算作账目收入的实现。同理，只有付出账款的那一刻才能算作现实支出。

如果你决定运用**权责发生制**（accrual accounting method），那么，只要

你为客户提供服务，你就可以记录收入了，而不用等到真正收到付款的那一刻。支出记录也是同样的做法，只要收到了服务或产品的票据，你就可以记录款项支出了，不用等到真正付款的那一刻。

你应该咨询会计人员，对于企业来讲，哪种方法最合适，因为每种方法都有优点与缺点。与此同时，请他给你讲讲怎样进行非现金支出的统计，比如办公设备的折旧。

表 3-2 现金流量表 单位：美元

	1.1-1.2	1.3-1.9	1.10-1.16	1.17-1.23	1.24-1.30	1.31-2.6
收入						
初期余额	45 000	38 485	35 410	1 145	−7 380	−28 370
应收账款						
应收账款总额	8 000	12 000	5 000	6 500	12 500	10 500
总收入	**53 000**	**50 485**	**40 410**	**7 645**	**4 620**❶	**−18 370**❶
支出						
薪酬						
工资	0	0	16 793	0	16 793	0
税收 / 劳动力成本	0	0	904	0	904	0
退休金账户	0	0	293	0	293	0
健康保险	2 300	0	0	0	0	2 300
牙科保险	450	0	0	0	0	450
交通补贴	1 300	0	0	0	0	1 300
薪酬总额	4 050	0	17 990	0	17 990	4 050
固定费用						
固定费用总额	5 165	0	4 275	0	0	5 165
应付债款						
信用额度	500	0	0	0	0	500
信用卡	0	0	2 000	0	0	0

❶ 由于此表是现金流量表的部分节选，因此，总数据有不配平的情况。

续前表

	1.1-1.2	1.3-1.9	1.10-1.16	1.17-1.23	1.24-1.30	1.31-2.6
应付债款总额	500	0	2 000	0	0	500
杂项费用	0	75	0	25	0	0
20% 利润	4 800	15 000	15 000	15 000	15 000	15 000
总支出	**14 515**	**15 075**	**39 265**	**15 025**	**32 990**	**24 715**
终期余额	**38 485**	**35 410**	**10 145**[1]	**–7 380**	**–28 370**[1]	**–43 085**[1]

注：现金流体现的是设计企业的现金流入与流出明细。工作室所有者需要追踪多种级别的现金流，据此衡量企业整体健康状况，以及每个客户项目的运行、催款及按时收款情况。从表面上看，设计企业的经营业绩可能不错，可实际上由于客户方拖延付款、资本支出的管理不当、抵押品赎回权的丧失或设计服务与非营利性产品服务的交换，导致没有实际可利用的账户余额。

工作进度表

逾期账目摘要旨在表明发出的催款记录，与之不同的是，如表 3-3 所示的工作进度表（work-in-progress worksheet, WIP）展示的内容，包括公司与客户签订但未向客户发送账单的任务。

当你开始着手工作的时候，项目进展情况的总结会出现在独立的项目报告中。当你开出项目发票时，任何可能给公司带来收入的事项都属于现金流的一部分。戴维·康拉德说：“这大有帮助，因为，这样可以防止任何催款项的遗漏。”

表 3-3　　工作进度表

	日期	状态	金额（美元）	内容
第 1 笔				
	2013.2.1	已收	17 500	设计
第 2 笔				
	2013.2.16	未收	4 373	重新设计

[1] 由于此表是现金流量表的部分节选，因此，总数据有不配平的情况。

续前表

	日期	状态	金额（美元）	内容
第 3 笔				
	2013.2.16	未收	4 373	网络应用程序
第 4 笔				
阶段 1	2013.5.2	已收	4 500	邮件广告
阶段 2	2013.12.3	已收	8 100	邮件广告
阶段 3	2013.12.4	已收	1 950	邮件广告
总计			**14 550**	

机会工作表

机会工作表（opportunities worksheet）是公司所有者用来追踪通过未来新业务实现的收益的载体（如表 3-4 所示），包括目前正在被实时客户或潜在新客户审核的提案内容。

切记，**凡是出现在机会工作表中的都是理论上的收入**。你不应该拒绝摆在面前的每次机会。这个表格又被称为“管线报告”（pipeline report），因为公司必须培养出一条能够维持自身业务运营的潜在机会流。

戴维·康拉德说：“对于 Design Commission 设计工作室来说，我觉得这种机会的价值大约相当于 4 ~ 5 个月的运营收入。因为在这些机会中，有一半都不会实现物质化，还有一部分会在协议签订时贬值，为了维持未来的支出，你需要积累足够的机会。”

表 3-4　　机会工作表

客户名称	项目收入（美元）
梅加公司新项目	2 000
去年 LittleCo 项目的更新	800
总计	**2 800**

❓ 设计企业怎样进行月核算

每个月，公司所有者都必须对一个月以来的工作进行总结。为了实现财务目标，你需要用长远的眼光来审视公司的表现。以下列举的活动是企业所有者都应该照办的。

审核并发送客户结算单

如果客户不按时报销发票怎么办？他们应该收到一份客户结算单，其中包括：

* 已经向客户递交的发票内容；
* 向客户递交发票的时间；
* 原始发票的结算过期时间；
* 以 30 天为期限，待支付款延期了多长时间；
* 欠款总额与已报销的发票及其具体的报销日期。

发送客户结算单很重要，这种必要的督促能让客户尽快支付过期的发票。如果因为客户拒绝支付款项而要与之进行调解、对簿公堂，或者雇讨债公司出面解决问题，那么，这种客户结算单就可以作为一种重要的物证，证明你已经给了对方机会，督促其为协议中已交付的服务付款。

客户结算单样本

亲爱的梅加公司：

根据账目往来，以下是当前的账目明细。

账户负债	发票	项目	到期日	到期金额（美元）
2013 年 1 月 1 日逾期 31～60 天	724 号发票	网站设计	2013.1.31	100
2012 年 12 月 1 日逾期 61～90 天	721 号发票	品牌设计	2013.2.4	100
		未清余额		**200**

你使用的记账软件通常可以自动处理并提交客户结算单。有时，你的直接联系人并不负责付款，所以客户结算单可以起到重要的提示作用，督促他们与自己的财务部门沟通。

损益表

损益表代表过去一段固定的时期内企业的财政收支情况，多数都是以一年为周期。在表 3-5 中列出了很多周现金流预测中的收支明细。与之不同的是，损益表不是面向未来的预测，而是对过去一段时间里企业财政收支情况的简述。它还可以更加细化到一直以来的收益类型。另外，**使用收付实现制和权责发生制所得出的损益表是不同的，你使用的软件能帮助你追踪资金的动向。**

对于任何一家公司的所有者来说，净收入额是最重要的，净收入额就是损益表中最后一行数字。净收入将在组织的商业伙伴或股东之间分配，并将被征税。

表 3-5　　2012 年 1～12 月损益表　　单位：美元

收入	**总计**
总收入	775 000.00
支出	

续前表

收入	总计
直接业务费用	
项目成本	12 000.00
托管费	3 600.00
直接业务费用总额	15 600.00
雇员 / 职工费用	
保险总额	33 000.00
薪酬服务费	900.00
退休金	7051.20
员工会议	44 331.20
薪酬税总额	21 710.08
工资总额	235 040.00
雇员及员工支出总额	342 042.48 [1]
管理费用	
广告及营销费	1 800.00
业务及专业发展费	7 200.00
会员费	2 400.00
企业责任保险	600.00
交通、餐饮及娱乐费	6 000.00
快递费、物流费	3 000.00
专业费用总额	3 300.00
租金	24 000.00
维修费	4 200.00
物资与设备	41 400.00
税费	6 000.00
水电费	8 880.00
管理费用总额	108 780.00
总支出	450 822.08 [1]
净收入	**324 177.92** [1]

[1] 由于此表是损益表的部分节选，因此，总数据有不配平的情况。

资产负债表

资产负债表代表着设计企业的整体价值。资产负债表主要由两部分组成:资产与负债（如表 3-6 所示）。两部分数额应保持相等。南希·麦克莱兰说:“会计软件最大的优点就是能让资产负债表的两边保持平衡，而靠人工基本是做不到的。”

表 3-6　　截至 2012 年 12 月 31 日资产负债表　　单位：美元

资产	**总计**
流动资产	
银行存款	
活期存款	30 000
储蓄存款	15 000
节税	5 000
小额备用金	525
银行存款总额	50 525
应收账款	
应收账款总额	38 650
固定资产	
累计折旧	–75 000
电子设备	65 000
家具	8 000
租赁权益改良	6 000
软件	10 000
固定资产总额	14 000
资产总额	**103 175**
负债和所有者权益	
负债	
信用卡	2 000
银行高级信贷额度	10 000

续前表

所有者权益	
股本	1 000
留存收益	128 535
合伙分配	–387 898
净收入	349 538
所有者权益总额	91 175
负债和所有者权益总额	**103 175**

注：在上表中，负债总额必须与资产总额相等，这是构成资产负债表的基础。

企业资产

总资产证明了企业目前的实力。一家公司手头的钱越多，它的状态就应该越好。

资产负债表中的资产部分代表设计企业手头的现金总额，相当于应收账款，还表明了企业拥有的固定资产及物品（如电脑、办公用具、软件及其他物品）的折余价值。（如果你的设计业务中包括制作并销售产品，那么这个表还应该包括产品的库存。）

负债和所有者权益

资产负债表中的这一部分概述了企业的负债情况，负债包括代表设计企业延长的信用卡和信用额度，以及以留存权益和分配给所有者或股东的股票来衡量的权益。

所有者权益“代表企业自创立以来的获利能力”。戴维·康拉德说：“你所做的就是把这个数字不断变大。”分配“代表合伙人从企业方面得到的现金分配额。其中不包括薪酬，只代表额外拿到的利润分配额”。根据企业类型（独资经营、合作经营、股份公司等）的不同，分配的方式也有所不同。

时刻关注预算

如果设计企业所有者有机会对上述表单进行审核，那么他看的应该是财政额的年同比及月环比，以此来判断企业是否实现了既定目标。这可以让设计企业所有者及员工对目前的经营活动做出相应范围的调整。

Success By Design 设计师箴言

了解企业的财政状况有助于制定下一步的目标总结："明年我们要为公司扩招 × 名工作人员，收益提高 ×%，增加 × 项福利。"

设计企业应怎样进行年度核算

企业所有者开展年度会计核算时，首先要做的一点就是设定目标。目标有很多种，也会对财政收入状况产生相应的影响。这里列举了几个目标：

- 利润率的全面增长；
- 全年收入的整体增长；
- 改变整体业务组成（也就是"客户组合"）；
- 提升客户维护率；
- 降低员工流失率；
- 增加额外补助；
- 重新考虑公司及员工的使用率；
- 为实现以上目标，招聘新员工或进行能力提升的培训。

设计企业应何时纳税

为了履行账目业务的职责，你的企业必须向联邦政府、州政府及本地政府缴纳税款。根据企业所在地和收入方式等多种因素的不同，你所缴纳的税费也不尽相同。大致估算一下，你须留出收入额的 20%～30% 用作税费支出。

不要企图拖延缴税时间，也不要等到迫不得已才缴纳。前一种情况的后果是缴纳罚金，而后一种情况的后果是你赚来的钱可能全部用来缴税。

Success By Design 设计师箴言

请保留 6 年的缴税记录，以便接受审计机关的审计。这里说的 6 年不包括今年。

掌握这些财务知识就够了吗

在此之前，你可能从来没有接触过这么多的会计知识，但如果你想自己经营设计企业的话，这部分内容仅仅是帮助你大致了解一下核心内容。

如果一时间无法将这些知识内化，那就去咨询专业人士，或许他们可以满足你在会计方面的需求。你可以选择合适的会计软件和能够帮你处理业务的会计，不用觉得不好意思。

即使你已经掌握了所有应该掌握的会计知识，也最好配备一名专业会计以备不时之需。

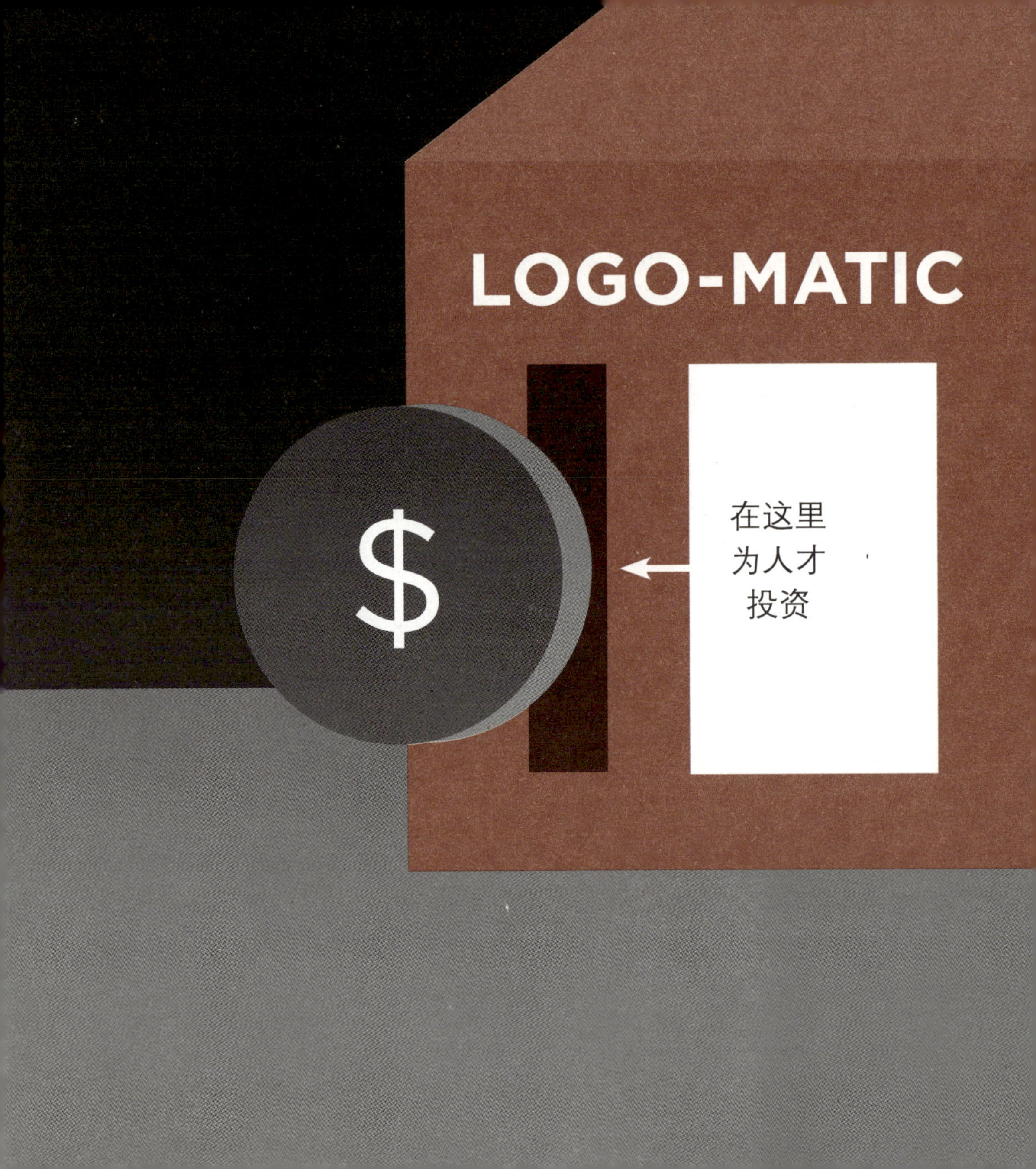
LOGO-MATIC
$
在这里
为人才
投资

招聘人才

如果你正想为自己的设计企业招聘人才，那么，在组织招聘时，就一定要谨记以下内容：

话语权

人们来你们设计公司就职的首要原因是什么？答案是，因为他们能拥有一定话语权。如果你没有为潜在员工提供自主性的空间，那么，就别想长时间留住他们。

头衔

很多人看重的不是工资的大幅度提升，而是被自己的头衔所激励。头衔的价值感必须要在面试沟通中突出体现，包括这一职位可能收获的经验，以及它作为简历素材的重要性。

待遇

挣一份高薪的确很重要，不过高薪的价值可能低于话语权和头衔。你能为设计师提供的最诱人的条件就是通过话语权和头衔的提升而实现潜在收入的最大化。“你是愿意当一位年薪 85 000 美元久经沙场的高级设计师，还是想当一位刚开始年薪 80 000 美元、思想前卫的创意总监呢？”

技能

仔细阅读应聘人员的设计作品集是判断其技能水平的一种方法，另一种方法是与他的前同事或经理开展深入沟通，进而对他有更客观的了解。不过，根据设计领域的特定规则，你可能需要给候选人提供一次自我展示的机会，看他们如何看待并解决问题。其中的一种方法是，在面试的时候让他谈谈自己如何解决设计方面的问题。Ergosign 设计公司慕尼黑分公司负责人塞巴斯蒂安·肖尔茨（Sebastian Scholz）说：“在德国，几乎不会出现员工被解雇的情况，对我来说，员工的技能是唯一一种受聘的标准。”

上升空间

你所提供的职位有潜在的上升空间吗，有培训的机会吗？此职位的工作内容有助于员工自身能力的完善吗？对于他来说，这些成长能带来长期的回报吗？

渴望

在职业生涯的不同阶段，设计师对职位的需求动机便不尽相同。不管别人怎么样，初级设计师可能只想站稳脚跟。而对于高级设计领导者来说，在开始协商之前，他可能要先尽量多地了解你，了解公司，从而判断自己是否适合这个职位。但是，如果你在面试的时候一味地和应聘者说他们将如何爱上公司，就显得自欺欺人了。应聘者需要有应聘的意愿，同时，他还要有应聘的动机。

性格

虽然简历上呈现的信息很重要，但是，如果你的性格与行事风格跟应聘者不合拍，那么，简历上的工作成果就不那么重要了。你想要招的人，他的想法应该与你有所差异，并且拥有工作热情，同时坚持自己的个人追求，在一些重要领域，他的技能需要强过你，能助你一臂之力，而且能与其他员工和谐相处。塞巴斯蒂安·肖尔茨说：“虽然，这些话听起来有些像玩笑，但在小型公司里，新员工都得被老员工接受才行。”那么，如果几轮面试下来，你还摸不清应聘者的性格是否合适，该怎么办呢？那不妨让他们做一个性格测试，不必不好意思。

Success By Design 设计师箴言

自我意识过强，甚至自负的性格不利于企业的发展，对企业文化可能产生负面影响。如果你从应聘者身上感受到了自负的气息，就要仔细斟酌是否雇用此人。自我意识就像香水一样，可以肆意地弥漫于整个公司，把气氛搞砸。

应该提及待遇问题吗

‖ 如果你是企业所有者，请阅读以下内容 ‖

不要抱怨日益增长的医疗保险费用，或者怕员工请病假耽误了宝贵的时间。想办法把这些算到公司总经费中。否则，你可能既留不住优秀的老员工，又招不来新员工。

不管你愿不愿意，给员工提供福利是你的职责，这能保障员工的健康安全，不是只有你一个人需要为退休后的生活做打算。请经常问自己一个问题：如果没有员工，公司该如何维持长期发展？

如果你是受雇的员工，请阅读以下内容

如果目前签订的雇用协议中没有给你多么优厚的福利待遇，那么，最好还是自己缴纳一定数额的医疗保险。因为一旦出现重大的健康问题，它能为你和企业谋得保障。

如果你已经是设计企业的一名员工了，请阅读以下内容

为了自己和家人的健康与幸福，请尽量提出福利待遇的要求：卫生保健、医疗储蓄账户、弹性消费账户、一定天数的病假，以及退休金等。你还可以借用公司所有者力求打造的福利文化来为自己说话。

AFTER

做自由职业者

我有一个朋友，他想辞掉自己全职平面设计师的工作，他说："我想做一名自由设计师，这样我就不用为设计公司的事操心了。"

他错了。自由设计师的职业性质其实与经营设计企业并无差别，只不过这家企业只有你自己而已。我所熟知的设计师们也认同这个观点，他们都成功地经营着自己的设计工作室，包括斜纹设计工作室（CrossGrain Studio）的卢克·米斯（Luke Mysse）。

以下是我与卢克的部分谈话内容，谈话的主题是：在他们选择独立经营企业的时候，将面临怎样独特的挑战与机遇。

自由职业者不仅仅需要创作

自由职业者的工作包括 20% 的创作，80% 的企业运营。他们需要管理客户及其期望。很多自由职业者只学习如何创作，但其实还要学习企业经营知识。这就是自由职业者与普通设计师的区别。他们不仅要做好设计工作，还需要处理好客户问题，拓展业务，为自己做营销。所以，你得决定好，是做创意性工作，还是做提供创意性服务的业务。

根据自己的特长与爱好进行自我定位

你要了解自己，知道自己擅长什么，是艺术创作、运营战略性的工作，还是销售。你可以看看汤姆·拉思（Tom Rath）写的《盖洛普优势识别器 2.0》（*StrengthsFinder 2.0*）。虽然从学校里学习的知识可能有助于你从事艺术创作，但是，作为现实中的个体，你应该首先注重自身能力的培养，其次才是设计师的素养。通常设计院校的校训是"谁都可能成为索尔·巴斯[1]"，

---

[1] 索尔·巴斯（Saul Bass）是美国著名平面设计师。——译者注

可实际上，大多数人都不可能那么优秀，你必须在市场上找到属于自己的定位。如果你热衷于艺术创作，那么，你还是选择被雇用比较好。

不要追求完美

对于我来说，知道得越少，从别人身上就能学到得越多，这种感觉真的很不错！

在做自由职业者之前，不妨先给别人打工

我经常这样建议别人："你如果想自己单干的话，最好先给别人打工 5 年。"他应该用心地从老板那里学会怎样经营企业，怎样营销作品，怎样管理客户。这些知识都是在学校里学不到的。

了解自己的喜好

作为自由职业者，你必须知道自己热衷于什么，这样，你的创意才能源源不断。比如，我越是喜欢与客户相处，就越擅长为他们创造可见的成果。接下来，设计工作就简单了。否则，我将无所适从，连自己都不知道为什么要这么做。

我不会因为创作而创作，我需要知道这样做的原因，这也是我花更多的时间去做企业顾问的原因。过去，我研究他们的企业与客户，无论他们给不给我报酬，我都要这么做。如今，我可不会再白干了。

精进技艺，再接再厉

三年前，我的工作室一度损失了 85% 的营业收入。直到后来，我潜心研究了问题的症结所在，业绩才逐渐赶上来。那是我职业生涯中唯一一次说："我该研究一下运营模式了。"我抽出三个月的时间去拜访我的导师。在这个过程中，我发现，坐在办公室里一门心思地做设计并不能完全发挥我的能力，与合作伙伴及客户交流才能使能力得到最好的发挥。很多人都说，我的经营理念完全体现在客户关系的经营当中，而这恰巧是客户雇用

我的原因。

这种经历让我的工作室有了完全不同的发展方向。设计工作占用了我全部的时间，让我不知道自己真正擅长的是什么了。如今，我把更多的时间用在了解客户企业及其期望的成果上。我不再把关注的重点放在自己的设计成果有多优秀上，而是只要我的工作成果能让客户盈利，或者实现客户企业的发展，我的目的就达到了。

找到创作缘由并抓住时机

要想经营创意公司，就得做到以下 4 条：规划、行政管理、营销、创作。作为自由设计师，你要做的不仅是营销与创作，还要为今后的发展做好打算。你不应该只看客户过去的消费能力，还得能预测他们明年或更多其他方面的消费能力。

说到具体的工作内容，你需要做预算、追踪用时、组织一周的工作时间集中精力工作，以及满足客户的需求。你需要留出一整天的时间来梳理待办事项，我通常会选择在周二和周四的时候约见客户。

为企业创建一个顾问委员会

我创建了一个顾问委员会，每个季度组织一次会面。委员会成员包括设计师、朋友、销售人员、前同事，以及一家公司的前任首席财务官（也是我的导师）。他们的存在对我来说是一种帮助。我会向他们抛出一系列的个人财务问题、公司财务问题、机会问题，以及我正面临的营销问题。我觉得，自由职业者可以以月或季度为周期，找些交流的对象。群组的方式比一对一的方式要好，因为如果是两个人对话的话，我就必须得参与谈话，而如果把所有顾问都聚到一个房间里，我就可以闲下来听他们讲了。我们公司的很多财务计划与建议都是在这样的氛围中诞生的。

能意识到只坐在椅子上做事情并不能畅快淋漓是一件好事。如今，我吃得好，玩儿得好，其中一个重要的原因就是，顾问委员会绝不允许我继续讨论经营问题，直到我进行了体检并解决了一些健康问题。这几年，我过得很精彩，还是要感谢他们的辛苦付出。

不要过分坚持自己的想法

由于不甘心让自己的创意和灵感付之东流，而与客户争论得面红耳赤。如果你不愿意妥协，总是说“我衡量了一下，还是决定……”，那么，你就永远也成不了商人。

客户可能会否决你的想法，或者很难合作。作为一名自由职业者，他们的拒绝可能会毁掉你的一些创意。你得想个办法脱离这种苦恼。如果不想被这些问题纠缠，那么，做一位艺术家或到公司打工都是不错的选择。我很擅长我的工作，而且我还会用特定的方式解释清楚设计理念。我会与客户争辩，但结果我只能问“这是为什么”。

你可能会问：“那我为什么要做这份工作呢？”所以我会在家里陪家人，做自己感兴趣的项目，悠闲地骑着自行车。也就是说，你应该找到那些你愿意为之付出的好客户合作，但当他们否定你的想法时，不要表现得过于情绪化。

AFTER

适时度假

❓ 什么时候应该去度假

你应该这样问：什么时候不该去度假？

最近，我去了夏威夷群岛的主岛：站在齐腰深的海水中，头顶是清澈纯净的天空，阳光偶尔从云层中倾泻下来。这片海湾的环境被保护得很好，我能清晰地看到自己的脚趾陷入白沙砾中。我屏住呼吸，蓝绿色与橙色条纹的小鱼在我的两腿之间穿梭。阳光折射在水底，波光粼粼，就像显微镜下看到的涌动着的细胞生物。

我继续慢慢地向深处走去，直到肚脐与肩胛骨感受到了丝丝寒意才停下脚步。这是我知道的唯一一种适应冰冷的太平洋海水的方式，而不是一头扎到水里，被冰冷的海水激出个寒战。回头看看岸边，我的朋友们正在宾馆建筑的阴凉处乘凉，脚下几英尺的沙子都被他们弄湿了。他们明智地把床单铺在沙滩上，又用沙子将床单的四角固定住。

当我畅游在海洋之中时，是我一年以来第一次觉得自己那么冷静与超脱。直到那时，我的身体才回忆起在持续几个月的紧张的设计工作中是什么样子。没错，熬过的那些夜晚，还有跌宕起伏的往事，让我确实收获了很多。不过此时此刻，在碧海蓝天之下，好像一切都不重要了。在那个貌似拼图游戏的项目工作中，我似乎已经忘记了是什么成就了我……

铃木俊隆禅师说："人最重要的能力是能享受生活，而不是被周围的事所困扰。"没错，我们就是容易被困扰。我们会为每天的工作忙得焦头烂额，做事的时候追求最大化地利用每个小时，以及尊重我们的员工与客户，于是，我们迷失了自我，理想也逐渐消失。我们每天都陷在接收邮件与召开客户会议的旋涡中，寝食难安。与朋友的聚会、与家人的沟通，都因为最后一刻出现的紧急情况被耽搁，那些紧急情况如同打地鼠游戏中突然冒出来的小地鼠那样。

在这炎炎的夏日，抛开我们努力打造的生活方式，买张车票去旅行，你甚至可以在到达目的地之前不去考虑花销。现在，看看该带些什么呢？

没错，企业是你生命中的一部分——是你成就了你的企业。但是，不要让它成为你的羁绊，而是将它看作是满足个人需求的存在。对你来说，在努力经营企业的同时，也是在经历一场人生的修行。

此时，太阳从云层后面露出脸来，阳光洒在波光粼粼的水面上。我把手伸进水中，任由海水浸湿手指。原本在看书的妻子抬起头来看着我，笑着挥了挥手，示意我该回到岸边去了。

Success By Design 设计师箴言

如果去哪儿都想把工作带去，那你就哪里都去不了。该休息的时候就要抛开工作，充分休息。

第 4 章

兼顾盈利的企业运营与愉快的设计实践

BRINGING IT TOGETHER

你将（在工作室）成为一位成功的设计师

评估设计工作室状态的 5 要素

从前文中你会发现，企业运营（付出从而收获物质回报）与自我实现（努力给企业带来某种有意义的影响）之间的关系一直都很紧张。作为设计企业的所有者或领导者，我们始终纠结于一些本质的问题，比如，如果我经营的设计企业赚不到钱怎么办？我走的这条路对不对？这份工作能让我快乐吗？

为了盈利的企业运营与愉快的设计实践之间，到底要怎样维持平衡呢？看看下面的图 4-1、图 4-2、图 4-3，你就能明白，理想的设计工作室应该有怎样的状态了。此图由戴维·康拉德和我共同创作，希望它能帮助你更好地构建自己的设计企业，做自己喜欢做的事，同时还能赚到钱。[1]

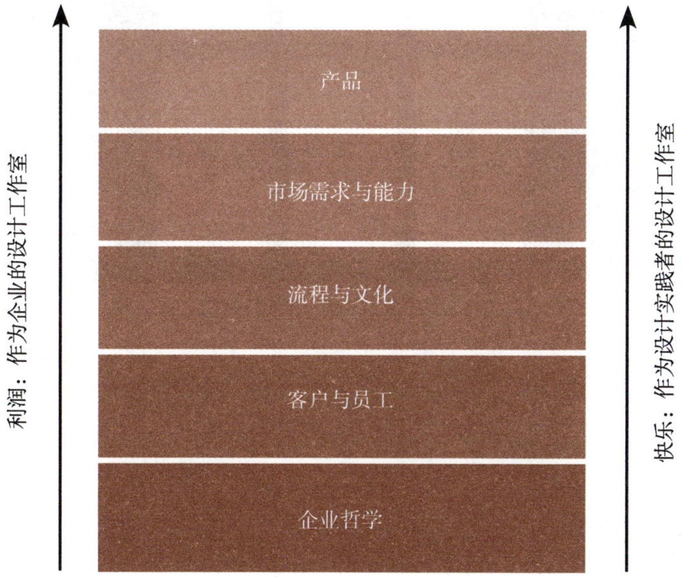

图 4-1　设计工作室状态要素图 1

---

[1] 请登录 www.SBDBook.com 下载此图。

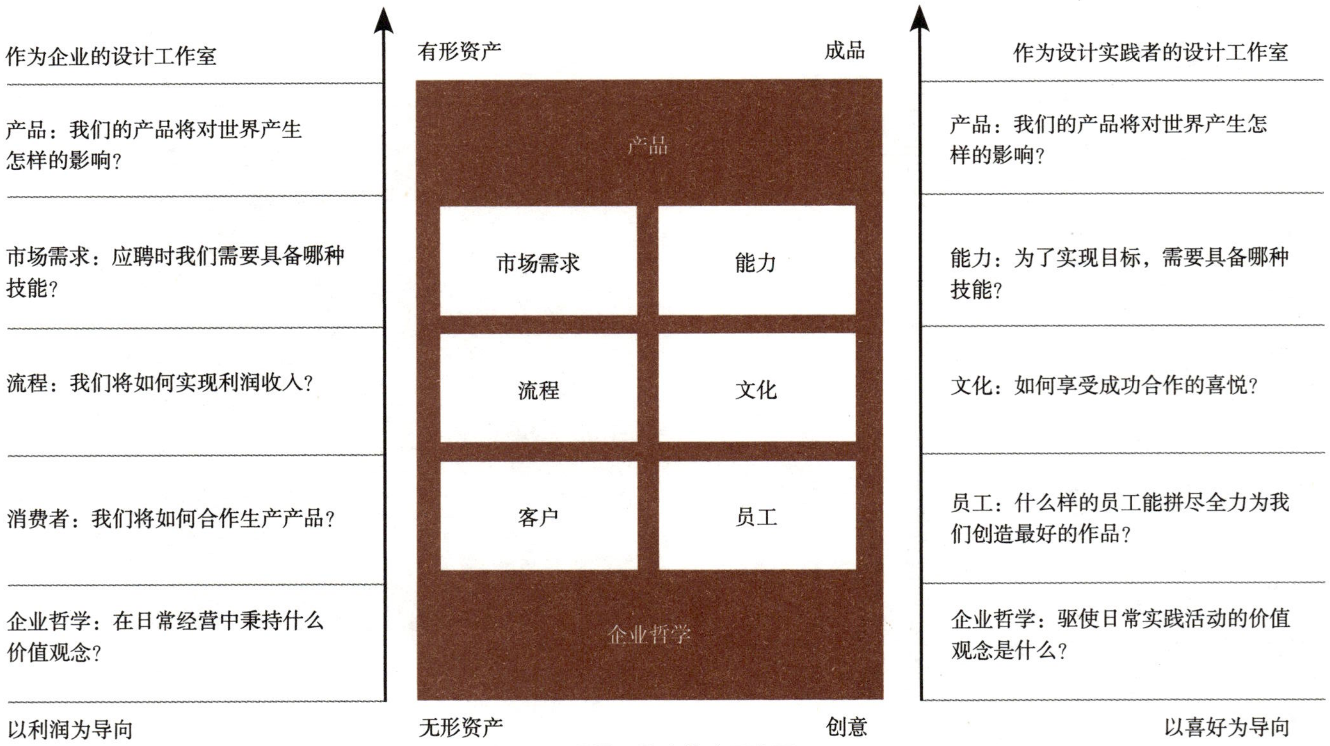

图 4-2　设计工作室状态要素图 2

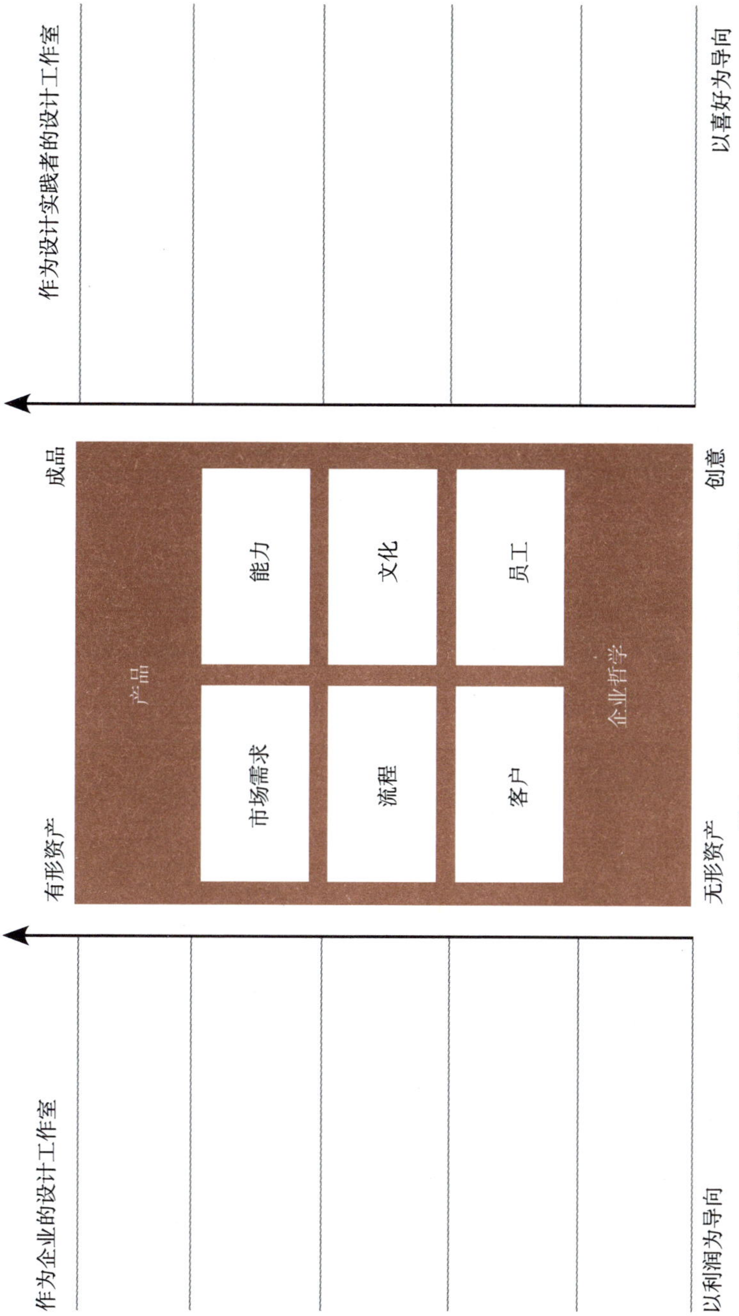

图4-3 设计工作室状态要素图3

注：请登录www.SBDBook.com下载此图。

要想维持设计业务的稳定运营，需要 5 种必备元素。沿着图 4-3 箭头所指的方向，从下到上，你会更加清楚如何构建设计业务，实现自己的目标。请填写上页的元素图，这些元素有助于工作室的自我定位。图上所留的空间不多，内容请尽量简略。

要素 1：企业哲学

如果你还不知道从何处着手树立设计工作室的企业哲学，那就试试下面的方法。你可以花上几天时间去考虑，在恰当的时机，你会得到答案。在做重要的个人或财务决定时，下面的几项内容能起到指引作用：

- 请写下你作为一名设计师目前正在做的事。把这些事情分为两类：喜欢的与不喜欢的。然后，再把你作为一名设计师将来想要做的事情归到一类。这些可能就是你的个人职业目标，以及你愿意探索的领域（你可以像后面提到的项目任务表那样组织信息）。
- 在便利贴上写下你从图表内容中领悟到的主题及价值观。
- 这些主题及价值观凝练成企业哲学。请尽量表达得言简意赅，例如，“设计，更好地引导社会”。

什么是企业哲学

所谓哲学，其中的一种定义是：“对关于事物存在、知识与行为的真理及原则性的理性检验。”设计工作室本来就应该有自己的行事哲学，以此来彰显企业运营的价值。在如何赚钱方面（将工作室当作企业），很多设计企业都仅凭直觉做决定，在时间利用上（将工作室作为实践实施者考虑）也是如此。不过，当他们无法为同行及同事阐明企业为何那么做时，就会把工作室置于危险境地。这种价值观是引导企业获得长期性成功的重要基础。

要素 2：消费者与员工

一旦理解了企业哲学，你就得考虑由谁来支撑这一哲学。消费者可以配合你完成他们所期望的产品，而员工或合伙人则可以与你并肩作战，创造出最好的作品。

如果你正考虑添加合伙人或招聘员工，就挑选那些与企业哲学相符合的人。不过，你们各自擅长的领域就不必过于相似了。只有这样，才能引领企业成长，树立起自己的影响力。

当雇用消费者的时候（没错，消费者确实是我们雇来的）你需要考虑好，他们的目标及需求是否与企业哲学一致。如果你花了很大精力做产品，结果却与自身的企业哲学不符，那工作的时候自然不会快乐。

设计企业应采用什么样的组织模式

所谓组织模式，就是员工在一起工作的方式，包括任务的分配方式、员工为争取项目采用的合作方式，以及为保证顺利完成任务，由谁负责主管工作。组织模式应该能反映出工作室的盈利机制和企业哲学，盈利机制包括为消费者创建的成果及产品类型。

以下是设计工作室采用的比较常见的组织模式，其中还包括一些新模式：[1]

[1] 请登录 www.SBDBook.com 了解具体的组织模式实例。

- **指挥链模式：** 金字塔的顶端是老板，其他员工都是普通的装配线。
- **教练模式：** 负责人“站”在幕后，让工作室团队推动客户工作和企业运营。
- **关联模式：** 员工可以对企业投资，并谋得长期发展。
- **孵化器模式：** 企业收益由两个部分构成，项目工作与向消费者出售的产品及服务。
- **混合模式：** 工作室可以将不同的项目和产品混合、搭配，然后，根据需要同时采用多种不同模式。

文化能产生快乐。
流程能创造利润。

要素 3：文化与流程

接下来几页所讲的内容将有助于你回答这个问题：为了打造理想的企业文化，你的员工能做些什么？而这样的文化又该如何融入大家期望的工作环境中？

请看以下几条规则：

- 请在下面的表格中列举出目前工作室具备的文化元素。
- 根据你和员工对未来的计划，有什么新元素可以增添工作乐趣吗？将这些元素填到表格中。
- 突出你能传递给他人的文化元素，增进大家的主人翁意识。
- 让其他团队成员也这样做。
- 将你的想法综合起来，从中选出大多数员工认同的部分。将权利授予具有强烈主人翁意识的人。

文化与流程不可分割

文化与流程是不可分割的。在工作室中，大家做的一切都是企业文化的体现，企业文化支撑着工作流程。流程体现的是一个团队一致认同的设计项目的开展方式。这个团队包括那些在恰当时机采取恰当行动，在不超出预算的情况下，同心协力创造出合理工作成果的员工、客户及第三方合作商。

流程就像一个野兽，吞掉了大部分的项目预算，任设计团队和管理者们自生自灭。什么时候才能为满足客户需求而采用合适的运营流程，与设计团队合作研发项目的开展途径，进而完美地完成设计任务呢？这就要求公司所有参与团队一致努力了。

虽然流程可以实现盈利，不过，鲜活的企业文化能为员工创造出愉悦的气氛，在面对挑战的时候能让团队牢牢地凝聚在一起。

设计工作室的企业文化　　日期：____

硬件元素

空间

你的空间是大，还是小？是开放式的，还是封闭式的？风格简单抽象，还是比较大众化？

待遇

你们拥有最新的技术吗？有免费的零食吗？有健身房的季卡吗？

培训

你们有定期的技术培训或提供培训场地吗？

工作类型

* 消费者

  你从事哪个行业？一般的客户规模有多大？

* 工作范围

  你们做的是什么类型的设计工作？（比如工业设计、品牌设计或交互设计）

* 项目风格

  你们是做短期项目，还是长期项目？项目流程采用瀑布式流程、敏捷式流程，还是混合式流程？

软件元素

团队

大家都能融入到团队的气氛中吗？大家开心吗？或者他们只是在耗时间？

企业哲学

员工可以利用什么机会回馈社会？

挑战

员工愿意接受有挑战性的工作吗？他们是如何表现的？

所有权意识

公司如何让员工体会到自己的主人翁地位？

领导力

公司的领导者是谁，是经理还是员工？

他人的认可

员工的作品和工作热情通过什么方式被人认可，是奖励的方式，还是比赛的方式？员工是否能被大众认可？

问题：市场需要这些新能力吗

❓要素 4：市场需求与能力

客户可以雇设计师创作优秀的作品，但对工作室来讲却需要一定的能力来有效地完成任务，远不止雇用其他设计师、开发人员或客服专家那么简单。如果设计企业想拓宽自己的能力边界，那么除了原来工作室所具备的资源，还需要增添新的人才，以及独家的第三方合作伙伴。

相反，无论你是喜欢设计贺卡、热气球，还是喜欢通过 Ruby on Rails 搭建网站，你都要为自己的服务和产品充分考虑市场的需求。很多设计企业都把精力放在具体的领域中，比如书的封面设计或移动设备的用户调查，从而找到了自己的专长（如表 4-1 所示）。**理想的状况是，拥有一技之长的设计企业搭配无限的市场需求。**

表 4-1　　工作清单

我能做什么	我想做什么	我不做什么
构思	内容战略	资源配置
信息构建	公关文案	技术说明
视觉设计	内容编辑	数据库设计
资产筹备		编码与脚本撰写
项目佣金		代码调试
内容填充		搜索引擎优化
功能说明		兼容性测试
可用性测试		验收测试
辅助功能		项目启动
商业分析		会计
		维护和升级

注：上述例子中，交互设计企业开始将项目任务的列举视为一种工作技巧，根据下文所示的项目生命周期进行技能组织。红色代表设计企业目前的技能强项。

行动：如何评估工作室的能力

任何一家设计企业都必须针对自身的服务和产品对客户群体的吸引力程度做评估，而且，为了突出企业哲学，满足新兴的市场需求，企业还必须不断转换组织的核心能力，以及与合作伙伴及供应商的关系。以下活动内容可以帮你明确应该为企业未来的发展配备何种技能及岗位。其功能相当于工作室能力图谱：

1. 根据目前掌握的一系列技能，从寻找新业务到完结设计项目，将所有可以完成的任务写到一张纸上。既然已经把整个团队的任务都列举出来了，那就把每个员工的任务也列出来吧；（请阅读“制定进度表”部分）
2. 把你（以及员工）擅长的事情记下来，突出体现你的特殊技能。
3. 在列表上再添加一列内容，即目前缺乏的以及未来想要学习的技能。
4. 再添一列内容，把其他人目前具备的技能都列出来，可以在工作室范围内，或者是在外包任务中。
5. 根据目前工作室流程的生命周期将各种技能组织起来，填到图表中。整个填写过程从左至右，从基本的技术角度出发，按照项目的完成过程进行。在图 4-4、图 4-5、图 4-6 中，左边的六边形代表与委托交互项目相关的活动，从中间到右边的六边形都是按照设计和开发流程排列的。

6. 如果工作室里有多人具备同一种技能，就请像图中所示的那样标记在图 4-7 上。如果工作室里没有人拥有某种特殊技能，就要把它归结到待掌握技能或外包技能的范畴。

每三个月就要更新一次工作室能力图谱，以此来评估目前工作室能力的拓展情况，从而应对所做项目及附属业务。针对此内容，请看以下信息输出情况。

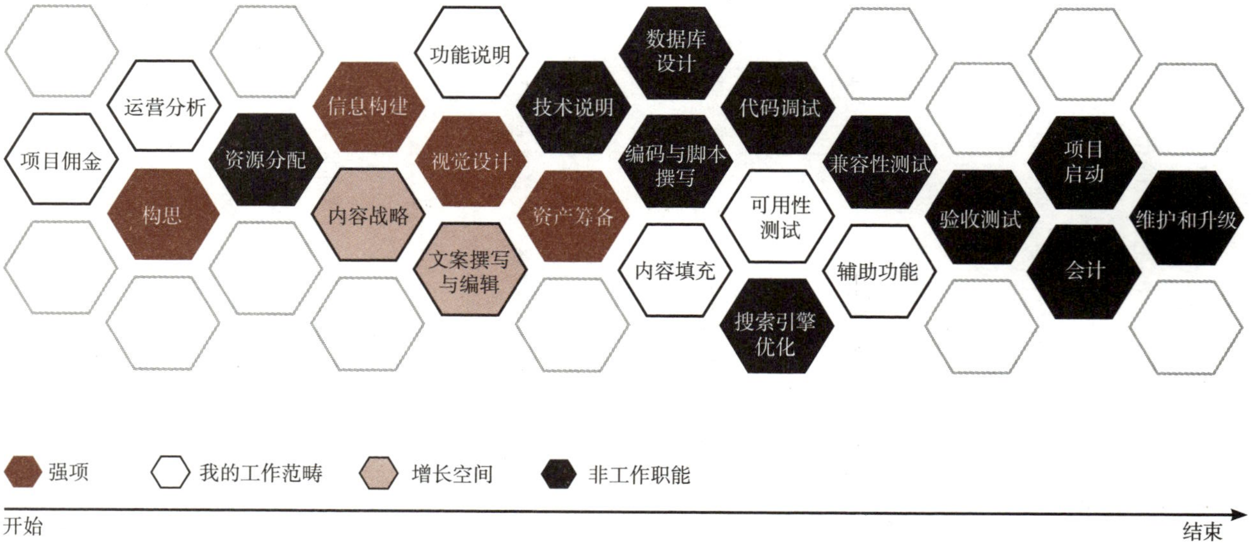

图4-4 交互设计工作室能力图谱

注：此图展示的是交互设计工作室在完成项目时可能用到的各类技能。颜色编码代表企业目前利用得最好的技能和最缺乏的技能，图中每一项能力都在前面总结过了（根据Skillset.org改写）。

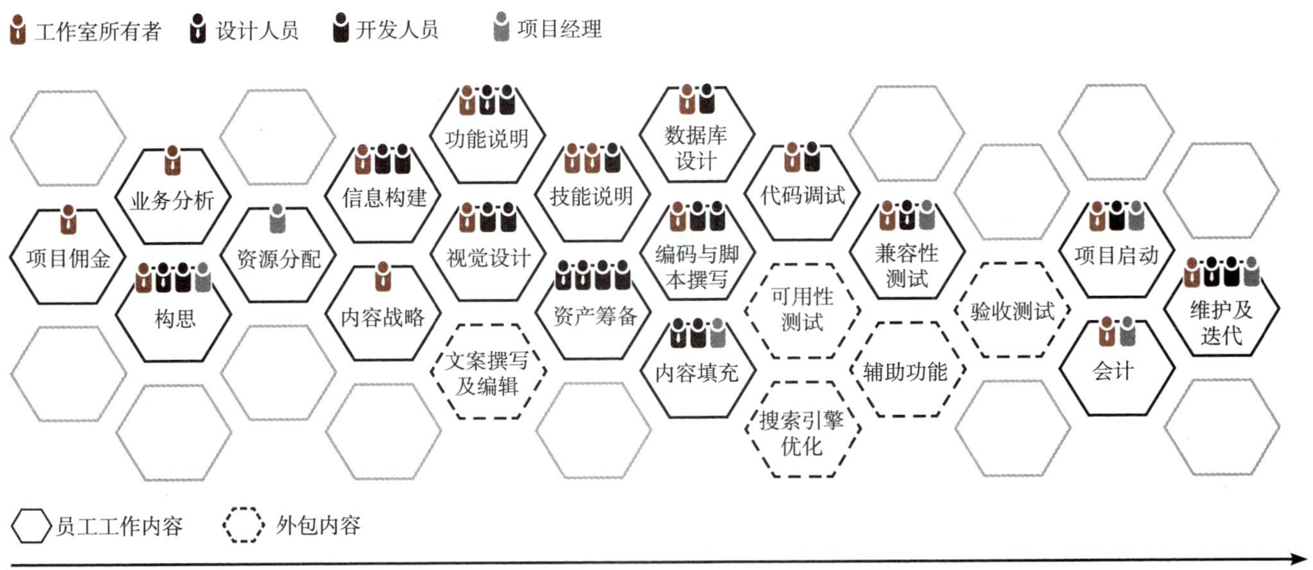

图4-5　工作室能力图谱：第一年人力资源预测

注：上述的人力资源图谱向我们展示了交互设计工作室进行人力资源预测的方式，表明了他们目前的人员构成所能完成的特定任务。同时，他们还用这种评估方式衡量未来的人力需求。图4-6向我们展示了企业为提高工作室财务收入的两条业务线（实体产品与可授权的软件产品），以及员工与第三方合作伙伴整体的能力构成中需要改进的地方。根据此图，可以看出全职员工疏忽并需要进行质量改进的地方，这里可能需要聘用新的设计师。

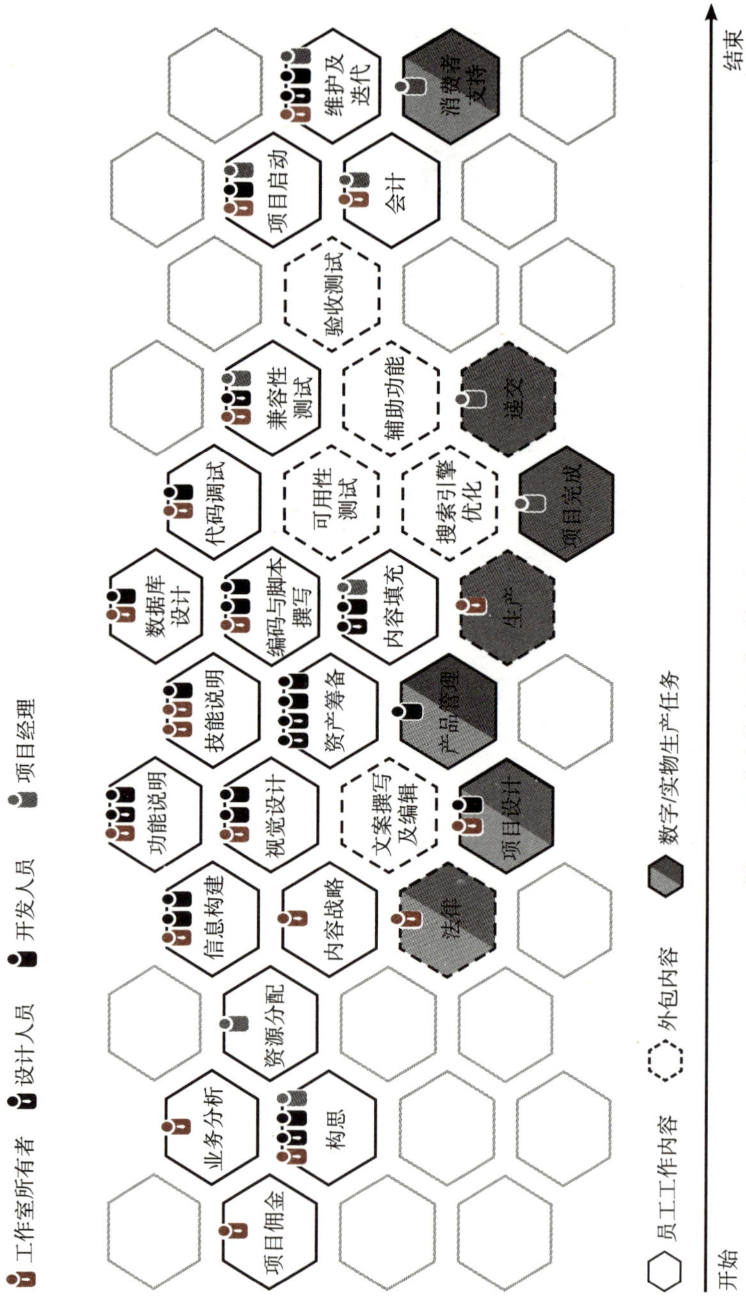

图 4-6　工作室能力图谱：第二年人力资源预测

人：　　　　　　　　　　　　　　　　日期：____________

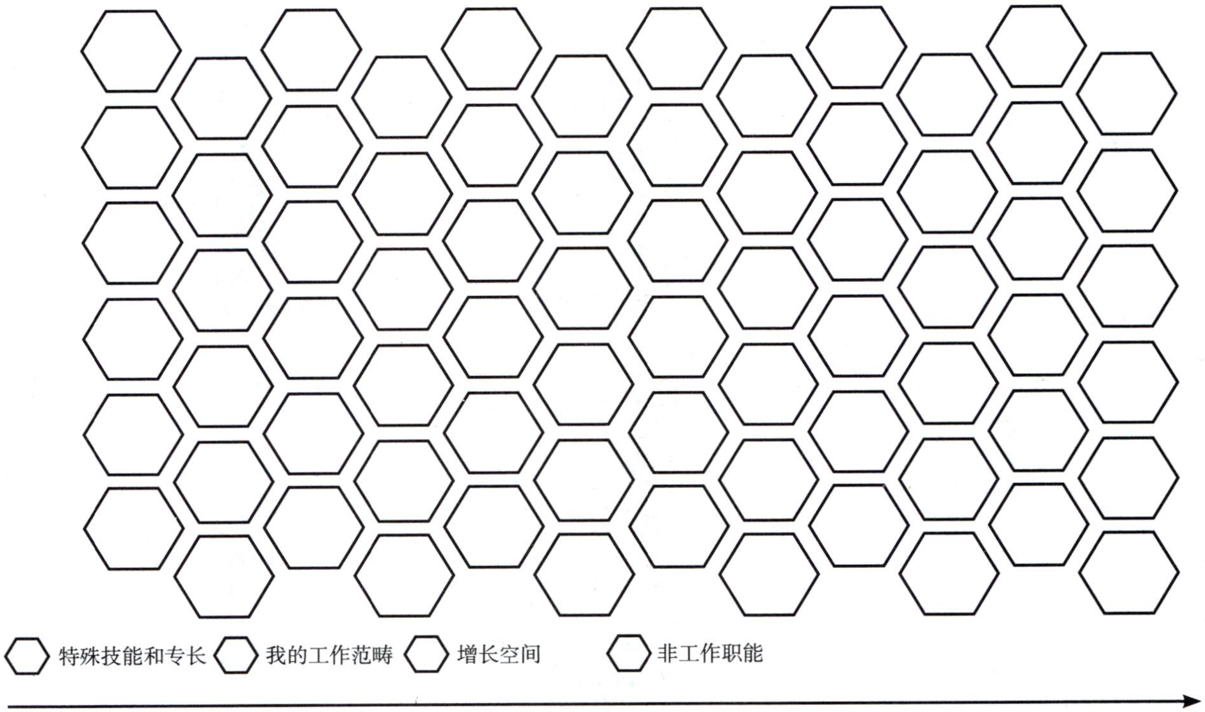

图 4-7　你的工作室能力图谱

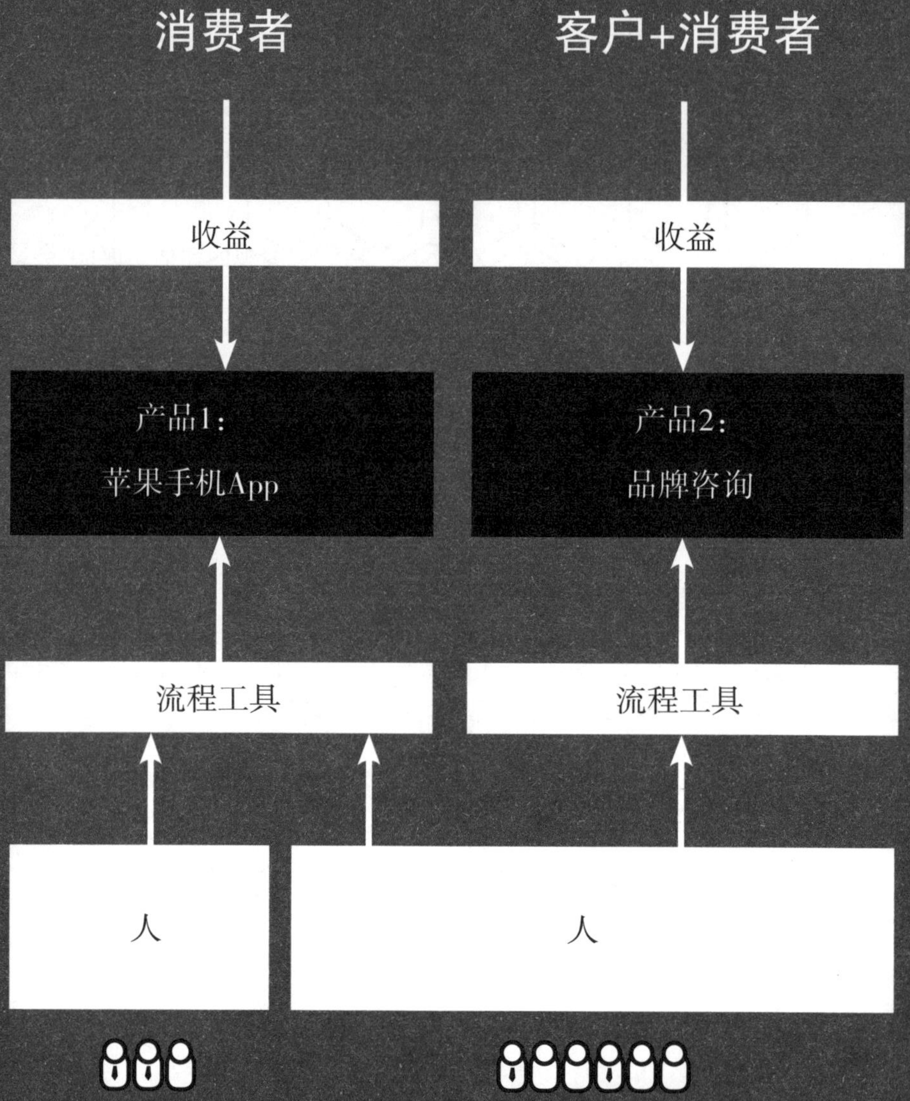
消费者
客户+消费者
收益
收益
产品1：
苹果手机App
产品2：
品牌咨询
流程工具
流程工具
人
人

要素 5：产品

无论你是在提供传统的设计服务，还是把自己的产品与服务直接卖给消费者，产品的制作都是为了消费者。产品就是设计方所提供的终端成果。每当我向别人展示公司的设计成果时，不管对方是不是设计师，我敢保证，他们都能明显体会到呈现在作品中的企业哲学。我们应该为自己创作的产品感到骄傲。除此之外，我们还应该为产品的创作过程、所创利润，以及产品对社会的影响感到骄傲。否则，我们只能因为“本可以做得更好”而懊悔不已。

保证产品质量的重要方法之一，就是定期进行客观的评估。评估是设计工作室领导者必须掌握的一门语言，即通过文字探索问题、总结并监督一系列设计作品的各项质量的能力。好的评估过程能为在建项目增添更多价值，使设计工作室输出的产品独具特色。不过，如果评估工作做得心不在焉，就会对创作团队造成负面影响，原本不错的创意很可能被忽视。在理想状态下，评估的原则应该是专注于引导并有力地保护创意。百比赫（BBH）广告公司执行创意总监佩莱·肖尼尔说：

> 创意总监与创意之间的关系是独特的，这种关系中蕴含着政治家、农夫与杀手三种职业性质。政治家负责搞定持有不同意见的利益相关人，在不同的议程之间周旋。农夫则负责培养创意，让它开花结果，这就意味着得弄清楚什么样的养分能让创意生长得更好，哪些元素会危害创意的生发。最后，创意总监还要能变身为杀手，将任何能够威胁到创意生发的因素扼杀掉。[1]

---

[1] 资料来源：http://bbh-labs.cm/creative-direction-vs-creative-selection。

新产品打造需要投入新的人力资源

你一定要明白，当业务从专业服务模式中分化出来的时候，你的员工、基础的技术设施以及与其他企业或合作商的伙伴关系都将在构成上发生翻天覆地的变化。这时候，需要对新产品的生产和长远发展投入哪些必需的人力资源，需要定期重新做评估。

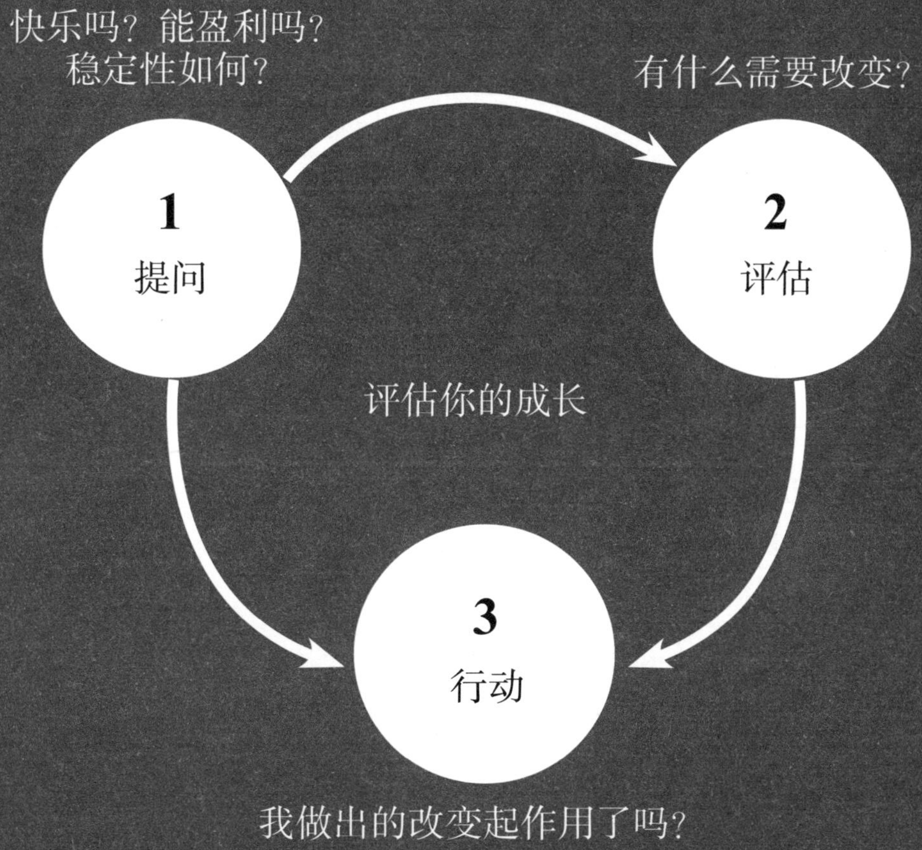
快乐吗？能盈利吗？
稳定性如何？
有什么需要改变？
1
提问
2
评估
评估你的成长
3
行动
我做出的改变起作用了吗？

行动：评估自己是否偏离主旨

当你确定你的设计工作室状态的各种元素后，务必要每三个月进行一次如下评估：

1. 提问

针对设计业务运营过程中开展的各项活动，请问自己三个问题：

- 从设计师的角度出发，这些活动怎么才能让我感到快乐呢？
- 这些活动能带来多少收益呢？
- 通过这些活动，为创造快乐与利润，我设计了哪些稳定的业务方式？

将每次活动的评估分为三种级别。第三级意味着你的表现很出色，第一级表示不尽如人意。你也可以添加原本就想添加的活动，不过，在最初的时候，它们可能对利润与稳定性的获得没有丝毫帮助。

2. 评估

根据划分的等级，明确自己是否有意愿维持各项活动的开展，并将原因写下来。针对那些你想继续开展的活动，如果你希望提升其愉快程度、盈利能力及稳定性等级，就要考虑还需要做出什么样的改变，你也可以借此机会将新筹划的活动融入进来。

3. 行动

根据以上要做出调整的计划，接下来的一个月便可以行动了。监督这些变动对企业造成的影响，并在接下来的两个月里做好调整。三个月之后，做好准备重新开始这一评估过程。

你可以使用下面的这个计分卡。

Success By Design 设计师箴言

在此过程中，你可能需要做出一些艰难的选择，包括缩小业务范围或取消业务，以争取其他机会。从个人及专业角度来说，都不要因一时的艰难而放弃美好的未来。

进度评估表

行动 / 服务的市场：____________________

愉快程度	1	2	3	是否继续？	是 / 否
盈利能力	1	2	3	为什么？	
稳定性	1	2	3		

是否组织新行动？ 是 / 否

行动 / 服务的市场：____________________

愉快程度	1	2	3	是否继续？	是 / 否
盈利能力	1	2	3	为什么？	
稳定性	1	2	3		

是否组织新行动？ 是 / 否

行动 / 服务的市场：____________________

愉快程度	1	2	3	是否继续？	是 / 否
盈利能力	1	2	3	为什么？	
稳定性	1	2	3		

是否组织新行动？ 是 / 否

行动 / 服务的市场：____________________

愉快程度	1	2	3	是否继续？	是 / 否
盈利能力	1	2	3	为什么？	
稳定性	1	2	3		

是否组织新行动？ 是 / 否

日期：________

行动 / 服务的市场：____________________

愉快程度	1	2	3	是否继续？	是 / 否
盈利能力	1	2	3	为什么？	
稳定性	1	2	3		

是否组织新行动？ 是 / 否

行动 / 服务的市场：____________________

愉快程度	1	2	3	是否继续？	是 / 否
盈利能力	1	2	3	为什么？	
稳定性	1	2	3		

是否组织新行动？ 是 / 否

行动 / 服务的市场：____________________

愉快程度	1	2	3	是否继续？	是 / 否
盈利能力	1	2	3	为什么？	
稳定性	1	2	3		

是否组织新行动？ 是 / 否

行动 / 服务的市场：____________________

愉快程度	1	2	3	是否继续？	是 / 否
盈利能力	1	2	3	为什么？	
稳定性	1	2	3		

是否组织新行动？ 是 / 否

注：请登录 www.SBDBook.com 下载此表。

请牢记这5件事

在你所做的事情中寻找快乐。

找到为这件事买单的方式。

确保有可靠的收入。

关注自身的成长。

不惧怕做出改变。

未来，属于终身学习者

我这辈子遇到的聪明人（来自各行各业的聪明人）没有不每天阅读的——没有，一个都没有。巴菲特读书之多，我读书之多，可能会让你感到吃惊。孩子们都笑话我。他们觉得我是一本长了两条腿的书。

——查理·芒格

互联网改变了信息连接的方式；指数型技术在迅速颠覆着现有的商业世界；人工智能已经开始抢占人类的工作岗位……

未来，到底需要什么样的人才？

改变命运唯一的策略是你要变成终身学习者。未来世界将不再需要单一的技能型人才，而是需要具备完善的知识结构、极强逻辑思考力和高感知力的复合型人才。优秀的人往往通过阅读建立足够强大的抽象思维能力，获得异于众人的思考和整合能力。未来，将属于终身学习者！而阅读必定和终身学习形影不离。

很多人读书，追求的是干货，寻求的是立刻行之有效的解决方案。其实这是一种留在舒适区的阅读方法。在这个充满不确定性的年代，答案不会简单地出现在书里，因为生活根本就没有标准确切的答案，你也不能期望过去的经验能解决未来的问题。

湛庐阅读APP：与最聪明的人共同进化

有人常常把成本支出的焦点放在书价上，把读完一本书当作阅读的终结。其实不然。

时间是读者付出的最大阅读成本
怎么读是读者面临的最大阅读障碍
“读书破万卷”不仅仅在“万”，更重要的是在“破”！

现在，我们构建了全新的“湛庐阅读”APP。它将成为你“破万卷”的新居所。在这里：

- 不用考虑读什么，你可以便捷找到纸书、有声书和各种声音产品；
- 你可以学会怎么读，你将发现集泛读、通读、精读于一体的阅读解决方案；
- 你会与作者、译者、专家、推荐人和阅读教练相遇，他们是优质思想的发源地；
- 你会与优秀的读者和终身学习者为伍，他们对阅读和学习有着持久的热情和源源不绝的内驱力。

从单一到复合，从知道到精通，从理解到创造，湛庐希望建立一个“与最聪明的人共同进化”的社区，成为人类先进思想交汇的聚集地，与你共同迎接未来。

与此同时，我们希望能够重新定义你的学习场景，让你随时随地收获有内容、有价值的思想，通过阅读实现终身学习。这是我们的使命和价值。

湛庐阅读APP玩转指南

湛庐阅读APP结构图：

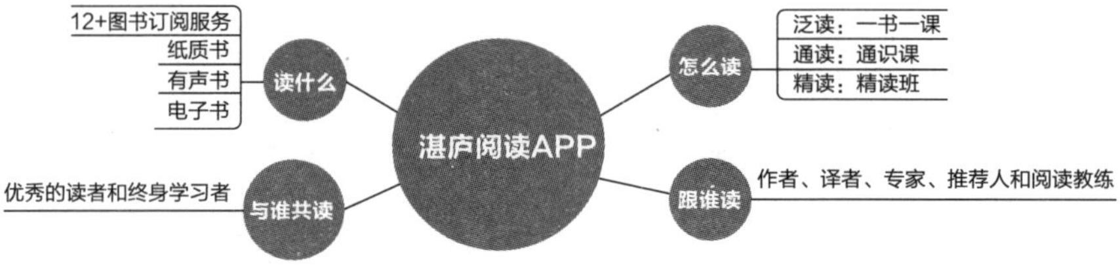

三步玩转湛庐阅读APP：

读一读 ▼

湛庐纸书一站买，
全年好书打包订

听一听 ▼

泛读、通读、精读，
选取适合你的阅读方式

扫一扫 ▼

买书、听书、讲书、
拆书服务，一键获取

APP获取方式：

安卓用户前往各大应用市场、苹果用户前往APP Store
直接下载“湛庐阅读”APP，与最聪明的人共同进化！

使用APP扫一扫功能，
遇见书里书外更大的世界！

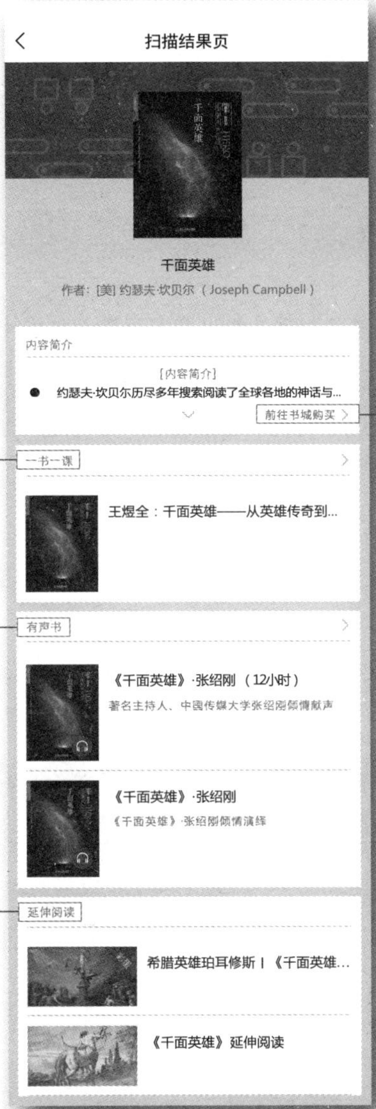

快速了解本书内容，
湛庐千册图书一键购买！

大咖优质课、
献声朗读全本一键了解，
为你读书、讲书、拆书！

你想知道的彩蛋
和本书更多知识、资讯，
尽在延伸阅读！

延伸阅读

《深泽直人》

◎ 世界顶级工业设计大师、无印良品 MUJI 灵魂人物深泽直人，首度权威公开设计灵感来源，揭示设计理念本原。近百个设计作品，360 度全景全方位展示。

◎ 第一本全面介绍深泽直人淡泊、细腻、极简、追求细节、善于观察生活、崇尚美好与和谐的性格特质的著作，为国内设计师提供了第一手设计哲学资料。

◎ 锤子科技创始人兼 CEO 罗永浩担纲主编，联手湛庐文化独家打造“二十世纪工业设计系列”的第一本。深泽直人一直是罗永浩最为推崇的工业设计师之一。

使用“湛庐阅读”APP，
“扫一扫”获取本书更多精彩内

ISBN 978-7-213-07589-6

《博朗设计》

◎ 锤子科技创始人兼 CEO 罗永浩担纲主编，首次回顾工业设计标杆品牌德国博朗传奇发展历程。50 款里程碑产品，485 款经典产品，精装全彩色印刷，探寻德国制造的设计哲学！

◎ 作为德国精工的业界典范，博朗的设计理念影响了近代设计的进程，同时也在全世界范围内深刻影响着一批又一批设计师和设计教育者。苹果设计部门的主管乔纳森·埃维，无印良品的设计顾问深泽直人都深受影响，博朗这种有生命力的设计值得被每一位以匠心做设计的人所学习。

使用“湛庐阅读”APP，
“扫一扫”获取本书更多精彩内

ISBN 978-7-213-08810-0

《一线之间》

◎ 全球工业设计教父、青蛙公司创始人哈特穆特·艾斯林格，首次揭秘设计战略如何塑造商业的未来，如何将创新型战略融入机构的竞争战略框架之中。

◎ 设计战略决定商业未来。在锐意创新和安于现状之间有一道分水岭，设计必须跨越这条将商业与文化割裂的线。

◎ 本书的精髓就存在于这“一线之间”，它穿过喧嚣的商业文化，让杰出的设计战略脱颖而出。

使用“湛庐阅读”APP，
“扫一扫”获取本书更多精彩内

ISBN 978-7-300-16108-2

《IDEO，设计改变一切》

◎ 享誉国际的创新设计公司 IDEO 总裁蒂姆·布朗，带领我们认识“设计思维”。

◎ 帮助追求设计思维的组织和个人，将设计思维这种以创意解决难题的做法，带进生活、组织、产品和服务。

使用“湛庐阅读”APP，
“扫一扫”获取本书更多精彩内

ISBN 978-7-5470-1473-8

图书在版编目（CIP）数据

浙江省版权局
著作权合同登记章
图字:11–2018–434号

设计大师的商业课 /（美）戴维·舍温著；王冬佳译．
—杭州：浙江人民出版社，2019.3
书名原文：Success by Design
ISBN 978–7–213–09144–5

Ⅰ．①设…　Ⅱ．①戴…　②王…　Ⅲ．①企业管理
Ⅳ．① F272

中国版本图书馆 CIP 数据核字（2018）第 302150 号

上架指导：商业 / 设计管理

本书法律顾问　北京市盈科律师事务所　崔爽律师
张雅琴律师

设计大师的商业课

［美］戴维·舍温　著
王冬佳　译

出版发行：浙江人民出版社（杭州体育场路 347 号　邮编　310006）
市场部电话：（0571）85061682　85176516
集团网址：浙江出版联合集团　http://www.zjcb.com
责任编辑：胡佳佳
责任校对：陈　春
印　　刷：河北鹏润印刷有限公司
开　　本：720mm ×965mm　1/16　　印　　张：21.5
字　　数：266 千字　　插　　页：0
版　　次：2019 年 3 月第 1 版　　印　　次：2019 年 3 月第 1 次印刷
书　　号：ISBN 978–7–213–09144–5
定　　价：89.90 元

如发现印装质量问题，影响阅读，请与市场部联系调换。